Arzthaftungsrecht

Ein Überblick für Rechtsanwender, Ärzte und Patienten

von

Wolfgang Neuefeind

3., überarbeitete und ergänzte Auflage

Tectum Verlag
Marburg 2001

Die Deutsche Bibliothek - CIP-Einheitsaufnahme

Neuefeind, Wolfgang:
Arzthaftungsrecht.
Ein Überblick für Rechtsanwender, Ärzte und Patienten.
3., überarbeitete und ergänzte Auflage
/ von Wolfgang Neuefeind
- Marburg : Tectum Verlag, 2001
ISBN 3-8288-8289-7

Tectum Verlag
Marburg 2001

2

Aus Besprechungen der 1. Auflage

*Professor Dr. Gerhard H. **Schlund**, München, in JR 1994, S. 527, 528:*

Die Schrift will einen echten Kurzüberblick über die Grundlagen und Inhalte der zivilrechtlichen Haftung des Arztes geben ... Auf insgesamt 117 Seiten werden in absolut leicht verständlicher Ausdrucksweise und Sprache und in kurzgedrängter Übersicht die bedeutsamen Gesichtspunkte einer ärztlichen Haftung abgehandelt ... Der wenig erfahrene ... Leser findet sich sehr schnell zurecht, bekommt einen echten Überblick über die ärztliche Haftungsproblematik und kann sich dann durch die zahlreich wiedergegebene Rechtsprechung durchaus weiterinformieren.

*Ministerialdirigent Dr. Horst **Theis**, Erfurt, in MDReport 9/94-R 16*

Das knapp gefasste aber gut gegliederte Werk, das durch Exkurse und Anhänge angereichert ist, gibt in bestechender Form einen Überblick über die Grundlagen und Inhalte der zivilrechtlichen Haftung des Arztes. Der durch richterliche Praxis als Sachkenner ausgewiesene Autor geht dabei ebenso auf die Bedingungen des Schadensersatzes wegen ärztlicher Kunstfehler ein wie auf die Probleme der ärztlichen Aufklärungspflicht, den Haftungsumfang und die Beweislast. Auch der Thematik der auftragslosen Geschäftsführung des Mediziners wird vom Verfasser Raum gewidmet ... Zahlreiche Angaben der Fundstellen dürften den Leser zu einer vertieften Weiterbefassung mit der bedeutsamen Materie anregen. Im Anhang wird sowohl die Heilpraktikerhaftung wie die Haftung der Apotheker behandelt. Insgesamt bietet das zu empfehlende Werk wichtige Informationen für Juristen, Ärzte und betroffene Patienten zur Beurteilung von Arztfehlern, wobei die neueste Rechtsprechung berücksichtigt ist.

Vorbemerkung zur 3. Auflage
Haftungsfragen und Haftungsfälle auf dem Gebiete der medizinischen Behandlung von Patienten durch Ärzte und Krankenhausträger haben nach wie vor hohe Konjunktur. Die vorliegende Darstellung will unverändert den Benutzer in den Stand setzen, sich in der einschlägigen Haftungsmaterie rasch orientieren und informieren zu können; zahlreiche Hinweise auf weiterführende fachliche Quellen sollen den Interessierten zur diskursiven Vertiefung einzelner Fragen, Probleme und Aspekte anregen. Rechtsprechung und Literatur konnten bis einschließlich Dezember 2000 berücksichtigt werden.

Aus der Vorbemerkung zur 2. Auflage
Seit dem Erscheinen der ersten Auflage dieser Darstellung ist die Publizität der medizinrechtlichen Haftungsjurdikatur noch gewachsen. Es ist die Frage zu stellen, ob eine unübersichtlich gewordene Kasoistik wirklich immer der Sicherheit des Patienten zugute kommt. Polypragmasien und Kostensteigerungen im Gesundheitswesen erscheinen nicht unwesentlich auch durch eine ärztliche Grundhaltung beeinflusst, die mitunter vornehmlich die juristische Eigenabsicherung bezweckt; die Verkümmerung diagnostischer Intuition und verantworteten therapeutischen Wagemutes sind aber ebenso zu beklagen wie vereinzelnd iatrisches Draufgängertum mit potentiell hohen Risiken zu Lasten des Patienten verurteilt werden muss ... Die Zielsetzung der Schrift hat sich nicht verändert: sie will einen zuverlässigen Überblick über die medizinrechtliche Zivilhaftung bieten und dem Leser einen Leitfaden an die Hand geben, mit dem und von dem aus er allfällig auftretende Fragestellungen richtig einordnen und einer Lösung zuführen kann.

Aus der Vorbemerkung zur 1. Auflage
Fragen nach der Schadenshaftung des Arztes für etwaiges fehlsames Behandlungsvorgehen stehen in der Medizinpraxis zunehmend im Mittelpunkt des Interesses des Arzt-Patienten-Verhältnisses; die seit längerem immer wieder geäußerte Besorgnis einer zu starken und deshalb vertrauensschädlichen „Verrechtlichung" der Beziehung zwischen Arzt und Patient erscheint zwar nicht unverständlich, hat aber an der Bedeutung der Haftungsthematik nichts zu ändern vermocht.

4

ÄRZTLICHE WEISTÜMER

- Ohne die Segnungen der Intuition kommt ein guter Arzt nicht aus. -
(Dr. Antje-Katrin Kühnemann in „Welt am Sonntag" vom 23.Juli 2000, S. 36)

- Ein guter Arzt nimmt am Schicksal seines Patienten teil, wahrt aber auch die nötige Distanz,
um sich seine Urteilsfähigkeit zu erhalten. -
(Prof. Dr. Helgo Magnussen in „Welt am Sonntag" vom 27. August 2000, S. 36)

Inhaltsverzeichnis

6

8

SACHREGISTER

EINLEITUNG

I. Arztberuf

1. Approbation und Heilauftrag

Arzt ist generell derjenige akademische Mediziner, dem aufgrund ärztlicher **Approbation** die staatliche Erlaubnis erteilt ist, die Heilkunde unter der Berufsbezeichnung „Arzt" auszuüben (2 Abs. 5 BÄO; zum „Zahnarzt" vgl. § 1 Abs. 1 ZHG). Ungeachtet der berufsrechtlichen Aufgliederung in verschiedene Fachdisziplinen und unbeschadet der Spezialisierung auf einzelne Fachgebiete stellt die Profession des Arztes eine **Einheit** dar (BverfG NJW 1972, 1504, 1505; BSGE 62, 224, 228, 229; Rieger Rn. 122). Die Einheit ist dadurch gekennzeichnet, dass die ärztliche Tätigkeit ihrem Wesen nach stets darauf gerichtet sein muss, die Regeln der **Heilkunst** zum Nutzen des Patienten umfassend und eigenverantwortlich zur Anwendung zu bringen (BGH NJW 1979, 1943; BSG MedR 1991, 269, 270).

2. Status AiP

Bereits Arzt - genauer Arzt in der Ausbildung mit den Rechten und Pflichten eines Arztes (HandbuchArztR/Laufs, § 7 Rn.) - ist auch der Arzt im Praktikum (AiP); er vervollständigt seine Ausbildung nach dem Abschluss des wissenschaftlichen Hochschulstudiums und vor der endgültigen Approbation durch ein achtzehnmonatiges **Praktikum** (im Krankenhaus, in einem Sanitätszentrum, in der Praxis eines niedergelassenen Arztes oder in einer anderen der in § 34a ÄAppO genannten Einrichtungen) und übt den ärztlichen Beruf nur unter der **Aufsicht** eines approbierten Arztes aus (§§ 4 Abs. 4, 10 Abs. 6 BÄO, 34a ff ÄAppO). Voraussetzung für die Verrichtung ärztlicher Tätigkeiten durch den AiP ist die zur vorübergehenden Ausübung des ärztlichen Berufes berechtigende **Erlaubnis** der zuständigen Landesbehörde (§ 10 Abs. 4 BÄO; hierzu etwa VGH Kassel NJW 1996, 244 ff).

Der **Ausbildende** ist dafür verantwortlich, dass der AiP **nur** solche Aufgaben übertragen erhält, denen er auch gewachsen ist (HandbuchArztR/Laufs, § 101 Rn. 19); der Einsatz des AiP darf nicht zu einer qualitativen Einbuße bei der ärztlichen Versorgung führen: in jeder Behandlungsphase muss ein qualifizierter Facharzt bereitstehen (Pelz DRiZ 1998, 473, 475 mN).

II. Kein eigenständiges Berufshaftungsnormensystem

Die medizinische Heilbehandlung vollzieht sich unter juristischem Aspekt als **zivilrechtliche** Erscheinung: das **Rechtsverhältnis** zwischen Patient und Arzt beziehungsweise zwischen Patient und Krankenhausträger ist in aller Regel privatrechtlicher Natur (Laufs Rn. 87; Baumann/Hartmann DNotZ 2000, 594, 597).

1. Haftung des Arztes

Die Arzthaftpflicht hat sich zwar faktisch zu einem **eigenen** haftungsrechtlichen Komplex entwickelt (MünchKomm/Mertens, § 823 Rn. 346). Das ändert jedoch nichts daran, dass das Deutsche Zivilrecht für die Haftung des Arztes gegenüber dem Patienten keine eigenständigen Berufshaftungsnormen kennt (Nüßgens, Rn. 1; Seehafer, S. 25). Fragen der Haftung aus ärztlicher Tätigkeit müssen daher stets anhand der **allgemeinen** privatrechtlichen Haftungsinstitute beurteilt werden (Bergmann, S. 4; Nüßgens, aaO; Kollhosser/Kubillus JA 1996, 339); das geltende Haftpflichtsystem (Haftung für Behandlungsschäden nach dem **Verschuldensprinzip**) ist durchaus in der Lage, einen wirksamen Rechtsschutz des Patienten zu gewährleisten (vgl. Laufs NJW 1996, 2413, 2414; ders. NJW 1998, 1755 mwN).

Die **Haftung** des Arztes kann mithin entweder
- eine **vertragliche** (aus Behandlungskontrakt)
  oder
- eine **außervertragliche** (aus Geschäftsführung ohne Auftrag bzw. aus unerlaubter Handlung)

sein.

2. Haftung des Krankenhausträgers

Die Haftung des Krankenhausträgers ist ebenfalls nicht explizit ausnormiert; auch sie bestimmt sich daher nach den **allgemeinen** Regeln der Haftung aus Vertrag und/oder der Haftung aus unerlaubter Handlung (Rehborn, S. 184; Bergmann, S. 15).

3. Internationales Arzthaftungsrecht

In Behandlungsfällen mit sog. **Auslandsberührung** ist mangels ausdrücklich oder stillschweigend getroffener Rechtswahl der Parteien (s. hiezu Stumpf MedR 1998, 546 ff) für den **Arztvertrag** das Recht des jeweiligen Praxisortes (Niederlassungsortes) maßgeblich (Art. 28 Abs. 2 S. 2 EGBGB; vgl. MünchKomm/Martiny, Art. 28 EG Rn. 152 mN; Hübner/Linden VersR 1998, 793, 794). Für die geschädigten Patienten gilt als maßgebliches Deliktsstatut grundsätzlich das Recht des Handlungs- oder Unterlassungsortes (Art. 40 Abs. 1 S. 1 EGBGB); bei grenzüberschreitenden Delikten kann der Geschädigte anstelle des Rechtes am Handlungsort dasjenige des Erfolgsortes wählen (Art. 40 Abs. 1 S. 2 EGBGB); sind Arzt und Patient (also beide) deutsche Staatsbürger mit gewöhnlichem Aufenthalt im Inland, so gilt deutsches Recht auch bei Deliktsbegehung im Ausland (Art. 40 Abs. 1 S. 1 EGBGB; s. dazu allgemein Palandt/Heldrich, Art. 40 EG Rn. 33 ff; Erman/Hohloch Art. 40 EG Rn. 5). Für Ansprüche (des Geschäftsführers wie des Geschäftsherrn) aus Geschäftsführung **ohne Auftrag** (GoA) gilt als Grundregel einheitlich das Recht desjenigen Staates, auf dessen Hoheitsgebiet das Geschäft vorgenommen worden ist (Art. 39 Abs. 1 EGBGB; das war auch die vor der jetzt geltenden gesetzlichen Regelung überwiegend vertretene Auffassung, vgl. etwa Koblenz OLGZ 1992, 330, 331 mN).

A. VERTRAG

I. Behandlungsvertrag

(„Arztvertrag")

1. Behandlungsfreiheit

Grundsätzlich unterliegt der Arzt keinem Kontrahierungszwang (Nüßgens Rn. 17); es gilt vielmehr das Prinzip der **Behandlungsfreiheit**. Dem Recht des Patienten auf freie Arztwahl korrespondiert grundsätzlich die freie Entscheidung des Arztes über die Annahme oder Nichtannahme eines Patient zur Behandlung außerhalb von Notlagen (vgl. Laufs/Laufs NJW 1987, 2257, 2262; Laufs NJW 1995, 1594; Krieger MedR 1999, 519); auch ist niemand und damit auch kein Arzt verpflichtet, an einem rechtmäßigen Schwangerschaftsabbruch mitzuwirken (vgl. § 12 Abs. 1 SchKG; OLG Zweibrücken MedR 2000, 540; Deutsch Rn. 421).

Gewissen Modifikationen unterliegt dieser Grundsatz indessen beim **Vertragsarzt** („Kassenarzt": das Gesundheitsstrukturgesetz 1993 - BGBl. 1992 I S. 2266 - ersetzt den Begriff des „Kassenarztes" durch den Ausdruck „Vertragsarzt", Jörg Rn. 19 c, 143). Mit seiner Zulassung ist der Arzt auch zur Teilnahme an der vertragsärztlichen Versorgung und damit prinzipiell zur Behandlung von sozialversicherten Patienten nach den Bedingungen der GKV verpflichtet (vgl. § 95 Abs. 1, Abs. 3 SGB V; Bundesmantelvertrag für Ärzte gemäß § 82 Abs. 1 SGB V; zu den möglichen persönlichen und vertragsärztlichen Gründen für eine Behandlungsverweigerung s. Krieger aaO, 520 ff); diese Verpflichtung besteht allerdings nicht im Sinne eines Kurier- oder Kontrahierungszwanges dem Patienten, sondern als eine **öffentlichrechtliche** der Kassenärztlichen Vereinigung (einer Körperschaft des öffentlichen Rechtes) gegenüber (s. etwa Rieger Rn. 324, 325; Muschallik MedR 1995, 6, 8; Mückel JuS 1998, 408, 409); selbst einen HIV-positiven Patienten (der Zustand „HIV-positiv" stellt eine Erkrankung – eine Gesundheitsschädigung – dar, LG München I NJW 1996, 2435; Knauer GA 1998, 428, 429, 431; zu der infektiösen Wirkungsweise des Retrovirus HIV s. Eberhard-Metzger/Ries, S. 64 ff) kann der Vertragsarzt nur dann abweisen (ausgeschlossen ist die willkürliche Ablehnung der Behandlung, Muschallik aaO, 8), wenn er triftige, das Vertrauensverhältnis zwischen Arzt und Patienten betreffende Gründe hierfür geltend machen kann (Laufs/Laufs aaO), wofür die berufsbedingte (praktisch beherrschbare) Infektionsgefahr als solche nicht hinreicht (vgl. HandbuchArztR/Uhlenbruck, § 41 Rn. 8).

Eine Pflicht zur Übernahme der notwendigen ambulant-medizinischen Behandlung in dringenden Erkrankungsfällen trifft den kassenärztlichen **Bereitschaftsarzt** („Notfallarzt": beide Begriffe werden oftmals synonym gebraucht, vgl. Rieger Rn. 345, 1271; s. unten **7. a, bb**)), der - entsprechend dem Wesen des ärztlichen Bereitschaftsdienstes - der Bevölkerung gegenüber eine Garantenposition einnimmt (BGHSt 7, 211, 212; OLG Hamm NJW 1975, 604, 605; Rieger Rn. 1267; Rehborn, S. 84; Tag MedR 1999, 289: die Gefahr, deren Abwendung dem Bereitschaftsarzt gegebenenfalls obliegt, besteht darin, dass den schutzbedürftigen Patienten der normalerweise zuständige Mediziner zeitweilig nicht zur Verfügung steht; s. ferner unten **C. I. 1. b**; wegen des begrifflichen **Unterschiedes** zu dem rettungsdienstlichen „Notarzt" vgl. unten **I.4.a**).

2. Zustandekommen des Vertrages

Der formlos gültige ärztliche Behandlungsvertrag kommt durch übereinstimmende **Willenserklärungen** (§§ 145 ff BGB) zustande und wird regelmäßig dadurch **konkludent** abgeschlossen, dass sich der Patient in die Praxis des Arztes begibt und dieser entsprechend dem Patientenwillen faktisch mit der Durchführung der Behandlung beginnt

14

(vgl. Laufs Rn. 105; HandbuchArztR/Uhlenbruck, § 41 Rn. 10; Geigel/Schlegelmilch, 2 8. Kap. Rn. 19; Nüßgens Rn. 6; Tiemann S. 119 für den Zahnarztvertrag). Bei jeder neuerlichen Inanspruchnahme des Arztes kommt es zum Abschluss eines **neuen** Behandlungsvertrages; **nicht** etwa liegt ein Dauerschuldverhältnis vor, wenn der Arzt für einen Patienten und dessen Familienangehörige als „Hausarzt" tätig ist (HandbuchArztR/Uhlenbruck, § 46 Rn. 2).

Der **Kassenpatient** macht durch Aushändigung der Krankenversicherungskarte (des früheren „Krankenscheins") bei der (dem) es sich um einen Ausweis über die Mitgliedschaft des Versicherten bei der betreffenden Krankenkasse und einen Nachweis dem Arzt gegenüber dafür handelt, dass der Patient als Mitglied der Kasse berechtigt ist, die vertragsärztliche Versorgung in Anspruch zu nehmen (vgl. Ströer, S. 77; Schell, S. 151), deutlich, dass er die Behandlung aufgrund des mit der Krankenkasse bestehenden Versicherungsverhältnisses und in dessen Rahmen begehre (BGHZ 47, 75, 79). Der Versicherte hat grundsätzlich die **freie** Wahl unter den an der vertragsärztlichen Versorgung teilnehmenden Ärzten; ausgenommen Ärzte für Laboratoriums- und Nuklearmedizin, für Pathologie und Radiologie (an die er sich nur im Wege der Überweisung - unten **3.** - wenden kann) darf der Kassenpatient einen Facharzt auch **direkt** in Anspruch nehmen, ohne zuvor den Hausarzt konsultiert zu haben (s. § 7 Abs. 3 und 4 BMV-Ä; hierzu Rehborn, S. 28 f).

Der **minderjährige** Patient bedarf zum Abschluss des Arztvertrages der **Einwilligung** des gesetzlichen Vertreters (§ 107 BGB; regelmäßig haben beide Elternteile die Einwilligung zu erteilen; im Zweifel kann der Arzt aber davon ausgehen, dass ein Elternteil durch den anderen zur Erteilung der Einwilligung bevollmächtigt ist; eine solche Ermächtigung ist aber nur anzunehmen, wenn es sich um Routinefälle oder leichtere Erkrankungen und Verletzungen handelt, HandbuchArztR/Uhlenbruck § 45 Rn. 4 und Fn. 2); das Einverständnis mit dem ärztlichen Eingriff (s. unten **8. b, cc (2) (c)**) ist in der Regel identisch mit der Zustimmung zu dem Abschluss des Behandlungsvertrages (HandbuchArztR/Uhlenbruck, aaO Fn. 2). Der **Betreuer** schließt als gesetzlicher Vertreter (§ 1902 BGB) des Betroffenen den Arztvertrag nur dann wirksam ab, wenn er einen entsprechenden **Aufgabenkreis** hat; die Aufgabenumschreibung „Zuführung zur Heilbehandlung" beinhaltet nicht nur die Einwilligung in die ärztliche Behandlung (s. unten **8. b, cc (2) (b)**), sondern auch die Macht zum Abschluss des Vertragsgeschäftes selbst (Zimmermann BetrR, 2. Kap. IV. 5. = S. 167).

Besondere Vertragsverhandlungen über den Vertragsinhalt werden normalerweise nicht geführt; als stillschweigend vereinbart gilt das **Übliche** (Luig S. 227).

3. Überweisung

Überweisung ist die von dem **primär** behandelnden Arzt im Wege eines Berichtes (anamnestische Daten, Befunde, diagnostische und therapeutische Angaben, Krankheitsverlauf) veranlasste Durchführung einer ambulanten Untersuchung oder Behandlung durch einen **anderen** (grundsätzlich nicht namentlich, sondern nur dem Fachgebiete nach bezeichneten) Arzt (Rieger Rn. 1791, 1796). Der andere Arzt ist grundsätzlich an den Auftrag des überweisenden Arztes gebunden; er darf nicht ohne Einholung der Zustimmung des primär behandelnden Arztes weitergehende Untersuchungs- und Behandlungsmaßnahmen durchführen. Die Tätigkeit des hinzugezogenen Arztes ist aber nicht lediglich auf die technische Ausführung des Auftrages begrenzt: im Rahmen des Überweisungsauftrages übernimmt der Hinzugezogene vielmehr in **gewissem** Umfang auch **eigen**ständige Pflichten; er bestimmt in eigener Verantwortung nicht nur die Art und Weise der Leistungserbringung, sondern er muss auch prüfen, ob die von ihm erbetene Leistung den Regeln der ärztlichen Kunst entspricht und nicht etwa kontraindiziert ist; ebenso hat er zu prüfen, ob die von ihm erbetene Leistung ärztlich sinnvoll und dem Krankheitsbild entsprechend ist. Der hinzugezogene Arzt ist ferner prinzipiell gehalten, den primär behandelnden Arzt in einem **Arztbrief** über das Ergebnis des Überweisungsauftrages zu informieren; diese Unterrichtung schuldet er dem Patienten aufgrund der übernommenen Behandlungsaufgabe (sie gehört im Übrigen als Bestandteil der Pflicht zu gegenseitiger Information in dem für die Herbeiführung des Heilerfolges erforderlichen Umfang zu den beruflichen Obliegenheiten des Arztes; zum Ganzen s. BGHWarn 1993 Nr. 256; BGH MDR 1999, 546; Erman/Schiemann, § 823 Rn. 133; Rieger Rn. 1793). Der auf Überweisung hin tätige Arzt hat nach Ausführung des Überweisungsauftrages grundsätzlich die vertragliche (und berufliche) Pflicht zur **Zurücküberweisung** (Rieger Rn. 1795 mN).

Bei der Hinzuziehung eines **Labor**arztes oder eines Pathologischen Institutes durch den behandelnden Arzt wird dieser regelmäßig als **Stellvertreter** des Patienten tätig und schließt in dessen Namen mit dem Laborarzt oder dem Institutsträger einen zusätzlichen Vertrag ab, der den Kranken unmittelbar berechtigt und verpflichtet (BGH MedR 1999, 561, 563; Laufs Rn. 97; Schinnenburg MedR 2000, 311, 315: Laborarzt und Pathologe sind nicht Erfüllungsgehilfen des behandelnden Arztes).

Die Überweisung tritt in folgenden **Erscheinungsformen** auf (Jörg Rn. 317):

a) Mitbehandlung

Mitbehandlung im eigentlichen Sinne liegt vor, wenn **mehrere** Ärzte (regelmäßig der **gleichen** Fachrichtung) die Behandlung gemeinsam durchführen (E.-M. Schmid S. 63); zwischen dem Patienten und dem mitbehandelnden Arzt besteht ein **eigenes** Vertragsverhältnis (Rieger Rn. 1224).

b) Weiterbehandlung

Wird der Arzt einer **anderen** Fachrichtung zur selbständigen und alleinverantwortlichen Weiterbehandlung aufgefordert, so kommt auch insoweit ein **separater** Behandlungsvertrag zwischen dem Patienten und dem hinzugezogenen Arzt zustande (E.-M. Schmid aaO).

c) Konsiliararzt-Hinzuziehung

Das Verhältnis zwischen behandelndem Arzt und **Konsiliarius** betrifft einen Sonderaspekt der ärztlichen Arbeitsteilung (Lippert MedR 1983, 113). Der behandelnde Arzt wird durch die Hinzuziehung des beratenden Arztes nicht etwa von seiner rechtlichen Verantwortlichkeit für Wohl und Wehe des Patienten befreit (Lippert aaO; s. auch OLG Köln MedR 1983, 112, 113).

Wie der Konsiliararzt wird haftungsrechtlich auch der sog. **Tele-Arzt** behandelt: dieser wird auf Veranlassung des unmittelbar tätigen Arztes „von ferne" entweder vorab auf digitalem Wege bei der Diagnosestellung unterstützend aktiv oder aber er wirkt bei der Durchführung der medizinischen Maßnahme in virtueller Präsenz auf direkte Weise mit (vgl. dazu Pflüger VersR 1999, 1070, 1073, 1074).

aa) Externes Konsultationsverfahren

Der Konsiliarius **kann** Erfüllungsgehilfe des Vertragspartners des Patienten sein (Laufs Rn. 556; s. etwa den Fall OLG Stuttgart AHRS Kza 0280/13: der Krankenhausträger muss sich ein schuldhaftes Fehlverhalten des Konsiliararztes gemäß § 278 BGB zurechnen lassen, **wenn** er diesen im Rahmen des totalen Krankenhausaufnahmevertrages zur Wahrung des geschuldeten medizinischen Behandlungsstandards hinzugezogen hat). Eine Haftpflicht nach § 278 BGB scheidet aber **aus**, wenn die Inanspruchnahme des Konsiliarius **nicht** der Bewerkstelligung der eigenen Vertragsaufgaben dient; der zur Diagnostik zugezogene Konsiliarius etwa soll durchwegs **kein** Erfüllungsgehilfe sein (Bühler MedR 2000, 323; HandbuchArztR/Uhlenbruck, § 41 Rn. 17 unter VIII.).

Schaltet der behandelnde Arzt den Konsiliararzt **mit** ausdrücklicher oder schlüssiger Zustimmung des Patienten zwecks Beratung für die zu stellende Diagnose und/oder die zu wählende Therapie ein, so kommt bezüglich der Untersuchung und der eventuellen sonstigen Maßnahmen durch den Konsiliarius zwischen diesem und dem Patienten ein **gesonderter** weiterer Arztvertrag zustande (HandbuchArztR/Schlund, § 115 Rn. 13; Laufs Rn. 557; Rieger Rn. 983; E.-M. Schmid, S. 63). Der Konsiliararzt seinerseits haftet dem Patienten selbständig für die Folgen einer etwaigen Verletzung des mit ihm bestehenden Arztvertrages (Rieger Rn. 987); grundsätzlich darf er sich aber auf die sachliche Richtigkeit der von dem primär behandelnden Arzt bejahten Indikationsstellung für eine bestimmte diagnostische Maßnahme, zu deren Durchführung er hinzugezogen wird, verlassen (OLG Düsseldorf NJW 1984, 2636, 2637 bezüglich einer Hirnarterien-Angiographie, deren Durchführung der behandelnde Neurologe von dem Nur-Radiologen erbeten hatte; s. ferner H. P. Westermann NJW 1974, 577, 581).

Hat der Patient **nicht** zugestimmt, so entsteht eine vertragsähnliche Beziehung nach den Grundsätzen der **GoA** (§§ 677 ff BGB), sofern die Zuziehung des Konsiliararztes dem wirklichen oder mutmaßlichen Willen des Patienten entspricht (Laufs Rn. 98).

bb) Internes Konsil

Keine vertraglichen Rechtsbeziehungen entstehen dagegen zwischen dem Konsiliarius und dem Patienten, wenn der behandelnde Arzt den konsiliarischen Rat bei einem Fachkollegen oder einem Spezialisten lediglich „**intern**" zu seiner eigenen fachlichen Sicherheit anfordert; eine Behandlung oder Mitbehandlung des Patienten umfasst die Konsiliartätigkeit in diesem Falle nicht (HandbuchArztR/Schlund aaO; Ulsenheimer Rn. 163; E.-M. Schmid, S. 63).

Das „interne Konsulationsverfahren" hat regelmäßig einen **Raterteilungsvertrag** zwischen dem behandelnden Arzt und dem Konsiliarius zum Gegenstand, der sich bei Entgeltlichkeit nach Dienstvertrags- (§§ 611 ff BGB), bei Unentgeltlichkeit nach Auftrags-Recht (§§ 662 ff BGB) richtet (vgl. Rieger Rn. 984; E.-M. Schmid, S. 63). Der behandelnde Arzt hat im Falle der fehlerhaften Raterteilung gegen den Konsiliarius wegen dessen Mitverschuldens einen (der Höhe nach grundsätzlich die Hälfte des Schadensbetrages ausmachenden) Freistellungsanspruch (s. dazu Laufs Rn. 557 mN).

4. Unentgeltliche Behandlung

Das Arzt-Patienten-Verhältnis stellt auch im unentgeltlichen Bereich nicht lediglich eine bloße Gefälligkeits-, sondern stets eine **Rechtsbeziehung** dar. Behandelt daher der Arzt einen Kollegen honorarfrei, so geschieht dies gleichwohl auf vertraglicher Basis (Laufs Rn. 87 Fn. 4).

5. Vertragstyp Dienstvertrag

a) Privatrechtliches Verhältnis

Die Beziehung Arzt/Vertragsarzt („Kassenarzt") und Patient ist **privatrechtlicher** Natur. Die Behandlungsverhältnisse mit den Privatpatienten („Selbstzahlern") sowohl wie auch diejenigen zu den (selbst- oder mitversicherten) Kassenpatienten (einschließlich der Ersatzkassenpatienten, BGH VersR 1967, 408, 409) stellen grundsätzlich bürgerlich-rechtliche **Dienstverträge** dar (§§ 611 ff BGB); bei den Kassenpatienten besteht allerdings die Besonderheit, dass der Arzt den Vergütungsanspruch nicht gegen den Patienten, sondern (als dem Sozialrecht zugehörig) gegen die Kassenärztliche Vereinigung erwirbt, mit welcher die Krankenkasse in Erfüllung ihrer Sachleistungsaufgabe zugunsten des Versicherten vertraglich verbunden ist (zum Ganzen BGHZ 76, 259, 261; BGH NJW 1986, 2364; OLG Düsseldorf VersR 1985, 370, 371: der Kassenpatient schließt mit dem „Kassenarzt" einen privatrechtlichen Vertrag, der sich in der Pflichtenstellung nicht von dem

Behandlungsvertrag mit dem „Selbstzahler" unterscheidet; OLG Schleswig NJW 1993, 2996 für die kassenzahnärztliche Behandlung; ferner: OLG Hamm NJW 1996, 791; Laufs Rn. 87, 124; Staudinger/Richardi, Vorbem. zu §§ 611 ff, Rn. 1604, 1605; Soergel/Kraft, vor § 611 Rn. 105; Münchkomm/Müller-Glöge, § 611 Rn. 49, 51; Erman/Hanau, § 611 Rn. 47, 48; Rieger Rn. 214). Seit dem 01.07.1997 kann der Versicherte allerdings anstelle der Sachleistung die Kostenerstattung bis zur Grenze derjenigen Vergütung wählen, die die Krankenkasse bei Erbringung der Sachleistung zu tragen hätte (§ 13 Abs. 2 SGB V); wählt der Kassenpatient die Kostenerstattung, so wird er selbst zum Honorarschuldner des Vertragsarztes (Steffen/Dressler Rn. 48, 50).

EXKURS
Behandlungsübernahme durch „Kassenarzt"

Die vorstehend dargestellte herrschende Meinung nimmt den Wortlaut der Bestimmung des § 76 Abs. 4 SGB V für sich in Anspruch: die Übernahme der Behandlung des Kassenpatienten verpflichtet den an der Kassenärztlichen Versorgung teilnehmenden Arzt zur Sorgfalt nach den Vorschriften des Bürgerlichen **Vertrags**rechts (vgl. auch Steffen/Dressler Rn. 51). Andere (s. etwa Bley/Kreikebohm Rn. 652; Soergel/Hadding, § 328 Rn. 79; E.-M. Schmid, S. 69 ff) leiten aus dem Normtext hingegen ab, dass zwischen „Kassenarzt" und Kassenpatient tatsächlich gerade kein bürgerlich-rechtliches Vertragsverhältnis zustande komme, sondern eine erst **durch** die Vorschrift des § 76 Abs. 4 SGB V begründete, dem bürgerlichen Rechte zugehörige Rechtsbeziehung mit der Anwendbarkeit der §§ 275 ff, 278 und 323 ff BGB entstehe (s. auch Baltzer JuS 1982, 652; Schmitt NJW 1988, 1496 ff mN). In diesem Sinne hat auch das Bundessozialgericht (NJW 1986, 1547) ausgeführt: „Maßgebende Grundlage der stattfindenden Behandlung ist nicht ein zwischen Patient und Arzt geschlossener zivilrechtlicher Vertrag, sondern die öffentlich rechtliche gesetzliche Regelung über die Kassenärztliche Versorgung; die Sorgfalt des Arztes nach den Vorschriften des Bürgerlichen Vertragsrechtes gilt unabhängig von Absprachen zwischen Patient und Arzt, weil sie ausdrücklich gesetzlich bestimmt ist; diese Bestimmung wäre überflüssig, wenn maßgebliche Rechtsgrundlage des Behandlungsverhältnisses zwischen Versichertem und „Kassenarzt" ein privatrechtlicher Vertrag wäre." Unabhängig von diesen unterschiedlichen Betrachtungsweisen steht aber jedenfalls fest, dass der „Kassenarzt" dem Patienten für Kunstfehler nach den Vorschriften des bürgerlichen Dienstvertragsrechtes haftbar ist (Wiegand, § 76 SGB V, Rn. 19, 20); der für das Haftungsrecht maßgebliche medizinische Standard besitzt auch für den sozialversicherungsrechtlichen Anspruch Geltung (Schreiber ZaeFQ 2000, 846, 848).

b) Operation

Nicht Werk-, sondern **Dienstvertrag** ist regelmäßig auch der Vertrag über die Durchführung einer **Operation**, die lediglich ein Element in der Kette der Gesamtbemühungen bildet, welche der Arzt unternimmt, um seinen Patienten zu therapieren (vgl. Larenz, § 52 I. = S. 310, 311; Soergel/Kraft, vor § 611 Rn. 43, 104; Laufs Rn. 100; Rieger Rn. 1321; Geigel/Schlegelmilch, 28. Kap. Rn. 12; Roesch VersR 1979, 12, 13; Müller/Grab JuS 1985, 352 Fn. 2; **aA**: Jakobs NJW 1975, 1437, 1438, wonach der Chirurg einen „de lege artis" durchgeführten operativen Eingriff im Sinne der Herbeiführung eines bestimmten Erfolges verspricht).

Selbst wenn im Einzelfalle eine Einordnung als Werkvertrag in Betracht kommen sollte, so bestünde der geschuldete Erfolg allein in der technisch-kunstgerechten Durchführung des Eingriffes, **nicht** jedoch in der darüber hinausreichenden endlichen Genesung des Patienten nach der Operation (Laufs aaO; Emmerich § 9 Rn. 9; Erman/Seiler, vor § 631 Rn. 26; Weimar S. 15). Bei einem Vertrag über die operativ dauerhafte Unterbrechung der Samenstränge bspw. bedeutet das: der Arzt schuldet den sachgerecht durchgeführten

Eingriff, welcher geeignet ist, die Zeugungsunfähigkeit des Mannes herbeizuführen; er übernimmt aber nicht die Garantie für den tatsächlichen Eintritt der Sterilität (hierzu OLG Düsseldorf NJW 1975, 595).

c) Schuldinhalt

aa) Kunstgerechtes Bemühen

Ärztliches Handeln ist **verhaltens-**, nicht erfolgsbezogen (Baumgärtel JZ 1992, 321, 323). Der Arzt schuldet dem Patienten aus dem Vertrage **nicht** etwa den Heilungserfolg selber (vgl. Kollhosser/Kubillus JA 1996, 339, 343), sondern **nur** das sachgemäße und kunstgerechte **Bemühen** in folgenden Punkten:

- **Diagnose**

  (d. h. das Erkennen, Einordnen und Benennen des Beschwerde-/Krankheitsbildes als eine auf medizinischer Semiotik - Symptomdeutung - und Begutachtung beruhende Wertung, vgl. BGH NJW 1989, 2942; BGH MDR 1999, 743, 744: ärztliche Schlussfolgerungen haben - ausgenommen Beurteilungen, denen es an jeder fachlichen Grundlage mangelt - grundsätzlich den Charakter von Werturteilen, auch wenn sie sich schließlich als unrichtig erweisen; s. ferner HandbuchArztR/Uhlenbruck, § 50 Rn. 7: "vor jede Therapie haben die Götter die Diagnose gesetzt"; weiters Bamm, S. 71: „vor der Diagnose gibt es nur die Leiden des Patienten und deren Symptome, aber noch keine sachgemäß behandelbare Krankheit im medizinwissenschaftlichen Sinne"; rechtlich geschuldet ist - aber - nicht schlechthin stets und überall die - ein gar nicht mögliches omnipotentes Wissen voraussetzende - objektiv-richtige Erkennung, vgl. OLG Koblenz AHRS Kza 1942/2; s. auch unten **III. 2. b, c**);

- **Indikation**
  (die nach Gesundheitszustand und Erfolgsaussichten unter Berücksichtigung eventuell bestehender Risiken medizinisch aus einem bestimmten Grunde objektiv gebotene oder wenigstens vertretbare ärztliche Maßnahme auf diagnostischem oder therapeutischem Gebiete, vgl. OLG Saarbrücken MedR 2000, 326; Eb. Schmidt, S. 69, 70; HandbuchArztR/Uhlenbruck, § 51 Rn. 1; Guntz, in: Creifelds, S. 790; ein ärztlicher Eingriff kann entweder absolut oder nur relativ indiziert, d.h. er kann entweder alternativlos zwingend oder aber zwar medizinisch sinnvoll, gleichwohl jedoch nicht unbedingt erforderlich sein, vgl. Rehborn, S. 247, 248; das Urteil über die Indikationsstellung ist nicht „ex post", sondern immer vorausschauend „ex ante" zu fällen, s. Laufs NJW 1974, 2025, 2028; in erster Linie maßgebend für die Behandlungsindikation ist der klinische Befund, OLG München AHRS Kza 2415/18; die Indikation bildet die „stillschweigende Geschäftsgrundlage des Behandlungsvertrages" mit dem Arzt, Kern/Laufs, S. 10);

  und

- **Therapie**
  (Durchführung der indizierten Maßnahmen zur Heilung oder Linderung der Erkrankung/Beschwerden unter Beachtung und Anwendung des gegenwärtigen Erkenntnisstandes der ärztlichen Wissenschaft, vgl. BGH NJW 1977, 1102, 1103; BGH NJW 1978, 584; Laufs Rn. 110; Heilmann NJW 1990, 1513, 1515; die Therapieplanung ist eine Funktion der Erkenntnisse über Einflussgrößen und Prognosefaktoren, vgl. Professor Chr. Herfarth, in: RM vom 10.04.1998; das Erfolgsrisiko trägt der Patient, Gottwald Jura 1980, 303, 307).

bb) Anwendung der Medizinwissenschaft

Die **Heilbehandlung** stellt eine Dienstleistung höherer Art dar, die wesentlich durch die verantwortete Anwendung medizinwissenschaftlicher Erkenntnisse bestimmt (BGH NJW 1975, 305, 306) und bei deren Ausführung der Arzt **nicht** an Weisungen des Patienten gebunden ist (OLG Hamm NJW 1996, 791). Das auf ärztliche Behandlung gerichtete Vertragsverhältnis verpflichtet den Arzt (sofern er im Einzelfalle nicht auf eine konkretbestimmte Maßnahme festgelegt sein soll) stets zu dem in der jeweiligen Situation **sachgerechten** medizinischen Vorgehen (BGH NJW 1989, 1538, 1540); unter anderem ist der Arzt verpflichtet, dasjenige Arzneimittel zu verschreiben, das die beste Wirkung verspricht (für Kostenerwägungen im Rahmen des kassenärztlichen Wirtschaftlichkeitsgebotes bleibt nur dann Raum, wenn gleichwirksame Medikamente zur Verfügung stehen, OLG Hamm aaO).

Das fundamentale ärztliche **Prinzip**, in erster Linie **keinen** neuen Schaden zu setzen („primum **nil nocere**"), verbietet es, etwa eine bestimmte Zwischenfallsquote von vorneherein in Kauf zu nehmen; vielmehr gilt es, bei jeder medizinischen Einwirkung auf den Patienten Gefahrenquellen nach Möglichkeit auszuschalten (BGH VersR 1972, 1075, 1076). **Doping**beratung, -verschreibung oder -verabreichung durch den Arzt/Sportarzt stellen **keine** Heilbehandlung dar: der auf Doping (dazu unten **C. II. 1. b**) ausgerichtete Arztvertrag ist vielmehr sittenwidrig und damit gemäß § 138 Abs. 1 BGB nichtig (vgl. Turner NJW 1992, 720 mN); soweit der konkrete Vertrag daneben noch andere Leistungen umfasst, kann er rechtliche Wirksamkeit erlangen (vgl. § 139 BGB; s. Derleder/Deppe JZ 1992, 116, 117 mN).

cc) Heilversuch und Experiment

Zur Heilbehandlung gehört **auch** der (nach erfolgloser Anwendung oder mangels zu Gebote stehender anderer Methoden durchgeführte) **Heilversuch** („therapeutische Versuch"). Bei ihm geht es um den Einsatz nicht standardisierter Diagnose- und/oder Therapiemaßnahmen, deren Wirksamkeit und Wirkungen noch nicht abschließend geklärt sind. Im Unterschied zu den sog. „klinischen Experiment" (das grundsätzlich den Abschluss eines besonderen, hierauf gerichteten Kontraktes erfordert) steht nicht der medizinische Forschungszweck, sondern das individuelle **Heilungsinteresse** im Vordergrund. Anzuwenden sind die allgemeinen Grundsätze und Regeln der Heilbehandlung. Zulässigkeitsvoraussetzung ist darüber hinaus, dass aufgrund ärztlich-verantwortlicher Abwägung zwischen dem zu erwartenden therapeutischen Nutzen einerseits und möglichen gesundheitlichen Gefahren andererseits wenigstens eine heilungsfördernde **Aussicht** für den betroffenen Patienten besteht und die Maßnahme hierdurch indiziert ist (vgl. zum Ganzen: Laufs Rn. 671 ff; Deutsch Rn. 538, 540; Trockel NJW 1979, 2329, 2331; Lippert/Adler VersR 1993, 277, 280; Rieger Rn. 848, 849; Eser, in: Gedächtnisschrift für Horst Schröder, 1978, S. 191, 199; Rehborn, S. 168, 169). Sog. **Placebos** (pharmakologisch unwirksame Substanzen) darf der Arzt bei Versuchen nur in engen Grenzen einsetzen (Laufs Rn. 696); bspw. etwa, um zu erkennen, ob die von dem Patienten geklagten Beschwerden (die weder objektiv erklärbar noch in standardisierter Weise behandelbar sind) bereits aufgrund bloßer Suggestion des Scheinmedikamentes weichen (vgl. Rieger Rn. 1366 mN; Deutsch Rn. 556).

dd) Behandlungssorgfalt

Der Arzt steht für die von seinem Berufsstand im Allgemeinen und von seiner Fachrichtung im Besonderen zu fordernde **professionelle** Behandlungssorgfalt einschließlich der hierfür notwendigen Kenntnisse und Fähigkeiten ein (s. unten **5.**); anzuwenden ist **nicht** etwa nur die „übliche", sondern stets die berufsfachlich **erforderliche** Sorgfalt (BGHZ 8, 138, 140; Laufs Rn. 473; MünchKomm/Hanau, § 276 Rn. 147; Wolfslast NStZ 1984, 105, 107 mwN).

ee) Spezialkenntnisse

Verfügt der Arzt für eine konkrete Behandlung über bedeutsame **Spezialkenntnisse**, so hat er diese zugunsten des Patienten einzusetzen (BGH JZ 1978, 877, 879; zum Sorgfaltsmaßstab bei berufsspezifisch besonderen persönlichen Fähigkeiten s. Deutsch, Haftungsrecht, § 18 IV. 4. sowie BGB-RGRK/Steffen, § 823 Rn. 411).

ff) Berufsanfänger

Von einem ärztlichen Berufsanfänger muss erwartet werden, dass er gegenüber seinen eigenen Fähigkeiten noch besonders **selbstkritisch** eingestellt ist, sich stets seiner Grenzen bewusst bleibt (notfalls im Interesse der Gesundheit des Patienten sogar eine Einsatzanweisung ablehnt) und bei Unklarheiten jeglicher Art unverzüglich den **Rat** eines erfahrenen Kollegen einholt (BGH NJW 1988, 2299, 2300; Giesen Rn. 90). Wie ein approbierter ärztlicher Berufsanfänger ist haftungsrechtlich auch der Arzt im Praktikum - **AiP** (s. oben **Einleitung I.**) zu behandeln (Fahrenhorst MedR 1991, 173, 174; vgl. auch OLG Schleswig NJW 1997, 3098 zu einem Falle, in dem ein Anus-Praeter-Patient von einem AiP fehlerhaft ohne Abschlussuntersuchungen aus der stationären Behandlung entlassen worden war).

Der in der erst begonnenen Facharztweiterbildung stehende Arzt handelt nicht schuldhaft, wenn er bei einem schwierig zu beurteilenden Verletzungsbild den Oberarzt der Klinik hinzuzieht und dieser seine (sich später als unzureichend herausstellende) Diagnose billigt (OLG München VersR 1993, 1400, 1401).

gg) Hausbesuch

Auf der Grundlage der einmal **übernommenen** Behandlung ist der Arzt (auch derjenige für ein bestimmtes Fachgebiet) grundsätzlich (es sei denn, es liegen dringende Hinderungsgründe vor und dem Betroffenen steht anderweitige ärztliche Hilfe zur Verfügung) verpflichtet, den Patienten, der nicht persönlich in der Sprechstunde erscheinen kann, auf Aufforderung hin in dessen Wohnung aufzusuchen („**Hausbesuch**"), um ein zutreffendes Bild über den Zustand des Kranken zu gewinnen und sodann die erforderlichen ärztlichen Maßnahmen zu ergreifen; dies gilt jedenfalls bei Auftreten zu erwartender Komplikationen oder bei offensichtlich schwereren Erkrankungen (BGH NJW 1961, 2068; BGH NJW 1979, 1249; Laufs Rn. 110 mit Fn. 68; zur sog. „Fernbehandlung" s. unten **5. a**).

hh) Überweisung

Der erstbehandelnde Arzt ist verpflichtet, den Patienten zur Durchführung von diagnostischen oder therapeutischen Maßnahmen an einen Kollegen **anderen** Fachgebietes zu überweisen (s. dazu oben **3.**), **wenn** und **soweit** dies im gesundheitlichen Interesse des Behandelten erforderlich ist (Rehborn, S. 29).

ii) Weiterbehandlung durch Hausarzt

Der **nach** einem stationären Aufenthalt weiterbehandelnde Hausarzt muss im Interesse es Schutzes des ihm anvertrauten Patienten mit diesem Diagnose und Therapie der Krankenhausärzte erörtern, **wenn** er aufgrund seiner Erkenntnisse und Erfahrungen ernstliche Zweifel an deren Richtigkeit hat oder haben muss (BGH NJW 1989, 1536, 538).

jj) Schwangerschaftsunterbrechung

Gegenstand des Arztvertrages kann auch der **Abbruch** einer Schwangerschaft sein (hierzu BGHZ 86, 240, 245; BGH NJW 1985, 671, 672; Engelhardt VersR 1988, 540, 541). Wirksam ist ein derartiger Vertrag, sofern eine (die Mitwirkung des Arztes gerade voraussetzende)

nicht strafbare Abtreibung durchgeführt werden soll (die Ungültigkeitsnormen der §§ 134, 138 BGB greifen insoweit nicht ein); die Schlechterfüllung der Pflichten aus diesem Vertrag löst grundsätzlich schadensrechtliche Sanktionen aus (vgl. BVerfGE 88, 203, 295; OLG Oldenburg NJW 1996, 2432, 2433; OLG Zweibrücken MedR 2000, 540, 541: die fehlerhafte pränatale Diagnostik und die fehlerhafte Beratung vor einem gesetzlich erlaubten Schwangerschaftsabbruch stellen sich regelmäßig als positive Vertragsverletzung dar, die bei Verschulden des Arztes zum Schadensersatz verpflichtet; s. ferner Deutsch Rn. 426; ders. NJW 1993, 2361, 2362; Bergmann, S. 37, 38; Palandt/Heinrichs, Vorbem. v. § 249 Rn. 48). **Gegen** das strafrechtliche Abtreibungsverbot verstoßende Behandlungsverträge sind indessen gemäß § 134 BGB nichtig (vgl. OLG Bremen VersR 1984, 288; BayObLG JR 1990, 338, 341; AG Bad Oeynhausen NJW 1998, 1799: ist die Schwangere bei Abschluss des Vertrages noch nicht durch eine anerkannte Beratungsstelle nach § 219 StGB beraten worden, so ist das Vertragsgeschäft nach Sinn und Zweck der Beratungspflicht gemäß § 134 BGB nichtig; s. ferner HandbuchArztR/Uhlenbruck, § 39 Rn. 49; Palandt/Heinrichs, § 134 Rn. 14).

Der Arztvertrag kann sich auch alleine auf die **Beratung** über eine nach § 218 a StGB nicht rechtswidrige Schwangerschaftsunterbrechung beschränken; geschuldet ist in diesem Falle das Fachwissen eines sorgfältigen Arztes (BGHZ 89, 95, 106; Emmerich JuS 1984, 642); der Arzt muss nach dem gegebenen medizinischen Erfahrungs- und Wissensstand umfassend beraten, um der Schwangeren eine Entscheidung über einen ihr von der Rechtsordnung unter gewissen Voraussetzungen gestatteten Abbruch zu ermöglichen (OLG Zweibrücken aaO).

Die Beurteilung der Indikation „nach ärztlicher Erkenntnis" (§ 218 a Abs. 2 StGB) muss objektiven Grundsätzen folgen; jedoch hat der Arzt einen gewissen eigenen Beurteilungsspielraum (BGHZ 95, 199, 204, 206; BGH MDR 1992, 272, 273).

EXKURS

Schwangerschaftsabbruch

Gemäß § 35 BVerfGG hatte das Bundesverfassungsgericht in seinem Urteil vom 28. Mai 1993 (E 88, 203 ff) mit Wirkung vom 16.06.1993 an den ersten Absatz des § 218 a StGB sowie alle drei Absätze des § 219 StGB durch eine vorläufige Anordnung (abgedruckt bei Lackner, 21. Aufl., § 218 a, vor Rn. 1 und § 219, vor Rn. 1) ersetzt; die Anordnung blieb bis zum Inkrafttreten einer gesetzlichen Neuregelung in Geltung. Sie ist zum 01. Januar 1996 durch das Schwangeren- und Familienhilfegesetz in der Fassung des Art. 8 des Änderungsgesetzes vom 21.08.1995 (BGBl. Teil I, S. 1050) - unter Beachtung der Vorgaben des Bundesverfassungsgerichtes für eine Beratungsregelung - abgelöst worden: an die Stelle der alten §§ 218 bis 219 d treten nunmehr die neuen Bestimmungen der §§ 218 bis 219 b StGB (Lackner/Kühl, vor § 218 Rn. 6), wobei die Vorschrift des § 218 a StGB sämtliche **Straffreistellungsgründe** für den Schwangerschaftsabbruch (teils in Form eines Tatbestandsausschlusses, teils als rechtfertigende Indikation, teils als persönlichen Strafausschließungsgrund) zusammenfasst (Eser, in: Schönke/Schröder, § 218 a Rn. 1, 2 ff; Wessels/Hettinger, Rn. 217). Nach § 12 SchKG ist grundsätzlich niemand verpflichtet, an einem legalen Schwangerschaftsabbruch mitzuwirken; eine Ausnahme hiervon gilt aber dann, wenn die Mitwirkung notwendig ist, um von einer Frau die anders nicht abwendbare Gefahr des Todes oder einer schweren Gesundheitsschädigung abzuwenden (Wessels/Hettinger, Rn. 237).

22

kk) Genetische Beratung

Die medizinische Aufgabe kann auch in der **genetischen** Beratung der Patienten bestehen. Beratungsverträge, durch die die Zeugung oder die Geburt eines erbgeschädigten Kindes verhindert werden sollen, sind auf die Herbeiführung eines **rechtmäßigen** Erfolges gerichtet. Der Arzt hat für die Erreichung des Vertragszweckes durch die Erfüllung der übernommenen Pflichten auch haftungsrechtlich einzustehen (BGH MDR 1994, 556, 557: die Beratung war fehlerhaft dahingehend erfolgt, dass eine vererbbare Störung des behinderten erstgeborenen Kindes äußerst unwahrscheinlich sei).

II) Zahnärztliche Leistungen

Dienste höherer Art sind grundsätzlich auch die **zahnärztlichen** Leistungen: das Ziehen von Zähnen gehört zur Heilbehandlung; ein Gleiches gilt für die zahnärztlichen Bemühungen um die Erhaltung gefährdeter Zähne (Füllungen, Kronen, Wurzelbehandlungen etc.; vgl. BGH NJW 1975, 305, 306). Mit Ausnahme der technischen Anfertigung konkreter Teile des Zahnersatzes (diese stellt freilich ein Werk im Sinne der §§ 631 ff BGB dar: auf den Vertrag zwischen Zahnarzt und technischem Labor findet daher Werkvertragsrecht Anwendung, HandbuchArztR/Uhlenbruck, § 39 Rn. 26 Fn. 88) zählen auch sämtliche mit der zahnprothetischen Versorgung zusammenhängenden **ärztlichen** Verrichtungen (von der Planung bis zur schließlichen Eingliederung in den Mund) zur Heilbehandlung (BGH aaO; OLG Köln VersR 1993, 1400: schuldhafte Verletzung des Behandlungsvertrages durch Fehler beim Anfertigen und Einpassen des Zahnersatzes mit der Folge paradontalhygienisch besonders ungünstiger Gestaltung der Approximalräume; OLG Oldenburg MDR 1996, 155: Fehler bei der Passform einer Zahnprothese, bei der Wahl der Abstandshaltung des Unterkiefers zum Oberkiefer und bei der Form des okklusalen Kontaktes sind nach Dienstvertragsrecht zu beurteilen; s. weiters LG Mönchengladbach MedR 1995, 79, 80 und Geigel/Schlegelmilch, 2 8. Kap. Rn. 13).

Auch der Zahnarzt verspricht regelmäßig **nur** die sachgerechte Behandlung nach den allgemein anerkannten Grundsätzen der ärztlichen Wissenschaft und unter Verwendung geeigneten prothetischen Materials; den von den Patienten gewünschten Enderfolg (die Beseitigung der Schmerzzustände, die Rettung der Zähne usf.) sagt er **nicht** zu (OLG Zweibrücken NJW 1983, 249; Roesch VersR 1979, 12, 13; Deutsch VersR 1983, 993, 994; **a. A.** Jakobs NJW 1975, 1437 ff, 1440: der Zahnarztvertrag ist regelmäßig Werkvertrag).

d) Nebenpflichten

Aus dem Behandlungs**vertrag** erwächst dem **Arzt** eine Reihe von schuldrechtlichen **Nebenpflichten** (s. Franzki, S. 5,6):

- **Aufklärung** (vgl. OLG Düsseldorf VersR 1992, 317, 318; Franzki, S. 5; Tiemann, S. 136 für den Zahnarzt; die Pflicht zur Aufklärung stellt darüber hinaus auch eine vertragsunabhängige ärztliche Berufspflicht dar, Nüßgens Rn. 43; s. ausführlich unten **8.b**);

- Anlegung und Führung einer korrekten (befund- und maßnahmegetreuen) ärztlichen **Dokumentation** durch schriftliche Aufzeichnungen (komplexe behandlungsvertragliche Neben-, aber auch ärztliche Standespflicht, deren Erfüllung jedoch nicht erzwingbar ist und die für den Patienten keinen selbständig einklagbaren Leistungsanspruch begründet, vgl. Hohloch NJW 1982, 2577, 2580, 2581; Deutsch Rn. 354; Funke, S. 46); primär als Ausfluss der selbstverständlichen therapeutischen Pflicht, sekundär als eine dem behandelnden Arzt gegenüber dem Patienten auch außerprozessual auferlegte Rechenschaftspflicht zu begreifen, die schließlich auch aus Gründen der Nachvollziehbarkeit der medizinischen Maßnahmen und der Beweissicherung besteht (BGHZ 72, 132, 138; OLG Bremen NJW 1980, 644; OLG Köln NJW 1982, 704; OLG

Koblenz MedR 1995, 29, 31; Wasserburg NJW 1980, 617, 618; Peter NJW 1988, 751; Laufs NJW 1998, 1758); aufgrund seines Selbstbestimmungsrechtes darf der Patient (auch außerhalb eines Rechtsstreites) die Dokumentation (die niedergelegte Krankengeschichte ist als Urkunde im Sinne des § 810 BGB zu behandeln, vgl. Peter, Das Recht auf Einsicht in Krankenunterlagen, 1969, § 6; s. auch OLG Koblenz NJW 1995, 1624, 1625: die Eintragungen in der Krankenakte sind als Urkunden im Rechtssinne zu qualifizieren) **einsehen** bzw. **Auskunft** hieraus verlangen (für den Zahnarzt s. Tiemann, S. 159) - und zwar ohne ein besonderes rechtliches Interesse darlegen zumüssen - (auf Verlangen muss ihm der Arzt gegen Kostenerstattung auch Ablichtungen der betreffenden Unterlagen - die im Regelfalle zehn Jahre lang aufbewahrt werden müssen - überlassen, OLG Hamburg MDR 1985, 232; Pelz DRiZ 1998, 473, 480, 481; LG Dortmund NJW-RR 1998, 261, 262: der Patient hat grundsätzlich Anspruch auf Einsicht in die Original-Behandlungsunterlagen, der Anspruch wird durch die Herausgabe einer vollständigen Kopie der Karteikarte erfüllt), soweit es sich um naturwissenschaftlich-objektive Befunde und die Aufzeichnung der Behandlungsfakten (**z.B.** Herzstromkurven und Herzstrombilder, Angaben über Medikation, über Verlauf und Ergebnis von Operationen, Operationsberichte, Narkoseprotokolle etc.) handelt, sofern billigenswerte Gründe für eine Verweigerung der Einsicht oder der Auskunft nicht vorliegen (BGHZ 85, 327, 332, 337; BGHZ 106, 146, 148; wegen der Eigenart des psychiatrischen Behandlungsverhältnisses ist das Einsichtsrecht des Patienten insoweit eingeschränkt, als nach dem Ermessen des Arztes namentlich therapeutische Aspekte einer Offenbarung der Krankenakte entgegenstehen können, BGH NJW 1985, 674, 675; BGHZ 106, 146, 150; LG Saarbrücken MedR 1996, 323, 324; Giesen Rn. 429 ff; Bäumler MedR 1998, 400, 401); grundsätzlich hat der Patient **keinen** sachlich-rechtlichen Anspruch gegen den Arzt oder den Krankenhausträger auf die **Herausgabe** der Befunddokumente und sonstigen Krankenunterlagen, und zwar weder aus Vertrag noch aus Gesetz (BGH JZ 1983, 369, m. zust. Anm. Steindorff; OLG Stuttgart NJW 1958, 2120; HandbuchArztR/Schlund, § 76 Rn. 8, 12; Laufs NJW 1975, 1433, 1435; Tiemann, S. 160 für den Zahnarzt; **anders** bezüglich Röntgenbildern Mutter MDR 1995, 440, 441: Herausgabeanspruch aus § 651 Abs. 1 Satz 1 BGB); jedoch kann der Patient verlangen, dass der Arzt die über die Behandlung gemachten Aufzeichnungen dem nachbehandelnden Mediziner zur Einsicht überlasse (Laufs Rn. 456 mN);

- Ausstellung eines **Arztattestes**, eines Gesundheitszeugnisses oder einer ärztlichen Bescheinigung auf Kosten der Patientenseite (HandbuchArztR/Uhlenbruck, § 53 Rn. 4); etwa nach einer Unfallbehandlung über die Unfallfolgen, damit der Patient den Ersatz des Personenschadens spezifiziert geltend machen kann (vgl. AG Nürnberg ZfS 1990, 154);

- **Verschwiegenheit** (vgl. §§ 9 MBO-1997, 203 StGB): als „Kernstück der ärztlichen Berufsethik" und Bestandteil des Arztvertrages bereits die bloße Patienten-Eigenschaft als solche, ferner medizinische Daten aller Art bezüglich Anamnese, Diagnose und Therapie, private Informationen und Erkenntnisse, Behandlungsaufzeichnungen usw. betreffend (vgl. Laufs NJW 1975, 1433, 1434; Ulsenheimer Rn. 362; Narr/Rehborn Anm. 5. 1., 5. 2.; Lamprecht ZRP 1989, 291; Taupitz VersR 1991, 1213, 1216) sowie grundsätzlich obligat auch gegenüber nahen Angehörigen (s. dazu BGH NJW 1983, 2627, 2628); die **Verletzung** der Schweigepflicht kann Schadensersatzansprüche gegen den Arzt auslösen (Tenner AnwBl. 1997, 297, 303 mN); **ohne** wirksame vorherige (unter anderem die Unterrichtung über die Abtretung und der Folge des Wechsels des Forderungsinhabers voraussetzende, OLG Karlsruhe NJW 1998, 831, 832) Zustimmung („Einwilligung") des Patienten stellt die untrennbar mit der Preisgabe von Behandlungsdaten (geheimnisgeschützt sind auch alle Aufzeichnungen über Krankheiten und deren Behandlung, vgl. OVG Lüneburg NJW 1997, 2469) verbundene **Abtretung** der ärztlichen Honorarforderung (sei es an eine externe gewerbliche Abrechnungsstelle, sei es an eine berufsständische Organisation, Ring BB 1994, 374) einen Bruch des Arztgeheimnisses dar: sie ist daher nach §§ 134 BGB, 203 Abs. 1 Nr. 1 StGB **nichtig** (BGHZ 115, 123, 129 ff; BGH NJW 1996, 775; OLG Köln MDR 1992, 447; OLG Köln MedR 1996, 369: das gilt auch für eine der Forderungsabtretung zugrundeliegende Rahmenvereinbarung, die vorsieht, dass der Arzt seine sämtlichen gegenwärtigen und zukünftigen Honoraransprüche unterschiedslos und ohne Rücksicht auf die persönliche Einwilligung des Patienten zur Abtretung anbieten müsse; OLG Bremen NJW 1992, 757; Gramberg-Danielsen/Kern NJW 1998, 2708, 2710: die Zustimmung des Patienten bedarf nach § 4 Abs. 2 S. 2 BDSG der Schriftform); **ohne** ausdrückliche oder im Wege der Inanspruchnahme der Behandlung seitens des Praxisnachfolgers schlüssig erteilte Zustimmung des Patienten beinhaltet die **Weitergabe** der Patientendaten im Rahmen der Praxisveräußerung ein **unbefugtes** Offenbaren von Geheimnissen (die Schweigepflicht gilt auch im Verhältnis der Ärzte untereinander, Rehborn, S. 129): das Veräußerungsgeschäft ist demgemäß ebenfalls nach §§ 134 BGB, 203 Abs. 1 Nr. 1 StGB **nichtig** (BGH MDR 1992, 226, 227; s. bereits Laufs NJW 1975, 1433, 1435 ff; trotz einer salvatorischen Klausel ist gemäß § 139 BGB das **gesamte** Praxisübernahmegeschäft mit seinen Verpflichtungs- und seinem Erfüllungsteil nichtig, sofern die Übergabe der Patientenkartei von grundlegender Bedeutung ist und dementsprechend als wesentlicher Bestandteil des Vertrages bezeichnet wird, KG MedR 1996, 220, 221); auch der AIDS-Patient hat das Recht auf Beachtung der ärztlichen Schweigepflicht: nach dem am 01. Januar 2001 in Kraft getretenen IfSG vom 20.07.2000 (BGBl. Teil I, S. 1045 ff) ist in Fällen des direkten oder indirekten Nachweises des Krankheitserregers „HIV" durch die in § 8 des Gesetzes genannten Personen und Stellen dem Robert-Koch-Institut eine sog. nichtnamentliche Meldung zu machen; nach den Grundsätzen des rechtfertigenden Notstandes (§ 34 StGB) ist der Arzt **befugt** (wenn auch rechtlich hierzu nicht verpflichtet; str.), den Partner des HIV-Infizierten zu informieren, wenn anders die Gefahr für dessen Leib und Leben nicht abgewendet werden kann (vgl. OLG Frankfurt VersR 2000, 320, 321; Buchborn MedR 1987, 260, 264; Laufs/Narr MedR 1987, 282, 283; der positive Antikörper-Befund beweist einen früheren Kontakt mit dem Virus oder eine vorausgegangene Virusexposition: auf eine aktuell-wirksame HIV-Infektion lässt er lediglich mit potentieller Bedeutung schließen, s. Setsevits MedR 1989, 95); wer sich aufgrund einer Einweisung durch den Hausarzt in einer Klinik untersuchen lässt, ist mangels abweichender Erklärung in schlüssiger Weise damit **einverstanden**, dass der Klinikarzt oder dessen Konsiliarius dem weiterbehandelnden Hausarzt durch „Arztbrief" Bericht erstattet (OLG München NJW 1993, 797, 798); die Schweigepflicht besteht grundsätzlich auch **nach** dem **Tode** des Patienten fort (vgl. § 203 Abs. 4 StGB): Geheimnisse aus dem vermögensrechtlichen Bereich unterliegen jedoch der Verfügung der Erben (BayObLG NJW 1987, 1492); bei Umständen aus der höchstpersönlichen Sphäre ist mangels einer lebzeitigen Erklärung des Verstorbenen dessen mutmaßlicher Wille unter Berücksichtigung seines wohlverstandenen Interesses an weiterer Geheimhaltung zu erforschen (BGH NJW 1984, 2893, 2895; BayObLG aaO, 1492, 1493; Rehborn, S. 137); kann ein bestimmter mutmaßlicher Wille des Verstorbenen nicht mit hinreichender Deutlichkeit festgestellt werden, so hat der Arzt unter Berücksichtigung der persönlichen Interessen eines ehemaligen Patienten und mit Bedacht auf die Anforderungen des ärztlichen Standesethos **selbstverantwortlich** über eine Preisgabe von Behandlungsdaten des Toten zu befinden (vgl. Hülsmann/Baldamus ZEV 1999, 91, 93 f);

- **wirtschaftliche** Aufklärung und Beratung (zu unterscheiden von dem kassenärztlichen Wirtschaftlichkeitsgebot gemäß § 12 SGB V, s. hierzu Laufs NJW 1989, 1523, Ulsenheimer MedR 1995, 438 ff und Schreiber ZaeFQ 2000, 846 ff) ist zum Schutze der Vermögensinteressen des Patienten als Rechtspflicht nur unter **besonderen** Umständen anzunehmen (Scholz, S. 41): muss der Arzt, der den Patienten (betreffend einen Kassenpatienten s. LG Saarbrücken NJW 1984, 2632) eine stationäre Behandlung vorschlägt, aufgrund seiner Erfahrungen und Kenntnisse nach den gegebenen Umständen von dem Patienten erkennbar nicht gesehene Bedenken haben, ob der private Krankenversicherer nach seinen Bedingungen die Behandlung als notwendig anerkennen und die Kosten hierfür übernehmen werde, so leitet sich aus dem Arztvertrag auch die Verpflichtung ab, den Patienten auf dieses finanzielle Eigenrisiko hinzuweisen (BGH VersR 1983, 443, 444); vor einem **kosmetischen** Eingriff muss der Arzt den Patienten unmissverständlich darauf aufmerksam machen, dass die Krankenkasse möglicherweise die Kosten nicht übernehme (Scholz aaO mN); zu diesen Fragen ist ferner auf die Ausführungen von Baden in NJW 1988, 745, 747 hinzuweisen, der mit Recht vor der Gefahr einer Überspannung der Anforderungen an die wirtschaftliche Aufklärungs- und Beratungspflicht des Arztes warnt und hierbei zust. auf OLG Köln NJW 1987, 2304 Bezug nimmt; s. in diesem Zusammenhange auch Füllgraf NJW 1984, 2619, 2620; der selbstzahlende Patient der sog. Heilkunde-GmbH muss mit Blick auf § 4 Abs. 2 MBKK - freie Arztwahl nur unter niedergelassenen, d.h. den ärztlichen Beruf in selbständiger Praxis ausübenden Ärzten - vor Abschluss des Behandlungsvertrages unmissverständlich darüber **unterrichtet** werden, dass er nicht mit einer Kostenerstattung durch seine private Krankenversicherung rechnen könne (Taupitz NJW 1992, 2317, 2325; Laufs MedR 1995, 11, 16); bezüglich des Krankenhausträgers s. unten **II. 5. a.**

EXKURS
Nebenpflichten

Die sog. Nebenpflichten des Schuldners stellen sich entweder als **Nebenleistungsverpflichtungen** oder als **unselbständige Nebenpflichten** dar. Erstere sind (aus Gläubigersicht dem Interesse an der Erfüllung der geschäftstypischen Hauptverbindlichkeit vergleichbare) akzidentielle Leistungspflichten, die mit der Erfüllungsklage durchgesetzt werden; letztere sind lediglich mit Schadensersatzansprüchen aus „positiver Vertragsverletzung" sanktionierte sonstige Verhaltensverbindlichkeiten des Vertragsschuldners, die die geordnete Abwicklung des Schuldverhältnisses sichern sollen (im Näheren: Esser, § 5 III. 1. a, b; MünchKomm/Kramer § 241 Rn. 14, 15, 16; Palandt/Heinrichs, Einl. vor § 241 Rn. 6).

e) Mitwirkungspflichten des Patienten

Verweigert der Patient in Fällen, in denen der Arzt zu seinem und seiner Mitarbeiter Schutz auf die Durchführung des HIV-Testes angewiesen ist, nach erfolgter Aufklärung die erforderliche Zustimmung, so darf der Arzt wegen Verletzung der Mitwirkungspflicht aus dem Behandlungsverhältnis den geplanten Eingriff **ablehnen**, sofern der Patient nicht in eine Notfallsituation gerät (Laufs/Narr MedR 1987, 282). Der HIV-positive Patient, der von seinem Status Kenntnis hat, ist aus dem Behandlungsvertrag **verpflichtet**, den Arzt über die bei ihm bestehende besondere Ansteckungsgefahr zu informieren (Buchborn MedR 1987, 260, 264; Eberbach MedR 1987, 267, 271).

f) Beendigung des Behandlungsvertrages

aa) Erfüllung

Der Arztvertrag beschränkt sich auf die **zu be**handelnde Erkrankung ohne Rücksicht darauf, wie lange der betreffende Beschwerdezustand andauert (Rehborn, S. 47). Das Arztvertragsverhältnis **endet** daher (abgesehen von der Möglichkeit, sich jederzeit über die Aufhebung der Behandlungsbeziehung zu einigen) grundsätzlich (erst) dann, wenn die Gesundheit des Patienten wieder hergestellt (und damit der Zweck des Behandlungsvertrages **erreicht**) ist (OLG Frankfurt VersR 1994, 431 mN; Deutsch Rn. 78; Rehborn aaO; Tiemann, S. 124 f zum zahnärztlichen Behandlungsvertrag: mit dem Abschluss der Behandlung im Falle prothetischer Versorgung durch die Eingliederung des Zahnersatzes einschließlich etwaiger notwendiger Nachsorge).

bb) Kündigung

Der **Patient** kann den Arztvertrag aber seinerseits grundsätzlich jederzeit (auch noch auf dem Operationstisch) und ohne Gegebensein eines wichtigen Grundes fristlos **kündigen** (§ 627 Abs. 1 BGB); der Kassenpatient soll den Arzt innerhalb eines Kalendervierteljahres allerdings nur bei Vorliegen eines triftigen Grundes wechseln (die Nichtbeachtung der Vorschrift des § 76 Abs. 3 SGB V hat für den Patienten jedoch keine nachteiligen Folgen, Ströer S. 68). Begibt sich der Patient in die Behandlung eines anderen Arztes, so ist die Mitteilung dieses Umstandes an den Erstbehandler als konkludente Kündigung aufzufassen (Deutsch aaO).

Auf der anderen Seite darf der **Arzt nicht** zur Unzeit (d.h., wenn er die erforderliche Weiterbehandlung nicht sogleich einem anderen Arzt übertragen kann) kündigen, es sei denn, ein wichtiger Grund ist gegeben (§ 627 Abs. 2 S. 1 BGB); kündigt er **ohne** einen solchen Grund zur Unzeit, so macht sich der Arzt dem Patienten gegenüber schadensersatzpflichtig (§ 627 Abs. 2 S. 2 BGB). An die Beurteilung, ob im Einzelfalle ein wichtiger Grund zur fristlosen Kündigung durch den Arzt gegeben ist, sind **strenge** Anforderungen zu stellen; auf keinen Fall dürfen Kündigung und Ablehnung der Weiterbehandlung in einem Stadium erfolgen, in welchem der Patient dringend der ärztlichen Hilfe bedarf und auf den behandelnden Arzt angewiesen ist (HandbuchArztR/Uhlenbruck, § 46 Rn. 8 mN).

Beseitigt der Zahnarzt Ungenauigkeiten und Passschwierigkeiten der prothetischen Versorgung nicht binnen einer angemessenen Frist, so gibt **er** schuldhaft Anlass zur Kündigung des Behandlungsvertrages seitens des Patienten mit der Folge, dass das empfangene Honorar zurückgezahlt werden muss, soweit die Leistungen für den Patienten ohne Interesse sind (§ 628 Abs. 1 S. 2 BGB; vgl. OLG München VersR 1995, 1103; zur Anwendung des § 628 Abs. 1 S. 2 BGB s. auch OLG Celle NJW 1987, 2304, 2306 betr. den Fall einer kosmetischen Operation).

Nimmt der Patient den ihm zugeteilten Behandlungstermin **nicht** wahr, so kommt er als Dienstberechtigter mit der Konsequenz in den **Annahmeverzug** (§§ 293 ff BGB), dass er dem Arzt die Vergütung gem. § 615 BGB schuldet (LG Konstanz NJW 1994, 3015); hat der Arzt mit dem Patienten eine vierundzwanzigstündige Kündigungsfrist verabredet, so muss der Patient bei Nichteinhaltung dieser Frist - ohne wichtigen Grund im Sinne des § 626 BGB - nach Maßgabe des § 615 BGB das Honorar entrichten, sofern dem Arzt kein Ersatzpatient zur Verfügung steht (Laufs NJW 1995, 1594 mN).

6. Vertragstyp Werkvertrag

Werkvertragliche Regeln (inclusive der kurzen gewährleistungsrechtlichen Verjährungsfrist nach § 638 BGB) kommen im medizinischen Bereich bei Verträgen über die technische Anfertigung von **Zahnprothesen** (der Zahnarzt schließt mit dem Zahntechniker den Werkvertrag über die Herstellung des Zahnersatzes; der Zahntechniker ist bezüglich der Erbringung der zahnprothetischen Leistung durch den Zahnarzt dessen Erfüllungsgehilfe im Sinne des § 278 BGB, vgl. Ullmann MedR 1996, 341) oder über die Herstellung und Anpassung von **orthopädischen** Hilfsmitteln zur Anwendung (vgl. BGHZ 63, 306, 309; OLG Karlsruhe NJW 1967, 1512; Laufs Rn. 101; Franzki, S. 5); nach Werkvertragsregeln beurteilen sich auch die Verrichtungen (Blut-, Harn- etc. - untersuchungen) der **Laborärzte** (Nüßgens Rn. 12; BGB-RGRK/Glanzmann, § 631 Rn. 166).

Erbringung eines Arbeitsergebnisses ist ferner die Anfertigung einer **Röntgenaufnahme** durch den Röntgenarzt als Diagnose-Hilfsmittel für einen anderen Arzt (OLG Düsseldorf MDR 1985, 1026; BGB-RGRK/Glanzmann aaO; s. auch Mutter MDR 1995, 440, 441: Werklieferungsvertrag gemäß § 651 BGB).

Rein kosmetische Operationen (d.h. medizinisch nicht indizierte „Schönheitsoperationen") werden (im Unterschied zu kurativen Operationseingriffen) regelmäßig auf der Grundlage eines Werkvertrages vorgenommen; hier hat der Chirurg nach Sinn und Zweck der Abrede offensichtlich für den „Erfolg" seines Eingriffes einzustehen (vgl. BGB-RKRK/Glanzmann aaO; MünchKomm/Soergel, § 631 Rn. 63; Soergel/Ballerstedt, vor § 631 Rn. 17). Im Einzelfalle (**anders** OLG Köln MDR 1988, 317, OLG Köln VersR 1998, 1510, Rehborn, S. 45 und HandbuchArztR/Uhlenbruck, § 39 Rn. 31: regelmäßig) mag der Vertragswille aber auch bei kosmetischen Eingriffen lediglich auf den Abschluss eines **Dienstvertrages** gerichtet sein (vgl. KG, Urteil vom 03.06.1954, Az. 7 U 1526/53, zit. nach der Mitteilung bei Perret, S. 96; Erman/Hanau, § 611 Rn. 47).

Bei zahnprothetischen Leistungen soll der Behandlungsvertrag dann als **Dienstvertrag** zu klassifizieren sein, wenn der Zahnarzt lediglich Planung und Einpassung der Prothese, nicht jedoch deren technische Anfertigung vorgenommen hatte (Rehborn MDR 1999, 1170 unter Hinweis auf OLG München vom 06.02.1997, Az. 1 U 4802/95).

Bei medizinisch **nichtindizierten kosmetischen** Operationen sind (im Gegensatz zur eigentlichen Heilbehandlung) im Übrigen ein vertraglicher Haftungs**ausschluss** oder eine vereinbarte Haftungsbeschränkung grundsätzlich rechts**wirksam** (Rieger Rn. 1001; Franzki, S. 6).

BGB-Werkvertrag ist ferner problemlos (weil auf ein reines Leistungsergebnis gerichtet) der mit dem Träger des Rettungsdienstes zustande gekommene entgeltliche **Transport**vertrag (vgl. Lippert NJW 1982, 2089, 2093; zum Transportvertrag im Allgemeinen s. BGHZ 62, 71, 75).

7. Parteien und Begünstigte des Behandlungsvertrages

a) Arzt – Patient

Parteien des Behandlungsvertrages sind grundsätzlich der Patient und der behandelnde Arzt. **Behandelnder** Arzt in diesem Sinne ist nur der Arzt mit Liquidationsrecht (worunter das Recht verstanden wird, von dem Patienten oder dem für ihn eintretenden Kostenträger das Behandlungshonorar zu verlangen, vgl. Luig S. 229; Uhlenbruck NJW 1964, 432; ferner BGH LM Nr. 33 Bl. 2 zu § 282 BGB).

aa) Persönliche Leistungserbringung – Vertretung

Seine aufgrund des abgeschlossenen Dienstvertrages geschuldete medizinische Behandlungstätigkeit muss der Arzt aus vertragsrechtlichen (es kommt die Regel des § 613 S. 1 BGB zur Anwendung) wie aus Gründen des Berufsrechtes (vgl. §§ 1 BÄO, 4 Abs. 2 GOÄ) **persönlich** erbringen (Staudinger/Richardi, § 613 Rn. 9, 10; Rehborn, S. 90; Hahn NJW 1981, 1977, 1981; Peikert MedR 2000, 352, 354; bezüglich des Vertragsarztes s. auch §§ 15 Abs. 1 SGB V, 15 Abs. 1 BMV-Ä). Das bedeutet aber **nicht**, dass der Arzt sämtliche Dienstleistungsverrichtungen höchst eigenhändig wahrzunehmen hätte; bei der Ausübung seiner Tätigkeit darf er sich vielmehr der **Mithilfe** des nichtärztlichen Assistenzpersonals bedienen, das unter seiner Aufsicht und Verantwortung handelt und für welches er im Rahmen des Behandlungsverhältnisses auch haftet (Rehborn, S. 91; Peikert aaO, 355). Der **Kernbereich** des ärztlichen Wirkens (Diagnosefindung, Indikationsstellung, Erarbeitung des Therapie- oder Operationsplanes, Durchführung des operativen Eingriffes) bleibt aber **stets** dem Arzt selbst vorbehalten (HandbuchArztR/Uhlenbruck, § 47 Rn. 2; Hahn aaO 1980; Peikert aaO, 355). Grundsätzlich darf der behandelnde Arzt das Bewirken der vertraglichen Hauptleistung nicht von sich aus einem anderen Arzt oder einem Vertreter überlassen (Deutsch Rn. 65; Staudinger/Richardi aaO, Rn. 10); eine wirksame **Vertretung** ist bei der ärztlichen Leistungserbringung nur mit (anfänglicher oder nachträglicher) Zustimmung des Patienten zulässig (Genzel MedR 1995, 320, 321; der Begriff des „ständigen ärztlichen

Vertreters" in § 4 Abs. 2 GOÄ bezieht sich auf denjenigen Arzt desselben Fachgebietes, an den die ärztliche Leistung in Absprache mit dem Patienten delegiert werden kann, vgl. Wienke/Sauerborn MedR 1996, 352 ff). Der **Urlaubsvertreter** des niedergelassenen Arztes ist regelmäßig **nicht** selbst Vertragspartner des Patienten, sondern (persönlich nur deliktisch haftbarer) Erfüllungsgehilfe (§ 278 BGB) des Vertretenen: aus Vertrag haftet nur der Praxisinhaber (vgl. BGH NJW 2000, 2737, 2741; OLG Düsseldorf AHRS Kza 0180/11; Giesen Rn. 7 Fn. 33; Laufs Rn. 558; Steffen/Dressler Rn. 86; Schinnenburg MedR 2000, 311). Der ärztliche Vertreter muss über diejenigen Fachkenntnisse verfügen, welche ihn dazu befähigen, alle im Rahmen der Vertretung vorgenommenen Behandlungen lege-artis durchzuführen (BGH NJW 1998, 1802, 1803).

bb) Notarzt

Bei **notärztlicher** Versorgung ist Vertragspartner des ansprechbaren Notfallpatienten der niedergelassene Arzt oder der Krankenhausarzt, der den Notarzt in selbständiger Nebentätigkeit wahrnimmt; der Rettungssanitäter ist Erfüllungsgehilfe (vgl. Lippert NJW 1982, 2089, 2092; s. unten II. 1.).

EXKURS
Notfall- und Notarztdienst

Im Bereiche der sog. Notfallversorgung muss zwischen dem rettungsdienstlichen **Notarzteinsatz** einerseits und dem allgemeinen vertragsärztlichen **Notfalldienst** (KV-Notdienst) andererseits **unterschieden** werden. **Letzterer** stellt die ambulante ärztliche Versorgung (im Wege des Praxis- oder des Hausbesuches) bei dringenden Behandlungsfällen in denjenigen Zeiträumen sicher, in denen die niedergelassenen Ärzte üblicherweise keine Sprechstunden abhalten; in seinem Rahmen kommt zwischen dem Arzt und dem Patienten ein Dienstvertrag zustande. Der **Notarztdienst** dagegen ist Bestandteil des jeweiligen öffentlich-rechtlich organisierten **Rettungsdienstes**; seine Aufgabe besteht darin, den notfallmedizinischen Patienten, der sich in akuter Gesundheits- und/oder Lebensgefahr befindet, durch notfallmedizinisch ausgebildete Ärzte - im Zusammenwirken mit dem hauptsächlich für die sachgerechte Beförderung des Patienten in ein geeignetes Krankenhaus zuständigen Rettungsdienst - ärztliche Hilfe zukommen zu lassen. Aufgrund der jeweiligen Regelungen in den Rettungsdienstgesetzen der Länder handelt der Notarzt in jedem Bundesland bei der Erfüllung dieser Aufgabe in Ausübung eines **öffentlichen** Amtes; haftungsrechtlich ist er damit Beamter im Sinne von Art. 34 GG, § 839 BGB (Fehn/Lechleuthner MedR 2000, 114, 116 ff, 122). Aufgrund ihres Sicherstellungsauftrages nach §§ 72 ff SGB V ist die Kassenärztliche Vereinigung gesetzlich verpflichtet, die zum sachgerechten Einsatz mit dem Notarztwagen im Rahmen des Rettungsdienstes erforderlichen Notärzte zur Verfügung zu stellen; die - so gekennzeichnete - Organisationspflicht der Vereinigung besteht als drittgerichtete Amtspflicht **auch** gegenüber dem einzelnen Notfallpatienten (im Näheren BGHZ 120, 184 ff, 193 zu Art. 1 Abs. 1 Nr. 1, Abs. 2 des Bayerischen Rettungsdienstgesetzes; zum Ganzen vgl. ferner: Rieger Rn. 1264, 1267, 1268, 1271 ff; Rehborn, S. 85; Laufs NJW 1994, 1562, 1564). Ein Arzt im Praktikum - AiP (s. oben Einleitung I.) - darf für den eigenverantwortlichen und selbständigen Einsatz im Notarztwagen nicht herangezogen werden (Scholz, S. 71 mN). Den Notärzten und den im Notfalldienst tätigen Ärzten werden im Allgemeinen **keine** Haftungserleichterungen im Hinblick auf die eilige Situation oder die Fachfremdheit ihres Einsatzes zugebilligt; sofern der Arzt mit seinen Kenntnissen und technischen Fähigkeiten vor Ort ein Risiko für den Patienten nicht ausschließen kann, ist er verpflichtet, diesen einer stationären Behandlung zuzuführen (Rehborn MDR 1999, 1069, 1071; ders. MDR 2000, 1101, 1105).

b) Drittbegünstigung

Der im Rahmen der Personensorge durch den gesetzlichen Vertreter für sein Kind oder für eine andere nicht geschäftsfähige Person im eigenen Namen abgeschlossene Behandlungsvertrag ist ein **echter** Vertrag **zugunsten** Dritter im Sinne der §§ 328 ff BGB (RGZ 152, 175; BGHZ 89, 263, 266; MünchKomm/Müller-Glöge, § 611 Rn. 54; Palandt/Diederichsen, § 1626 Rn. 16; Steffen/Dressler Rn. 8). Ansprüche auf ordnungsgemäße Behandlung werden durch einen solchen Vertrag sowohl für den gesetzlichen Vertreter als auch für den Dritten begründet; jedoch ohne dass auf Seiten des Arztes etwa eine Erweiterung seines Pflichtenkreises entstünde. Das Behandlungsverhältnis ist auch in diesem Falle **allein** auf die ärztliche Betreuung des **Patienten** ausgerichtet (BGH aaO; Deutsch/Matthies, S. 5).

EXKURS
(I.)
Vertrag zugunsten Dritter

Der Vertrag zugunsten Dritter ist eine besondere Art des **Schuld**vertrages (H. Lange NJW 1965, 657); dingliche Verfügungsgeschäfte zugunsten Dritter werden von der Rechtsprechung nicht anerkannt (vgl. etwa BGH DNotZ 1965, 612). Die Vertragsparteien können ein Schuldverhältnis des Inhaltes begründen, dass der Schuldner sich dem Gläubiger gegenüber verpflichtet (ihm „verspricht"), an einen von diesen verschiedenen vertragsfremden Dritten eine Leistung zu erbringen. Es ist eine Frage des Geschäftswillens der Parteien (der gegebenenfalls durch Auslegung ermittelt werden muss, §§ 157, 328 Abs. 2, 330 BGB), ob der Dritte den obligatorischen Leistungsanspruch gegen den Schuldner unmittelbar (d.h. ohne jede eigene rechtsgeschäftliche Mitwirkung, vgl. BGB-RGRK/Ballhaus, § 328 Rn. 16) selbst primär und direkt erwerben (§ 328 Abs. 1 BGB = sog. „echter Vertrag zugunsten Dritter") oder ob der Gläubiger nur im Innenverhältnis der Abredepartner untereinander das Recht haben soll, von dem Schuldner zu verlangen, dass dieser an den Dritten leiste (sog. „unechter Vertrag zugunsten Dritter"); gemeinsam ist beiden Modalitäten, dass der Schuldner durch die Leistung an Dritte von seiner Verbindlichkeit befreit wird (vgl. § 362 BGB). Bei der Konstellation des „echten Vertrages zugunsten Dritter" wendet der Gläubiger dem Dritten ein Forderungsrecht zu (RGZ 154, 99, 103). Es müssen **„drei Rechtsbeziehungen"** auseinandergehalten werden: das (rechtsgeschäftliche) Grundverhältnis („Deckungsverhältnis") zwischen Versprechendem (Schuldner) und Versprechensempfänger (Gläubiger), das (vertragliche oder gesetzliche) Valutaverhältnis („Zuwendungsverhältnis") zwischen Versprechensempfänger (Gläubiger) und Drittem sowie schließlich das (aus dem von dem Grundverhältnis abgespaltenen Leistungsanspruch des Dritten bestehende, vgl. BGHZ 54, 145, 147) Drittverhältnis („Vollzugsverhältnis") zwischen Versprechendem (Schuldner) und Drittem. Der Rechtserwerb des Dritten findet seine causa in dem Valutaverhältnis (statt anderer BGHZ 91, 288, 290); der Rechtsgrund der Zuwendung wird durch das „Deckungsverhältnis" geliefert (statt anderer Erman/H.P. Westermann, vor § 328 Rn. 5; Heilmann MDR 1969, 431, 433). Bereicherungsrechtliche Rückabwicklungen erfolgen in der jeweiligen Leistungsbeziehung (StudK-BGB/Beuthien, § 812 Anm. I. 6. a; zur Behandlung von Leistungsstörungen bei drittbegünstigenden Vertragskonstellationen s. im Näheren H. Lange aaO, 657 ff).

(II.)
Vertrag mit Schutzwirkung für Dritte

Von dem „Vertrag zugunsten Dritter" ist der „Vertrag mit bloßer Schutzwirkung für Dritte" zu unterscheiden. Dieses von der Rechtsprechung entwickelte Institut erweitert vertragliche **Nebenpflichten** wie Schutz-, Obhuts- und Erhaltungspflichten zugunsten eines überschau- und abgrenzbaren Kreises vertragsfremder dritter Personen aus dem sozialen Umfeld der Abwicklung des Rechtsgeschäftes, wobei die erweiterten Schutzpflichten als stillschweigend vereinbart angesehen werden, sofern das „Wohl und Wehe" der Drittpersonen dem Gläubiger des Nebenpflichtschuldners anvertraut ist (BGH NJW 1968, 1929, 1931; BGH NJW 1987, 1758, 1759; Hagen DRiZ 1981, 295, 298). Der Dritte hat weder einen primären Leistungsanspruch noch hat er ein Recht auf Schadensersatz wegen eines nichtbefriedigten Leistungsinteresses; es geht vielmehr ausschließlich um den Ersatz von Personen- und/oder Sachgüterschäden aus schuldhaft verletzten **sekundären** Verhaltenspflichten gegenüber den in den Schutzwirkungskreis des Vertrages einbezogenen Dritten (s. etwa Lorenz JZ 1966, 143; Saar JuS 2000, 220, 221). Grundsätzlich können Drittschutzwirkungen bei Schuldverhältnissen jeglicher Art entstehen (vgl. MünchKomm/Gottwald, § 328 Rn. 107). Typischerweise sind „Verträge mit Schutzwirkung für Dritte" auch die **Heilbehandlungsverträge**, wenn sich die Behandlung des Patienten aufgrund besonderer persönlicher Beziehungen mittelbar auch auf einen Dritten (etwa einen Angehörigen oder den Intimpartner) auswirken kann (OLG Düsseldorf MDR 1994, 44). In den von der Schwangeren abgeschlossenen Behandlungsvertrag ist das ungeborene Kind dergestalt einbezogen, dass bei Pflichtverletzungen gegenüber der Mutter Schadensersatzansprüche des Kindes aus eigenem Recht gegeben sind (vgl. BGH NJW 1971, 241, 242; OLG Oldenburg VersR 1993, 362; OLG Stuttgart VersR 1993, 839); der Impfarzt kann unter dem Gesichtspunkt des „Vertrages mit Schutzwirkung zugunsten Dritter" in Fällen einer kontaktbedingten Ansteckungsgefahr informations- und warnpflichtig mit der Folge sein, dass bei einer Pflichtverletzung für Drittpersonen Schadensersatzansprüche entstehen (BGH MedR 1995, 25, 28 mN); auch der zwischen dem Krankenhausträger und dem Krankenhausarzt bestehende Dienstvertrag ist als „Vertrag mit Schutzwirkung" für den Krankenhauspatienten anzusehen (s. Weimar JR 1972, 181, 182; ferner Wussow/Diekstall, Tz. 860 unter Hinweis auf BGH DB 1968, 1021, 1022, wo einem Hausverwaltervertrag die Grundlage für Schutzpflichten des Hausverwalters gegenüber den Hausbewohnern entnommen worden ist).

c) Schlüsselgewalt

Die indizierte ärztliche Behandlung einschließlich der erforderlichen Medikation im Krankheits- und Unglücksfall zählt zum primären und ursprünglichen **Lebensbedarf** aller Mitglieder der Familie; hierauf gerichtete Arzt- und Krankenhausverträge unterfallen deshalb der sog. **Schlüsselgewalt** nach § 1357 BGB (BGHZ 94, 1, 6; OLG Düsseldorf MDR 1989, 914; Gernhuber/Coester-Waltjen, § 19 IV. 6.; Wacke NJW 1979, 2585, 2588); das gilt sowohl hinsichtlich des Abschlusses eines Arztvertrages für das gemeinsame minderjährige Kind als auch für den den handelnden Ehegatten persönlich treffenden Behandlungsvertrag (vgl. BGH MDR 1967, 482, 483; Peter NJW 1993, 1949, 1950 ff). Ohne vorherige ausdrückliche Abstimmung der Ehegatten untereinander ist die Regel des § 1357 Abs. 1 BGB jedoch nicht anwendbar, **sofern** es sich im Einzelfalle um die Inanspruchnahme besonders kostspieliger, medizinisch nicht gebotener Sonderleistungen handelt (BGH NJW 1992, 909, 910; MünchKomm/Wacke, § 1357 Rn. 31). Die Größe der aus der ärztlichen Behandlung resultierenden Zahlungsverpflichtung kann im Einzelfalle den Rahmen des unterhaltsrechtlich Geschuldeten übersteigen (zu den Umständen im Sinne von § 1357 Abs. 1 S. 2, zweiter Halbsatz BGB zählen etwa: die wirtschaftliche Situation der Familie in Bezug auf die voraussichtliche Höhe der Behandlungskosten und das Bestehen einer Krankenversicherung); besonders hohe ärztliche Kosten können einen unterhaltsrechtlichen Sonderbedarf (einen außergewöhnlich anfallenden hohen Lebensbedarf) darstellen, dessen Deckung der Ehegatte **nur** bei gegebener Leistungsfähigkeit schuldet (vgl. BGH aaO; OLG Schleswig NJW 1993, 2996, 2997). Die aus dem Patientenverhältnis fließenden Rechte stehen immer demjenigen Familienmitglied zu, das ärztlich **behandelt** wird (vgl. Beitzke MDR 1951, 262). Davon zu unterscheiden ist die Frage, wer Partner des Behandlungsvertrages wird. Durch das Schlüsselgewaltgeschäft werden grundsätzlich **beide** Ehegatten berechtigt und verpflichtet, es sei denn, dass sich aus den Umständen etwas anderes ergibt (§ 1357 Abs. 1 S. 2 BGB). In der Regel wird davon ausgegangen werden können, dass der in seinem eigenen Gesundheitsinteresse handelnde (den Arzt herbeirufende oder ihn aufsuchende) Ehegatte selbst und alleine Partner des Arztvertrages ist (vgl. Peter NJW 1993, 1949, 1952, 1953; **str.**); aus den Sonderumständen des Abschlusses kann sich aber ergeben, dass nicht der Handelnde selber, sondern der andere Ehegatte Vertragspartei ist und sein soll (OLG Köln MDR 1993, 1057, 1058 für einen Fall des Zahnarztvertrages, bei dem die Patientin angegeben hatte, jetzt nur mehr über ihren erwerbstätigen Ehemann krankenversichert zu sein, auf den auch die Liquidation ausgestellt werden solle). Die Zuziehung eines Arztes oder der Abschluss eines Krankenhausaufnahmevertrages durch einen Ehegatten zugunsten des gemeinsamen Kindes verpflichten und berechtigen dagegen **beide** Gatten (HandbuchArztR/Uhlenbruck, § 40 Rn. 21; Palandt/Brudermüller, § 1357 Rn. 17).

EXKURS
Zur Schlüsselgewalt

Die Vorschrift des § 1357 Abs. 1 BGB enthält eine (mit dem Grundgesetz vereinbare) Regelung, die das Rechtsinstitut der Ehe in wirtschaftlicher Hinsicht ausgestaltet (BVerfGE 81, 1, 6 f): Jeder der nicht getrenntlebenden (vgl. § 1357 Abs. 3 BGB) Ehegatten ist von Gesetzes wegen - im Sinne eines familienrechtlichen Institutes sui generis (Staudinger/Hübner, § 1357 Rn. 24) - dazu ermächtigt, Rechtsgeschäfte zur angemessenen (d.h. sich im Rahmen der individuellen wirtschaftlichen Verhältnisse der Familie haltenden) Deckung des gesamten Lebensbedarfes der Familie mit unmittelbarer Wirkung auch für und gegen den anderen Ehegatten abzuschließen (gesetzliche - in allen Güterständen geltende - **Verpflichtungsermächtigung**, s. dazu Diederichsen NJW 1977, 217, 221). Die Vorschrift erweitert die Wirkungen eigengeschäftlicher Tätigkeit über die handelnden Parteien hinaus auf einen Dritten (Peter NJW 1993, 1949, 1952; s. auch BGB-RGRK/Roth-Stielow, § 1357 Rn. 6: Regelung des Außenverhältnisses der Ehegatten zu einem Geschäftspartner). Aus derartigen Rechtsgeschäften werden regelmäßig (besondere Umstände können etwas anderes ergeben, § 1357 Abs. 1 S. 2 BGB) **beide** Ehegatten - als Gesamtgläubiger (§ 428 BGB) - berechtigt und - als Gesamtschuldner (§§ 421 ff BGB) - verpflichtet (Soergel/Lange, § 1357 Rn. 20, 22). Die Ermächtigung gemäß § 1357 Abs. 1 BGB ist nicht als eigentliche Stellvertretung im Sinne von § 164 BGB aufzufassen; denn auf einen geoffenbarten Willen des Inhaltes, auch mit Wirkung für und gegen den anderen Ehegatten zu handeln, kommt es nicht an. Ist der handelnde Ehegatte noch minderjährig (zu der Befreiung von dem Ehemündigkeitsalter vgl. § 1303 Abs. 2, Abs. 4 BGB) und deswegen nur beschränkt geschäftsfähig, so wird allerdings analog § 165 BGB allein der andere Ehegatte berechtigt und verpflichtet, es sei denn, dass Zustimmung bzw. Genehmigung des gesetzlichen Vertreters zur Eigenverpflichtung vorliegen (§§ 107, 108 BGB; vgl. Palandt/Brudermüller, § 1357 Rn. 19). Jeder der Ehegatten kann durch einseitige formlose Erklärung (§ 168 S. 3 BGB) die Schlüsselgewalt des anderen aufheben oder einschränken; Dritten gegenüber wirkt diese Erklärung aber nur, wenn sie entweder ihnen bekannt oder aber im Güterrechtsregister (§§ 1558 ff BGB) eingetragen gewesen ist (vgl. § 1357 Abs. 2 BGB).

d) Gemeinschaftspraxis

Eine (über die bloße gemeinschaftliche Nutzung von Praxisräumen oder diagnostischen bzw. therapeutischen Gerätschaften oder die gemeinschaftliche Inanspruchnahme des Praxispersonals bei sonst selbständiger Praxisführung - Praxis-, Labor- oder Apparategemeinschaften, vgl. Schinnenburg MedR 2000, 314 mN - hinausgehende) sog. **Gemeinschaftspraxis** mehrerer Ärzte, die nach außen hin als fachliche Einheit auftritt, ist als bürgerlichrechtliche **Außengesellschaft** gemäß den Bestimmungen der §§ 705 ff BGB („**Ärztesozietät**") zu qualifizieren (L. Fischer, S. 128; Henke NJW 1974, 2035, 2036; MünchKomm/Ulmer, vor § 705 Rn. 24 allgemein für die Angehörigen der freien Berufe; s. auch Weimar MDR 2000, 866 ff zum ärztlichen Praxisnetz in der Rechtsform einer BGB-Gesellschaft); der **haftungsrechtlich** bedeutsame Begriff der Gemeinschaftspraxis wird nicht durch die Bezeichnung „Praxisgemeinschaft" demonstriert (BGH NJW 2000, 2737, 2740). Vertragspartner des Patienten wird regelmäßig **jeder** der durch die Sozietät verbundenen Ärzte; bei schuldhafter Fehlbehandlung durch **einen** der Ärzte tritt (wie bei der gesamtschuldnerischen Haftung der in einer Sozietät zusammengeschlossenen Rechtsanwälte, vgl. hierzu RGZ 85, 305, 307; BGHZ 56, 355, 361, 362 f) abweichend von der Regel des § 425 Abs. 2 BGB (vgl. § 425 Abs. 1 BGB) eine Vertragshaftung **aller** die Gemeinschaftspraxis betreibenden Ärzte ein (jedenfalls, soweit es um weitgehend austauschbare ärztliche Leistungen geht, s. BGHZ 97, 273, 277; BGH MDR 1999, 1198: gesamtschuldnerische Vertragshaftung der Mitglieder einer ärztlichen Gemeinschaftspraxis mit **gleicher** Gebietsbezeichnung, die gegenüber den Kassenpatienten gemeinschaftlich auftreten, für Versäumnisse des behandelnden Arztes; BGH NJW 1999, 3483, 3485: eine **Beschränkung** der persönlichen Haftung der einzelnen Gesellschafter lässt sich **nur** im Wege der individualvertraglichen Abrede mit dem jeweiligen Gläubiger wirksam herstellen; Weber JuS 2000, 313, 320 mN: solche Haftungsbeschränkungen - und sei es auch nur für einzelne Gesellschafter - lassen sich nicht unter Verwendung von AGB erreichen: § 3 AGBG, jedenfalls aber § 9 AGBG stehen entgegen; ferner Laufs Rn. 99, 558; Henke aaO, 2038; **anders** OLG Oldenburg b. Röver MedR 1998, 469: der als Arzt des Vertrauens in Anspruch genommene, den Patienten tatsächlich behandelnde Sozius hat für eventuelle Behandlungsfehler **alleine** einzustehen). Der persönlich nicht an der Behandlung beteiligte Arzt der Gemeinschaftspraxis haftet im Übrigen - mangels bestehender Weisungsbefugnis gegenüber seinem Kollegen - **nicht** deliktisch nach § 831 BGB (vgl. OLG Köln VersR 1991, 101, 102; s. unten **C. VI.**).

Ob der Patient gegebenenfalls verlangen kann, dass ihn ein bestimmter Arzt der Sozietät persönlich betreue, ist nicht eine Frage der Vertragspartei, sondern eine solche nach dem konkreten Vertrags**inhalt** (K. Schmidt, Gesellschaftsrecht, § 60 II. 2. a); äußert der Patient seinen Willen dahin, nur von einem bestimmten Praxispartner behandelt zu werden, nicht, so ist er in schlüssiger Weise damit einverstanden, auch abwechselnd von dem einen oder von dem anderen Arzt therapiert zu werden (Ehmann MedR 1994, 141, 145).

Die Ärzte-**Kooperationsgemeinschaft** ist eine (als solche gegenüber dem Patienten nicht auftretende) **BGB-Innengesellschaft**: der Zusammenschluss betrifft die Ebene der Organisation (Informationsverwertung, Arzneimittelwirtschaftlichkeit, Dokumentationshandhabung, Präsenzen etc.), nicht diejenige der Berufsausübung (Rieger MedR 1998, 75, 77).

Mit dem am 01. Juli 1995 in Kraft getretenen Partnerschaftsgesellschaftsgesetz (BGBl. 1994, Teil I, S. 1744 f, 1747) steht für die gemeinschaftliche ärztliche Berufsausübung eine neue Gesellschaftsform zur Verfügung. Die **Partnerschaftsgesellschaft** ist die „Schwesterfigur" der oHG, übt aber im Gegensatz zu dieser kein Gewerbe aus (Mayr MittBayNot 1996, 61); sie ist eine namens- und parteifähige, mit der obligatorischen Eintragung in das Partnerschaftsregister des zuständigen Amtsgerichtes wirksam entstehende Sonderform der Gesellschaft des Bürgerlichen Rechtes, in der jeder approbierte Partner-Arzt seine berufliche Tätigkeit - nach wie vor - in freier Praxis ausübt (näher dazu Krieger MedR 1995, 95 ff; K. Schmidt NJW 1995, 1 ff); die Haftung für Schadensersatzverbindlichkeiten aus fehlerhafter Berufsausübung ist nach der (ab 01. August 1998 in Kraft getretenen) Neufassung des § 8 Abs. 2 PartGG (BGBl. 1998, Teil I, S. 1881) von Gesetzes wegen auf das Vermögen der Partnerschaft und **daneben** persönlich auf den oder die mit dem Behandlungsauftrag tatsächlich befassten Partner beschränkt (Beschränkung der Haftung auf den oder die handelnden Partner); die persönliche Haftung mehrerer handelnder Partner ist eine gesamtschuldnerische (Seibert BRAK-Mitt. 1998, 210, 211; Habersack BB 1999, 61, 62).

EXKURS
Arztberuf kein Gewerbe

Da der ärztliche Beruf **kein** Gewerbe darstellt (vgl. § 1 Abs. 2 BÄO - BGBl. 1977, Teil I, S. 1885; s. auch OLG Düsseldorf NJW 1988, 1519), kommen die für einen beruflichen Zusammenschluss auf den Betrieb eines Handelsgewerbes gerichteten Gesellschaftsformen der OHG und der KG von vorneherein nicht in Betracht. Die Rechtsform der GmbH erfordert zwar keinen erwerbswirtschaftlichen Gesellschaftszweck, ist jedoch aus Gründen des Standesrechtes der ärztlichen Berufsausübung als solcher verschlossen (vgl. Scholz/Emmerich, § 1 Rn. 13; K. Schmidt, Handelsrecht, § 9 IV. 1.; K. Schmidt, Gesellschaftsrecht, § 33 I. 1.; s. auch Art. 18 Abs. 1 S. 2 Bayer. Heilberufe-Kammergesetz: „Die Führung einer ärztlichen Praxis in der Rechtsform einer juristischen Person des privaten Rechtes ist nicht statthaft" - dazu BayVerfGH NJW 2000, 3418 ff; ferner § 31 Heilberufsgesetz für das Land Brandenburg: „Die Ausübung ambulanter ärztlicher und zahnärztlicher Tätigkeit außerhalb des Krankenhauses ... ist an die Niederlassung in eigener Praxis gebunden, ..."; Taupitz NJW 1996, 3033, 3038 ff und Katzenmeier MedR 1998, 113, 116, 117 halten diese und die entsprechenden Vorschriften der Heilberufekammergesetze der anderen Bundesländer wegen Verstoßes gegen die Art. 3 Abs. 1 und 12 Abs. 1 GG für verfassungswidrig). Der Beruf des Arztes muss höchstpersönlich ausgeübt werden; möglich und **zulässig** ist es aber, die ärztliche Berufsausübung durch einen Klinikbetrieb zu unterstützen, der seinerseits in der Rechtsform einer GmbH oder einer anderen juristischen Person organisiert ist (vgl. L. Fischer, S. 128; Rittner, in: Rowedder/Koppensteiner, § 1 Rn. 12; Taupitz NJW 1992, 2317, 2320: die zulässige „Berufsorganisationsgesellschaft" ist von der unzulässigen „Berufsausübungsgesellschaft" zu unterscheiden). Insoweit kann daher auch die Juristische Person die Verträge über die Heilbehandlungsmaßnahmen anbieten und abschließen; sie stellt indessen nur die personellen und sächlichen Voraussetzungen zur Verfügung; den ärztlichen Beruf üben die angestellten **Ärzte** aus, die bei der eigentlichen Heilbehandlungstätigkeit unabhängig und weisungsfrei agieren (BGHZ 70, 158, 166, 167 für Verträge über ambulante Heilbehandlungsmaßnahmen durch eine Klinik-AG; s. auch BGH MDR 1994, 361 sowie LG Düsseldorf MedR 1991, 149, 150 für eine GmbH, die vertragsmäßig zu erbringende ambulante zahnärztliche Heilbehandlungen durch approbierte Zahnärzte anbietet). Der angestellte AG- oder GmbH-Arzt steht zu dem Patienten zwar nicht in einer Vertragsbeziehung; er ist jedoch Partner eines **Behandlungsverhältnisses:** dieses Verhältnis begründet die - prinzipiell mit den vertraglichen identischen - ärztlichen Sorgfalts- und Begleitpflichten zu Lasten des für die Heilbehandlungs-Gesellschaft tätigen Arztes kraft Deliktsrechtes (Laufs MedR 1995, 11, 14; Katzenmeier aaO, 116 mN). Außerhalb des Krankenhaussektors ist für Maßnahmen der ambulanten Heilkunde der Wirkungskreis der Juristischen Personen allerdings praktisch auf Privatpatienten („Selbstzahler") beschränkt. Die Teilnahme an der vertragsärztlichen Versorgung ist den angestellten Ärzten verschlossen (vgl. § 95 Abs. 1 SGB V: die „Zulassung" scheidet aus Rechtsgründen aus; die für eine „Ermächtigung" erforderliche Versorgungslücke dürfte in der Realität kaum auftreten). Der „Selbstzahler" muss vor Abschluss des jeweiligen Behandlungsvertrages unmissverständlich darauf hingewiesen werden („wirtschaftliche Aufklärung", s. oben **5. d)**), dass er regelmäßig nicht damit rechnen kann, dass der private Krankenversicherer seine Aufwendungen für die ambulante Behandlung erstatte (§ 4 Nr. 2 MBKK; Taupitz VersR 1992, 1064 ff, 1067, 1068; Katzenmeier aaO, 118).

EXKURS
Gesamtschuld

Nach der Legaldefinition in § 421 BGB ist die Gesamtschuld dadurch gekennzeichnet, dass von mehreren Schuldnern **jeder** die ganze Leistung schuldet, der Gläubiger die Leistung von jedem zur Gänze oder nur zum Teile verlangen kann, die Leistung insgesamt aber **nur einmal** zu fordern berechtigt ist. Mit anderen Worten: dem Gläubiger haften mehrere Schuldner in der Weise, dass er durch die Leistungsbewirkung seitens auch nur eines von ihnen in seinem Forderungsrecht zum Teile oder ganz befriedigt wird (vgl. BGHZ 43, 227, 233). Das gesamte Schuldverhältnis umschließt also eine Mehrheit von (regelmäßig inhaltsgleichen) Forderungen, die durch die Einheit des Zweckes der Leistung miteinander verbunden sind (BGHZ 46, 14, 15; Kress, S. 609). Das setzt auch voraus, dass die mehreren Schuldner gleichstufig für dieselbe Schuld haften (BGHZ 106, 313, 319; Palandt/Heinrichs, § 421 Rn. 7). In der Innenbeziehung der mehreren Schuldner zueinander besteht gemäß § 426 BGB ein gesetzliches Ausgleichsschuldverhältnis; der Ausgleichsanspruch entsteht nicht erst mit der (Teil-)Befriedigung des Gläubigers, sondern schon von Anfang an und zugleich mit der Entstehung des Gesamtschuldverhältnisses, so dass der mithaftende Gesamtschuldner bereits vor seiner eigenen Leistung an den Gläubiger die Mitschuldner bei Fälligkeit der Schuld auf anteilige Mitwirkung bei der Befriedigung des Gläubigers in Anspruch nehmen kann (BGH NJW 1986, 978, 979 mN). **Entstehungsgrund** für eine Gesamtschuld ist entweder eine gemeinschaftliche rechtsgeschäftliche Verpflichtung (Abrede der Erfüllungsgemeinschaft mit Auswirkung für alle Schuldner; vgl. auch die Auslegungsregel des § 427 BGB) oder eine gesetzliche Anordnung (wie sie sich unter anderem in den Bestimmungen der §§ 54, 419 Abs. 1, 769, 830 Abs. 1, 840 Abs. 1, 1357 Abs. 1 S. 2, 2058 BGB, § 8 Abs. 1 PartGG, § 128 HGB, § 59 Abs. 1 VVG und § 3 Nr. 2 PflVersG findet; vgl. dazu Palandt/Heinrichs, § 421 Rn. 2; MünchKomm/Selb, § 421 Rn. 6, 10, 21).

8. Vertragsverletzungen

Verletzt der Arzt **schuldhaft** (§ 276 Abs. 1 BGB) die ihm gegenüber dem Patienten obliegenden Vertragspflichten, so haftet er nach den Grundsätzen der „**positiven Vertragsverletzung**" (schuldhafte Schlechterfüllung des Vertrages) auf **Schadensersatz** (BGHZ 5, 312, 324; Deutsch Rn. 175; Rehborn, S. 146; Luig, S. 244; Geigel/Schlegelmilch 14. Kap. Rn. 211; MünchKomm/Mertens § 823 Rn. 349); der Ersatzanspruch verjährt gemäß § 195 BGB in dreißig Jahren (Matthies VersR 1981, 1099, 1100; ders. NJW 1986, 792; Nüßgens Rn. 4).

EXKURS
Positive Vertragsverletzung

Die sog. „positive Vertragsverletzung" (synonym: „positive Forderungsverletzung") stellt eine Form der **Leistungsstörung** dar. Die (auf Staub, Die Positiven Vertragsverletzungen, 1904, zurückgehende) technische Bezeichnung hat sich seit langem eingebürgert, ist jedoch insofern irreführend, als das schadensauslösende schuldhaft vertragswidrige Verhalten nicht nur in einem „positiven Vertragsbruch", sondern auch in einem vertragswidrigen „Unterlassen" bestehen kann (Lüderitz, in: StudK-BGB, vor § 275 Anm. II. 1.). Unter dem rechtlichen Gesichtspunkt der schadensersatzpflichtigen Leistungsstörung sind alle schuldhaften Verletzungen von rechtsgeschäftlichen Pflichten zu prüfen, die weder die Unmöglichkeit der Leistung bedingen, noch einen Leistungsverzug zur Folge haben, noch unter die Regelungen des Gewährschaftsrechtes fallen. Jede Leistungsstörung, die durch eine schuldhafte Verletzung von (im weitesten Sinne zu verstehenden) Vertragsverbindlichkeiten den Vertragsgegner schädigt, begründet die Verpflichtung zum **Schadensersatz**; das folgt aus der analogen Anwendung der Bestimmungen über die Folgen der zu vertretenden Unmöglichkeit und des Verzuges gemäß §§ 280, 286, 325, 326 BGB (BGHZ 11, 80, 83, 84). Die geschuldete Leistung wird nicht alleine nach ihrem Gegenstand, sie wird auch durch alle sonstigen Modalitäten ihrer Erbringung definiert. „Schlechtleistung" („Schlechterfüllung") ist daher eine Leistung, die in ihren Modalitäten nicht demjenigen genügt, was der Vertrag voraussetzt und verlangt (vgl. Emmerich JuS 1978, 780, 781; zur „positiven Vertragsverletzung" als **Zentralbegriff** jeder zu vertretenden Leistungsstörung s. auch Nastelski JuS 1962, 289 und Habermeier JuS 1999, L 17, L 57 f; im Zuge der bis zum 01.01.2002 zu bewerkstelligenden Umsetzung der EU-Richtlinie zum Verbrauchsgüterkauf in nationales Recht soll auch das gesamte Leistungsstörungsrecht des Bürgerlichen Gesetzbuches reformiert werden: u.a. soll die Rechtsfigur der „positiven Vertragsverletzung" in einem einheitlichen Haftungstatbestand der „Pflichtverletzung" aufgehen, der schuldhaft vertragswidriges Verhalten des Schuldners durch eine Schadensersatzpflicht sanktioniert, vgl. §§ 276, 280 des diesbezüglichen **Diskussionsentwurfes**). Steht der Honoraranspruch des Arztes ein Schadensersatzanspruch des Patienten aus „positiver Vertragsverletzung" (§§ 276, 611 BGB) gegenüber, so bewirkt dessen Geltendmachung im Sinne einer Schuldbefreiung von vorneherein die Beschränkung der Vergütungsforderung, gegebenenfalls sogar deren gänzlichen Wegfall (vgl. OLG Düsseldorf VerS 1985, 457; OLG Oldenburg MDR 1996, 155; LG Mönchengladbach MedR 1995, 79, 80; weitere Nachw. b. Kramer MDR 1998, 324, 327; einschränkend Jaspersen VersR 1992, 1431, 1435: Befreiung nur, wenn die Behandlung infolge des Behandlungsfehlers für den Patienten insgesamt wert- und nutzlos ist; s. ferner OLG München b. Schulte MedR 1996, 211 und LG Kiel SchlHA 1999, 79, 80: die Honorarforderung erlischt erst durch die Erklärung der Aufrechnung mit dem Schadensersatzanspruch).

Für schadensstiftende Fehler seines medizinischen **Hilfspersonals** steht der behandelnde Arzt gemäß der Bestimmung des § 278 BGB ein (statt anderer Luig, S. 245, 255). Der Arzt darf die Durchführung von nicht ausschließlich seiner persönlichen Kompetenz vorbehaltenen, konkret nicht gefährlichen medizinischen Verrichtungen (unter anderem: Blutentnahmen; subkutane und intramuskuläre Injektionen; EKG- und EEG-Leistungen; bestimmte radiologische Untersuchungen, wobei das eingesetzte Personal spezielle Qualifikationen aufweisen muss, § 23 Nr. 4 zweite Alt. RÖV; **nicht** aber: invasiv-diagnostische Eingriffe, Bluttransfusionen und intravenöse Injektionen körperfremder Stoffe, vgl. dazu die bei BGH AHRS Kza 4555/1, S. 4 wiedergegebene Auffassung der Bundesärztekammer) auf das Assistenzpersonal **delegieren** (sog. „vertikale Arbeitsteilung" im faktischen Über- und Unterordnungsverhältnis; s. auch unten **C. I. 4. e**); in jedem Falle ist stets Voraussetzung, dass die damit betraute Person nach Kenntnissen, Ausbildungsstand, erworbener Geschicklichkeit und beruflicher Erfahrung für die Vornahme der jeweiligen Verrichtung **qualifiziert** ist. Der Arzt braucht - solange er eine Anhaltspunkte für sorgfaltswidriges Vorgehen hat - bereits vorgenommene Untersuchungen nicht stets nochmals durch eigene überprüfen (BGHR StGB § 15 - Fahrlässigkeit 1); er muss aber die betreffende Maßnahme in jedem Einzelfalle selbst anordnen und den Mitarbeiter entsprechend anleiten sowie überwachen: die **Gesamtverantwortung** für die ordnungsgemäße Ausführung verbleibt ohnedies bei ihm (zum Ganzen: OLG Köln MedR 1987, 192, 194; VGH Kassel NJW 2000, 2760, 2761; Laufs Rn. 520; Rehborn, S. 166; Bergmann, S. 47 f; Rieger Rn. 451, 891 ff; ders. NJW 1979, 582, 583; Nüßgens Rn. 216 ff,

36

222 f ; Franzki, S. 17; Peikert MedR 2000, 353, 355 ff). Ob der Arzt während der Ausführung der delegierten Maßnahme in der Praxis anwesend sein muss, ist nach der konkreten Gefährlichkeit der Maßnahme zu beurteilen, ohne dass generell eine durchgängige Anwesenheit zu fordern wäre; der Arzt muss aber für den Fall erreichbar sein und unverzüglich bei dem Patienten erscheinen können, dass eine atypische Entwicklung auftritt und kurzfristiges ärztliches Eingreifen notwendig wird (vgl. Peikert aaO, 358, 359).

Als **Schuldform** kommt praktisch alleine **Fahrlässigkeit** in Betracht (ärztliche Vorsatzschuld, also das Voraussehen und das Wollen des rechtswidrigen Schädigungserfolges in dem Bewusstsein der Pflichtwidrigkeit, bildet die absolute Ausnahme, Rehborn, S. 173; nach Putzo, S. 18, scheidet die vorsätzliche Schuldform aufgrund des Hippokratischen Eides von vornehrein aus: indessen kommt Vorsatz etwa dann in Betracht, wenn aus finanziellen Gründen eine nichtindizierte Operation vorgenommen wird, s. hierzu Deutsch Rn. 179 mN). Fahrlässigkeit ist die vorwerfbare **Außerachtlassung** der verkehrserforderlichen (d.h. objektiv-typisierten; s. statt anderer Tenter AnwBl. 1997, 297, 298 mN) Sorgfalt (vgl. § 276 Abs. 1 S. 2 BGB). **Sorgfalt** ist dabei jene sachkundige Umsicht, die durch Ausbildung, Erfahrung und Fortbildung erworben wird (Giesen Rn. 70); die in der konkreten Situation von Rechts wegen anzuwendende ärztliche Sorgfalt ist deckungsgleich mit den Regeln der **ärztlichen Kunst** - der „lex artis" (Böllinger MedR 1989, 290, 294; Groß VersR 1996, 663, 664; s. auch BGH NJW 1995, 776, 777).

Der Arzt ist haftungsrechtlich nicht zwingend auf sein medizinisches Fach beschränkt (sog. „Kurierfreiheit"); begibt er sich jedoch auf ein anderes Fachgebiet, so muss er seinerseits auch **dessen** Behandlungsstandard garantieren (Steffen/Dressler Rn. 159).

Den **objektiven Pflichtenmaßstab** bildet der in dem jeweiligen Fachgebiet zum Zeitpunkte der konkreten Behandlungsleistung (Frahm/Nixdorf Rn. 64) bestehende medizinwissenschaftliche **Standard** im Sinne einer typisierten Verhaltensregel: der Arzt muss diejenigen Maßnahmen ergreifen, die von einem gewissenhaften und umsichtigen Mediziner aus berufsfachlicher Sicht vorausgesetzt und erwartet werden (vgl. BGH MDR 1999, 675, 676; Kleinewefers VersR 1992, 1425, 1426); der Maßstab ist gegenüber selbstzahlenden und sozialversicherten Patienten selbstverständlich derselbe (§§ 28 Abs. 1, 70 Abs. 1 SGB V; s. Ulsenheimer MedR 1995, 438, 440; Funke, S. 56; vgl. oben *EXKURS* Behandlungsübernahme durch Kassenarzt = nach **I. 5. a)**). Die sog. Kostenexplosion im Gesundheitswesen rechtfertigt in keinem Falle ein Abweichen von dem ärztlichen Behandlungsstandard (Pelz DRiZ 1998, 473, 476 mN). Der **Medizinstandard** repräsentiert den behandlungszielführenden, erprobten jeweiligen Level der wissenschaftlichen Erkenntnis und der praktischen Erfahrung (Laufs NJW 1990, 1505, 1506; Hart MedR 1998, 8, 9 mN); er wird im Wege des wissenschaftlichen Konsenses in den medizinischen Fachgesellschaften herausgebildet (vgl. Ehlers, in: Arzt us Recht/Juli 1993, S. 11, 12; Pflüger VersR 1999, 1070, 1072 mN). Die haftungsrechtliche Bedeutung sog. **Richt- oder Leitlinien** ist noch nicht abschließend ausdiskutiert: richtiger Auffassung zufolge geben sie indessen den jeweiligen medizinischen Erkenntnisstand lediglich deklaratorisch wieder, ohne ihn zugleich auch konstitutiv zu begründen (OLG Hamm NJW 2000, 1801, 1802; Rehborn MDR 2000, 1101, 1103); die Leitlinien der Fachgesellschaften formulieren Entscheidungshilfen und Handlungsanweisungen, deren Befolgung nicht stets und nicht überall von einer Haftung befreien kann wie umgekehrt ihre Nichtbefolgung auch nicht immer haftungsauslösend wirken muss (Wienke MedR 1998, 172, 173).

Der **Richter** muss den jeweiligen berufsfachlichen Sorgfaltsmaßstab mit Hilfe eines medizinischen **Sachverständigen** ermitteln; er darf den medizinischen Standard nicht ohne Sachverständigen-Grundlage alleine aus eigener rechtlicher Beurteilung heraus festlegen (BGH NJW 1995, 776, 777; Bürger MedR 1999, 100).

Gegenstand des jeweiligen Fahrlässigkeitsvorwurfes ist mithin die **Nichtwahrung** des haftungsrelevanten Behandlungsstandards (Laufs NJW 1998, 1755 mN): jedermann soll darauf **vertrauen** dürfen, dass derjenige Arzt, mit dem er in Behandlungskontakt tritt, die für die Erfüllung seiner medizinischen Aufgabe erforderlichen Kenntnisse und Fähigkeiten besitzt (OLG Frankfurt MedR 1995, 75, 77 mN).

Der **objektive** Fahrlässigkeitsbegriff kann allerdings unter dem Gesichtspunkt der Gruppenfahrlässigkeit sowie aufgrund des Inhaltes obwaltender Verkehrserwartungen gewissen **Differenzierungen** unterliegen: so schuldet etwa ein Spezialfacharzt ein anderes Maß an Sorgfalt und Können als der Arzt für Allgemeinmedizin (Bergmann, S. 8); entsprechende Unterschiede sind auch zwischen dem klinisch tätigen und dem niedergelassenen Arzt zu machen (BGH NJW 1991, 1535, 1537; OLG Celle AHRS Kza 1220/20); gewisse haftungsrechtliche **Grenzen** können sich ferner allgemein aufgrund der jeweils vorhandenen Kapazitäten sowie der objektiven Möglichkeiten einer Therapie nach der jeweiligen personellen, räumlichen und apparativen Ausstattung ergeben (vgl. Steffen/Dressler Rn. 137; s. auch Groß VersR 1996, 657, 663, 664). Reichen bspw. die apparativen Nutzungskapazitäten einer Universitätsklinik **nicht** aus, um **allen** Patienten die nach den neuesten medizinischen Erkenntnissen optimale Behandlung zuteil werden zu lassen, so muss der einzelne Patient sich daraus ergebende Nachteile entschädigungslos hinnehmen, wenn und soweit die erprobte Standardtherapie im Übrigen gewährleistet ist und eine anderweitige Behandlung in Ansehung der konkreten Fallumstände nicht dringend geboten erscheint (OLG Köln VersR 1999, 847, 848).

Zu dem rechtlich geschuldeten **Standard** zählen auch die Erhaltung und Entwicklung der für die Berufsausübung erforderlichen Fachkenntnisse durch ärztliche **Fort- und Weiterbildung** (BGH NJW 1998, 1802, 1803); nur derjenige Arzt vermag die im konkreten Behandlungsfalle erforderliche Sorgfalt anzuwenden, der sich laufend (grundsätzlich ohne Zubilligung längerer Karenzen, OLG Düsseldorf VersR 1987, 414, 415) über die Fortschritte der medizinischen Wissenschaft unterrichtet und sich mit den neuesten Heilmitteln und -methoden vertraut macht (Rieger Rn. 322, 630). Zentraler Gegenstand der Weiterbildung des Arztes ist der jeweilige **Therapiestandard** seines Behandlungsfaches (Cramer/Henkel MedR 1998, 561, 563). Der Arzt ist also insbesondere gehalten, sich auf **seinem** Fachgebiet generell sowie bezüglich der von ihm jeweils konkret angewendeten Behandlungsmethoden mit der einschlägigen Literatur nach dem letzten gesicherten Stand vertraut zu machen (Geiß/Greiner, B.-Rn. 11; BGHZ 113, 297, 304: vom Facharzt wird das regelmäßige Lesen einschlägiger Fachzeitschriften verlangt, bei einem Allgemeinmediziner z. B. aber nicht die Lektüre ausländischer Fachschriften; BGH VersR 1982, 147, 148: ein Facharzt braucht nicht grundsätzlich laufend auch die medizinische Spezialliteratur anderer Fachgebiete verfolgen; OLG München MedR 1999, 466, 467: allenfalls klinisch tätige Kapazitäten, nicht jedoch der in niedergelassener Praxis tätige Facharzt ist gehalten, Spezialveröffentlichungen über Kongresse und ausländische Fachliteratur zu kennen bzw. laufend zu studieren).

Etwaige individuelle Wissensmängel oder sonstige individuell mangelnde Fähigkeiten können den behandelnden Arzt **nicht** entschuldigen; entscheidend ist immer das **maßstäblich** geleitete Vorgehen des erfahrenen ärztlichen Fachmannes in gleicher Situation (zum Ganzen: Deutsch Rn. 177; StudK-BGB/Lüderitz, § 276 Anm. II. 2.; zur Haftung des Zahnarztes s. Deutsch VersR 1983, 993, 995: der behandelnde Zahnarzt übernimmt eine „Garantie" für berufliche Befähigung und professionellen Sorgfaltsstandard einschließlich der zur Erhaltung und Entwicklung der erforderlichen Fachkenntnisse notwendigen wissenschaftlichen Fortbildung).

Denjenigen Arzt, der den Standard **verlässt**, treffen - gerade deswegen - gesteigerte Sorgfaltspflichten; denn der Standard bestimmt regelmäßig das Maß der anzuwendenden beruflichen Vorsicht (vgl. Laufs/Reiling JZ 1992, 105). Das Arzneimittelgesetz (das nur die Frage der Zulassung eines Medikamentes regelt und dessen Adressat der Hersteller, nicht aber der Arzneimittelanwender ist, Giesen JR 1991, 464) verbietet dem Arzt z. B. nicht, ein **Medikament**, welches auf dem Markte gegen bestimmte Krankheitsbilder eingeführt ist, auch gegen andere Erkrankungen anzuwenden, sofern das Präparat medizinwissenschaftlich erprobt und in seinen Nebenwirkungen bekannt ist (OLG Köln VersR 1991, 186, 188); grundsätzlich aber hat die Angabe der **Indikationen** eines Arzneimittels einen wesentlichen Einfluss auf seine Verwendung, so dass der Nichteinsatz in einem Indikationsbereich, für den das Medikament nicht zugelassen ist, jedenfalls nur ausnahmsweise als fahrlässig angesehen werden kann (Deutsch VersR 1991, 189). Es ist dem Arzt nicht grundsätzlich verboten, in Abweichung von den Angaben im Medikamenten**beipackzettel** auf die individuelle Situation zu reagieren und mithin abweichend zu dosieren sowie zu applizieren; geht es etwa darum, in einem dritten Blutstillungsversuch eine weitere möglicherweise lebensbedrohliche Komplikation von dem Patienten abzuwenden, so kann ein solches Vorgehen als nicht behandlungsfehlerhaft anerkannt werden, wenn es in den besonderen Sachzwängen der konkreten Situation eine medizinische Rechtfertigung findet (OLG Koblenz MedR 2000, 37, 39 zu einem Fall des Einsatzes des Fibrinklebers „Topostasin" bei einer durch Polypektomie verursachten arteriellen Blutung).

Haftungsausschlüsse oder **Haftungsbeschränkungen** auf Vorsatz und/oder grobe Fahrlässigkeit sind wegen Verstoßes gegen die guten Sitten (§ 138 BGB) und gegen die Prinzipien der Standesethik **unwirksam** (vgl. OLG Stuttgart NJW 1979, 1353, 1356; MünchKomm/Mertens, § 823 Rn. 349; Franzki, S. 6; Katzenmeier MedR 1998, 556; **abw.** OLG Saarbrücken MedR 1998, 556, 558 für einen Fall des durch den Arzt angenommenen ausdrücklichen Patientenangebotes auf Abschluss eines Haftungsverzichtes hinsichtlich der Notwendigkeit einer Fingeramputation wegen einer lebensgefährlichen Clostridien-Infektion).

Vertragsverletzungen
stellen dar (s. Luig, S. 248):
* jeder **Behandlungsfehler**
  („Behandlungsfehlerhaftung")
  und
* jeder Heileingriff **ohne** die erforderliche hinreichende **Aufklärung**
  („Aufklärungshaftung").

a) Behandlungsfehler

aa) Definition

Der **Begriff** des Behandlungsfehlers umfasst medizinisches Fehlverhalten in **jedem** Abschnitt des Behandlungsverlaufes (Anamnese, Diagnose, Therapie, Nachsorge, Rehabilitation) und gilt sowohl für aktives Tun als auch für Unterlassen oder verspätetes Tätigwerden.

Behandlungsfehler (gleichsinnig mit „Kunst-„ oder „Arztfehler", begrifflich aber nicht identisch mit „Verschulden") ist daher das **heilkunstwidrige** Tun oder Unterlassen des Arztes im Rahmen der konkreten Behandlung: also jedes Verhalten des Arztes in der Beziehung zu seinem Patienten, welches nach dem jeweiligen Stande der allgemein anerkannten Regeln der medizinischen Wissenschaft (beim Zahnarzt: der zahnärztlichen Wissenschaft, BGH NJW 1953, 257) **unsachgemäß** ist, wobei der Fehler durch das Unterlassen gebotener rechtzeitiger ärztlicher Maßnahmen ebenso wie durch positiv sachwidriges Handeln geschehen, auf diagnostischem (einschließlich des Gebotes zur schonenden Diagnoseeröffnung) oder therapeutischem Gebiete liegen oder auch nur das Behandlungsumfeld (wie etwa bei der Weitergabe wichtiger Daten als Grundlage einer notwendigen Fortsetzungsbehandlung) betreffen kann (vgl. BGH VersR 1981, 1033; BGH NJW 1989, 767, 768; OLG Celle VersR 1981, 1184, 1185; Deutsch Rn. 172; Luig, S. 245; Franzki, S. 9, 10; Staudinger/Hager, § 823 Rn. 118; Giesen, Wandlungen, S. 11; ders. JZ 1982, 345, 347; Ulsenheimer Rn. 38, 39; Schwalm S. 549, 550; zur „Kunstfehler"-Einzelfalljudikatur s. die zahlreichen Beispiele bei Wussow/Treitz Rn. 1447 ff und - nach ärztlichen Fachdisziplinen geordnet - in HandbuchArztR/Kern, §§ 167 ff; zu Fällen zahnärztlicher Sorgfaltswidrigkeit: Tiemann, S. 127, 128; Deutsch VersR 1983, 993, 994 f; Gaisbauer VersR 1995, 12 ff und 1997, 274 ff; ferner BSG MDR 1994, 928, OLG Frankfurt AHRS Kza 4800/15 sowie OLG Koblenz VersR 1999, 759, 761: **Amalgamfüllungen** sind nach dem derzeitigen Erkenntnisstand der zahnmedizinischen Wissenschaft regelmäßig nicht mit konkreten gesundheitlichen Gefahren für den Patienten verbunden; anerkannt ist jedoch, dass ernsthafte Gesundheitsschäden drohen können, wenn das im Amalgam enthaltene Quecksilber vollständig oder in erheblichem Umfange in die Blutbahn gelangt; s. ferner die bei Koch/Weitz MedR 1998, 551 mitgeteilten staatsanwaltschaftlichen und gerichtlichen Entscheidungen, wonach der zahnärztliche Werkstoff „Amalgam" generell geeignet sein kann, durch toxische Auswirkungen gesundheitliche Beschwerden hervorzurufen; LG Aachen VersR 2000, 1415: beim Herausbohren alter Amalgamfüllungen ist es nicht notwendig, den Mundraum mit Kofferdam abzudecken, sofern ebenso wirksame andere Abdeckungstechniken angewendet werden).

Nicht jeder „Kunstfehler" (Verstoß gegen die Grundsätze der medizinischen Wissenschaft) stellt zugleich ein Verschulden (eine fahrlässige Verletzung der Sorgfaltspflicht) dar und **nicht** jedes Verschulden muss einen „Kunstfehler" beinhalten (s. bereits RG HRR 1931 Nr. 1748). Mag der Arzt regelmäßig zwar nur dann schuldhaft handeln, wenn er von den anerkannten Regeln der Medizinwissenschaft abweicht, so kann doch im Einzelfalle ein fahrlässiges Verschulden gemäß § 276 BGB auch dann gegeben sein, wenn ein ärztlicher „Kunstfehler" nicht vorliegt (insbesondere dort, wo ein allgemein anerkannter Standard sich noch nicht herausgebildet hat und die Meinungen in Wissenschaft und Praxis über die ordnungsgemäße Behandlungsweise auseinandergehen: in solchen Fällen muss der Arzt bei Meidung des Fahrlässigkeitsvorwurfes zur Hintanhaltung von Schäden generell die „größere" - nicht lediglich die übliche - Vorsicht walten lassen, s. dazu BGH NJW 1953, 257; BGH AHRS Kza 1220/1; BGH AHRS Kza 2345/6, S. 6, 7; für den Zahnarztvertrag s. Tiemann, S. 128).

bb) Exemplarische Bereiche

Bestimmte **Einzelaspekte** sollen im Folgenden besonders hervorgehoben werden.

(1) Behandlungsübernahme

Nicht nur der Berufsanfänger, auch der fertig ausgebildete und erfahrene Arzt darf **nur** solche Behandlungsaufgaben **übernehmen**, die er selbst tatsächlich beherrscht (das gilt bspw. gerade auch für die Übernahme einer Schmerztherapie, die spezielle Kenntnisse des Arztes voraussetzt, HandbuchArztR/Ulsenheimer, § 134 Rn. 10); insbesondere muss der Arzt die Grenzen seines Wissens und seiner Fähigkeiten erkennen und danach handeln. Ein potentiell haftungsbegründender Sorgfaltsverstoß liegt daher vor, wenn der um Hilfe angegangene Arzt erkennt oder erkennen muss, dass Teilaspekte seines Auftrages den Bereich des von ihm beherrschten Fachgebietes verlassen und er sich die fachfremden Kenntnisse nicht anderweitig angeeignet hat (in einem solchen Falle kann es sich aufdrängen, den Patienten in eine Spezialbehandlung zu über- oder in ein Krankenhaus einzuweisen, vgl. Rehborn, S. 163; Frahm/Nixdorf Rn. 71; s. auch unten II. 5. b, bb, (1)).

Haftungsrechtlich ist der behandelnde Arzt **nicht** unbedingt auf sein Fachgebiet und die diesem zugeordneten Therapieformen festgelegt und beschränkt. Begibt er sich aber auf ein anderes Fachgebiet oder übernimmt er Behandlungsmaßnahmen außerhalb seines definierten Faches, so muss der Arzt auch für den Qualitätsstandard der **übernommenen** Behandlung einstehen (Geiß/Greiner, B-Nr. 11; Steffen/Dressler, Rn. 162).

Bei **Verdacht** auf Vorliegen eines Herzinfarktes (umschriebener Untergang von Herzmuskelgewebe infolge akuter Durchblutungsnot) muss sofort (schon vor Sicherung der Diagnose) mit bestimmten Therapiemaßnahmen begonnen werden; auf jeden Fall ist die unverzügliche Einweisung in ein Krankenhaus mit Intensivstation geboten (weil in erster

Linie lebensbedrohliche Komplikationen wie Kammerflimmern, Kammertachykardie, bedrohliche bradykarde Rhythmusstörungen oder ein kardiogener Schock bekämpft und verhindert werden müssen, OLG Düsseldorf AHRS Kza 2545/4).

Es gibt keinen Erfahrungssatz des Inhaltes, dass Fachkliniken kraft überlegenen eigenen Wissens keine sachdienlichen Hinweise des behandelnden Allgemeinarztes benötigten; dieser verhält sich vielmehr pflichtwidrig, wenn er es bei der Überweisung des Patienten in die Klinik unterlässt, die aus seiner ambulanten Behandlung erkennbaren Krankheitszeichen und einen bei gebotener Sorgfalt wenigstens als **Verdachtsdiagnose** möglichen Befund dem Krankenhausarzt mitzuteilen (OLG Koblenz AHRS Kza 0920/36).

Sorgfaltswidrig ist auch der Verzicht auf die risikoarme, näherliegende und vorrangig gebotene Maßnahme zugunsten der risikoreicheren, nicht oder allenfalls nachrangig angezeigten Behandlungsmaßnahme (OLG Frankfurt MedR 1995, 75, 76).

**(2) Anamnese und
Untersuchung des Patienten**

Notwendiger Bestandteil jeden Diagnoseverfahrens ist das **anamnestische Gespräch**: die bei dem Patienten selbst (Eigenanamnese) oder bei Angehörigen bzw. bei sonstigen Drittpersonen (Fremdanamnese) durch gezielte Fragen erhobene allgemeine und spezielle Krankenvorgeschichte (vgl. HandbuchArztR/Uhlenbruck, § 48 Rn. 1 ff; Giesen Rn. 112). Verabsäumt es der Arzt, die gebotene Anamnese durchzuführen, so verletzt er hierdurch den Behandlungsvertrag (OLG Koblenz AHRS Kza 1952/6); der ärztlich gebotenen Sorgfalt widerspricht es im Allgemeinen auch, die Anamnese zur Gänze einer Hilfskraft oder einem Fragebogenverfahren zu überlassen (MünchKomm/Mertens, § 823 Rn. 375 a.E).

Zu den Aufgaben des Arztes, der einen Behandlungsauftrag angenommen hat, zählt es ferner, sich von den Beschwerden und dem Leiden des Patienten ein **eigenes** Bild zu machen und die wichtigsten Befunde **selbst** zu erheben (BGH MDR 1979, 509): der Arzt schuldet daher aus dem Behandlungsvertrag zunächst eine den Möglichkeiten und Regeln der medizinischen Wissenschaft entsprechende **Untersuchung** des Patienten (Rehborn, S. 46), wobei die gleichzeitige Anwesenheit anderer als ärztlicher Hilfspersonen der besonderen Zustimmung des Betroffenen bedarf (OLG Köln VersR 1993, 1111, 1112). Die ärztlichen Untersuchungsmaßnahmen dienen der Erhebung eines potentiell bestimmten Krankheitsbefundes (OLG Saarbrücken MDR 1998, 469); auch sie sind Teil der Diagnostik (HandbuchArztR/Uhlenbruck, § 49 Rn. 1).

Es ist nicht nur mit dem ärztlichen Standesrecht unvereinbar, sondern darüber hinaus auch **vertragswidrig**, wenn der Arzt eine Diagnose stellt, eine Behandlung vorschlägt und/oder Arzneien verordnet, **ohne** den Patienten zuvor gesehen und untersucht zu haben. „Ferndiagnosen", „Fernbehandlungen" und „Fernmedikationen" etc. sind grundsätzlich unzulässig und heilkunstwidrig (HandbuchArztR/Uhlenbruck, § 49 Rn. 2; § 50 Rn. 17; Giesen Rn. 101 mit Fn. 199; Rieger Rn. 621 ff; Weimar, S. 24). Die falsche Diagnose stellt als solche schon einen Behandlungsfehler dar, **wenn** sie darauf beruht, dass die erforderlichen Untersuchungsbefunde **nicht** erhoben worden sind; das muss gerade auch für „Telefondiagnosen" gelten (Nüßgens Rn. 189). Im Übrigen wird überhaupt nur in den seltensten Fällen aus der „Ferne" eine medizinische Situation zuverlässig beurteilt und versorgt werden können (vgl. BGH b. Perret, S. 178; MünchKomm/Mertens, § 823 Rn. 372). Das mag etwa dann anzuerkennen sein, wenn sich der Patient bereits in der Behandlung des Arztes befindet, alle notwendigen medizinischen Untersuchungen schon stattgefunden haben, keine Anhalte für etwaige Befundänderungen existieren und der Kranke fernmündlich lediglich um die Zusendung eines weiteren Rezeptes zur Erneuerung des nach wie vor indizierten Medikamentes nachsucht (vgl. Weimar, aaO). **Keine** „Ferndiagnose" oder „Fernbehandlung" liegt dann vor, wenn der den Patienten versorgende Notarzt den dauerbehandelnden Facharzt telefonisch um Rat fragt und dieser sodann Behandlungsempfehlungen für die Akutsituation erteilt (OLG Hamm VersR 1991, 1026).

(3) Fehldiagnose und Diagnosefehler

Irrtümer bei der Diagnosestellung treten in der Praxis relativ häufig auf. Die sich im Einzelfalle als objektiv falsch erweisende Diagnose (Fehldiagnose) **muss** aber **nicht** immer unter Verletzung der ärztlichen Pflicht zur Sorgfalt (Diagnosefehler) zustande gekommen sein (Ulsenheimer Rn. 41 mN); Fehldiagnosen sind vielmehr nur mit Zurückhaltung als Behandlungsfehler einzustufen (vgl. Laufs NJW 1986, 1515, 1518).

Im Bereich der Diagnose steht dem Arzt ein nicht unerheblicher **Beurteilungsspielraum** zu: die auf tatsächlichen Symptombeobachtungen beruhende Diagnoseentscheidung stellt immer eine ärztliche **Bewertung** dar (die im Übrigen nicht im Wege eines Beseitigungsanspruches widerrufen werden kann); erweist sich die Entscheidung schließlich als irrig, so kann sie gleichwohl nicht ohne weiteres stets als Behandlungsfehler angesehen werden (BGHWarn 1988 Nr. 127).

Nicht selten nämlich ist der Irrtum nicht die Folge eines vorwerfbaren Versehens des Arztes. Die Symptome einer Erkrankung sind nicht immer eindeutig; sie können auf verschiedene Ursachen hinweisen, selbst wenn Möglichkeit und Gelegenheit besteht, vielfache technische Hilfsmittel zur Gewinnung von zutreffenden Untersuchungsergebnissen einzusetzen. Vor allem vorläufige Diagnosen - etwa zum Zwecke der Entscheidung darüber, ob der Patient einer Spezialbehandlung zugeführt werden muss - sind mit hohen Unsicherheitsfaktoren belastet (BGH AHRS Kza 6560/4; Nixdorf VersR 1996, 160 mN).

Der vor vier Jahrzehnten in der Rechtsprechung aufgestellte Satz, dass das bloße Nichterkennen einer erkennbaren Erkrankung und der für sie charakteristischen Symptome - sofern nicht ganz besondere Umstände vorlägen - immer einen Verschuldensvorwurf begründe (BGH vom 30. Mai 1958 = AHRS Kza 6510/6), bedarf deshalb einer gewissen **Relativierung**. Von medizinisch völlig unvertretbaren Fehleinschätzungen (s. auch unten **III. 2. b. cc**) oder der ignoranten Nichtbeachtung unabweisbarer differenzialdiagnostischer Erwägungen abgesehen (die immer einen Arztfehler darstellen) begründen **Falschdiagnosen** als vorwerfbare Fehler lediglich dann die Haftung des Arztes, **wenn** grundlegende Kontrollbefunde nicht erhoben wurden, die Überprüfung einer ersten Arbeitsdiagnose im weiteren Behandlungsverlauf unterblieben ist, ein mehrdeutiges Krankheitsbild nicht abgeklärt oder den Symptomen nicht nachgegangen worden ist, die eine bestimmte Erkrankung kennzeichnen (vgl. OLG Köln VersR 1991, 1288; OLG Köln MDR 1995, 52; nach OLG Nürnberg VersR 1993, 104, 105 ist der Orthopäde nicht zur Durchführung oder Veranlassung weiterer Kontrolluntersuchungen - etwa im Sinne einer urologisch-proktologischen Abklärung - verpflichtet, wenn nach den geklagten Beschwerden und dem Befund des spinalen Computertomogrammes eindeutig die Symptomatik einer Bandscheibenschädigung im Vordergrund steht).

Der Arzt darf sich im Übrigen für seine Diagnosestellung bei unklarem medizinischen Status **nicht** alleine darauf verlassen, mit welchen Worten der Patient die von ihm subjektiv empfundenen Beschwerden beschreibt (OLG Oldenburg VersR 1991, 1243).

Erfordert ein operativer Eingriff **spezielle** Kenntnisse und Erfahrungen des Operateurs, so sind erhöhte Anforderungen an die **präoperative** Diagnostik zu stellen; wird diesen nicht entsprochen und werden demzufolge die besonderen anatomischen Verhältnisse des Patienten verkannt, so liegt in der Wahl und in der Durchführung eines ungeeigneten Operationskonzeptes ein Behandlungsfehler (BGHWarn 1988 Nr. 358).

Da auch das diagnostische Vorgehen den **Standard** der ärztlichen Kunst gewährleisten muss, **kann** die Nichterwägung einer (wenn auch entfernter liegenden) differenzialdiagnostischen Möglichkeit behandlungsfehlerhaft sein (OLG Frankfurt NJW-RR 1994, 21 für die nächstliegende, aber unzutreffende Annahme einer Eileiterentzündung im Verhältnis zu der tatsächlich vorliegenden Eileiterschwangerschaft).

(4) Fremdkörper

Das Zurücklassen eines nicht dem therapeutischen Ziel dienenden **corpus alienum** in dem Körper des Patienten nach Abschluss des Eingriffes widerspricht - als potentiell pathogener Störfaktor - objektiv zwar der medizinischen Kunstregel; es belegt aber nicht immer schon auch eine Verletzung der ärztlichen Sorgfaltspflicht. Es hängt vielmehr von den jeweiligen Besonderheiten des einzelnen **Falles** ab, **ob** den operierenden Arzt tatsächlich ein Schuldvorwurf trifft (BGHZ 4, 139, 144; BGH AHRS Kza 2345/20 mN). Sicher ist jedoch, dass der Arzt alle möglichen und zumutbaren Vorkehrungen gegen ein derartiges Missgeschick ergreifen muss; dazu können bei textilen Hilfsmitteln etwa deren Kennzeichnung, eine Markierung, das Zählen der verwendeten Tupfer und dergleichen gehören (BGH AHRS aaO; s. ferner unten **b (3) (e)** sowie **III. 2. a – EXKURS „Anscheinsbeweis"**).

(5) Ersatzstoffe und Spenderorgane

Arzthaftungsbegründende **Behandlungsfehler** können auch bei der Durchführung von **Infusionen** oder **Transfusionen** sowie bei der Verwendung von **Implantaten** (Stoffen oder Teilen, die zur Erfüllung bestimmter Ersatzfunktionen inkorporiert werden) auftreten. Fehler sind ferner im Zusammenhange mit der Vornahme von **Transplantationen** möglich: die Bestimmungen des am 01.12.1997 in Kraft getretenen Transplantationsgesetzes (BGBl., Teil I, S. 2631 ff) über die postmortale sowie über die subsidiäre (§ 8 Abs. 1 S. 1 Nr. 3 TPG) Lebendorganspende (zulässig nur zugunsten von nächsten Angehörigen und von Personen, die dem Spender in persönlicher Verbundenheit besonders nahe stehen, § 8 Abs. 1 S. 2 TPG) gelten für die Entnahme von „Organen" (definiert in § 1 Abs. 2 TPG) zum Zwecke der Übertragung auf andere Menschen (ausgeschlossen von der Anwendung des Gesetzes sind Blut, Knochenmark und embryonale/fetale Organe, § 1 Abs. 2 TPG); erst ab dem vollendeten 16. Lebensjahr kann das Einverständnis mit einer postmortalen Organspende, aber schon ab dem vollendeten 14. Lebensjahr kann der Widerspruch hiergegen wirksam erklärt werden (§ 2 Abs. 2 TPG; der Lebendspender muss volljährig sein (§ 8 Abs. 1 S. 1 Nr. 3a TPG); im Näheren s. zum Inhalt und zu der Bedeutung der Regelungen des TPG die Ausführungen von Deutsch in NJW 1998, 777 ff und bei Kühn in MedR 1998, 455 ff.

(6) Zeitkalkül

Einen **Behandlungsfehler** stellt es auch dar, wenn der Arzt **ohne** medizinischen Grund den Termin der zwecks Feststellung einer etwaigen Chromosomenanomalie des Fetus durchzuführenden Fruchtwasserpunktion so weit **hinausschiebt**, dass eine erforderliche werdende Wiederholung der Untersuchung mit positivem Befund nicht mehr zu einem straflosen Schwangerschaftsabbruch führen kann (BGH NJW 1989, 1536, 1537).

Es ist ein **Behandlungsfehler**, eine zeitlich nicht dringende, vielmehr ohne Risiko verschiebbare Knieoperation durchzuführen, **obgleich** eine erhöhte - im hochpathologischen Bereich liegende - Blutkörperchensenkungsgeschwindigkeit gemessen wurde (OLG München VersR 1995, 1193); umgekehrt ist es **behandlungsfehlerhaft**, den indizierten **notoperativen** Eingriff (Faszienspaltung, um dem drohenden Eintritt des Vollbildes eines Kompartmentsyndroms vorzubeugen), nicht sofort vorzunehmen, sondern stundenlang **hinaus**zuzögern (OLG Oldenburg VersR 1995, 218, 219).

(7) Defensivmedizin

Als Defensivmediziner bezeichnet man denjenigen Arzt, der sein medizinisches Handeln vorrangig auf den **eigenen** Schutz vor etwaigen Haftungsansprüchen ausrichtet (Hammerstein ZaeFQ 2000, 800). Die sog. defensiv-medizinischen Maßnahmen sind grundsätzlich dann **behandlungsfehlerhaft**, wenn sie diagnostisch (auch röntgendiagnostisch) und/oder therapeutisch **überflüssig** (das reicht von der Überdiagnostik bis zur Übertherapie) sind (vgl. Giesen Rn. 350; Deutsch Rn. 189; ders. VersR 1977, 101, 102: Übermaßbehandlung stellt einen Grundtypus der Außerachtlassung der bei der ärztlichen Berufsausübung erforderlichen Sorgfalt dar; wohl auch Laufs Rn. 26 betr. die Diagnostik; aus der Rspr. s. ferner BGH NJW 1978, 1206: eine ärztlich nicht indizierte Operation ist kein Heileingriff; und OLG Düsseldorf VersR 1985, 456: Überkronung gesunder Zähne ohne zahnmedizinisch anerkannten Grund ist eine rechtswidrige Körperverletzung).

(8) Unterlassener HIV-Test

Fehlerhaft ist ferner die Unterlassung eines HIV-Testes, **wenn** anamnestische Angaben und klinische Verdachtssymptome den Arzt das Vorliegen eines der Vorstadien oder des Vollbildes von AIDS vermuten lassen oder vermuten lassen müssen (vgl. Buchborn MedR 1987, 260, 263; der Arzt ist behandlungsvertraglich auch verpflichtet, festgestellte Verdachtssymptome einer AIDS-Erkrankung dem Patienten zu eröffnen, Deutsch NJW 1985, 2746).

(9) Antibiotische Behandlung

Vor jeder antibiotischen Therapie (besonders aber vor dem Einsatz eines gefährlichen - etwa mit der Gefahr der Ertaubung verbundenen Antibiotikums) ist ein **Erregernachweis** mit Empfindlichkeitsprüfung einzuholen (d.h. eine bakteriologische Untersuchung mit - sofern möglich – Resistenzbestimmung durchzuführen); ein Versäumnis in dieser Hinsicht stellt einen **Verstoß** gegen die Regeln der ärztlichen Kunst dar (BGH AHRS Kza 2705/1).

(10) Rezeptierung

• Die **Verschreibung** eines Arzneimittels ist medizinisch begründet, wenn das verordnete Präparat nach Art und Menge als Heilmittel geeignet und für den Patienten erforderlich ist; ob das der Fall ist, darüber entscheiden die anerkannten Regeln der ärztlichen Wissenschaft (BGHSt 1, 318, 322). In der Psychiatrie kann auch die Placebo-Therapie (s. oben **5. c, cc**) individuell indiziert sein (Laufs Rn. 696 Fn. 36). Bei der Verschreibung von Medikamenten muss sich der Arzt jeweils über bestehende Kontraindikationen, über die Dosierung und über bekannte Nebenwirkungen **vergewissern** (Nüßgens Rn. 204; Erman/Schiemann, § 823 Rn. 133). Von Instruktionen des Herstellers des Medikamentes darf der Arzt nicht ohne sachlich vertretbare Erwägungen abweichen; andererseits darf er sich grundsätzlich auf diese Instruktionen verlassen, sofern und soweit in ihnen nicht evidente Falschangaben gemacht werden (MünchKomm/Mertens, § 823 Rn. 386). Der Arzt muss den Patienten über die unmittelbaren Wirkungen sowie über gefährliche oder häufig auftretende Nebenwirkungen des verschriebenen Medikamentes **aufklären**; im Übrigen darf er auf den Beipackzettel des Pharmaherstellers verweisen (vgl. BGH NJW 1982, 697, 698; Deutsch Rn. 116).

• Nur die in Anlage III Teile A bis C zu § 1 Abs. 1 BtmG aufgeführten **Betäubungsmittel** sind überhaupt für therapeutische Zwecke zugelassen (vgl. § 13 Abs. 1 S. 3 BtmG). Die Anwendung muss im menschlichen Körper begründet sein; das ist insbesondere dann nicht der Fall, wenn der beabsichtigte Zweck auf andere Weise erreicht werden kann (§ 13 Abs. 1 S. 2 BtmG). Das wiederum bedeutet, dass alternative therapeutische Maßnahmen – vor allem drogenfreie Behandlungsformen – **Vorrang** haben und die in

44

Anlage III genannten Betäubungsmittel erst dann zum Einsatz kommen dürfen, wenn der Behandlungszweck auf andere Weise nicht erreichbar ist (Bühringer, in: Kreuzer, Hrsg., Handbuch des Betäubungsmittelstrafrechts, 1997, § 5 Rn. 320).

- Zur **Substitutionsbehandlung** zugelassene Betäubungsmittel sind derzeit **nur** Levomethadon (Polamidon) und Methadon. Die Substitution ist ausgeschlossen, wenn der beabsichtigte therapeutische Zweck auf andere Weise erreicht werden kann (§ 13 Abs. 1 S. 2 BtmG). Nach den NUB-Richtlinien (die die Voraussetzungen für die Finanzierung der Substitution zu Lasten der gesetzlichen Krankenversicherung regeln) liegt bei dem Kassenpatienten Substitution im Sinne einer Krankenbehandlung nur vor, wenn bestimmte Indikationen (u.a. Drogenabhängigkeit mit lebensbedrohlichem Zustand im Entzug, Drogenabhängigkeit bei schweren konsumierenden Erkrankungen, Drogenabhängigkeit bei AIDS-Kranken oder Drogenabhängigkeit bei vergleichbar schweren Erkrankungen) erfüllt sind (Bühringer aaO, Rn. 322). Bei Patienten, die nicht im Rahmen der gesetzlichen Krankenversicherung substitutionsbehandelt werden, gelten lediglich die Regeln des BtMG und der BtMVV (Bühringer aaO, Rn. 324). Zur Aufnahme in das Methadon-Programm (vgl. § 2 a BtMVV) reicht eine bloße Suchtmittelabhängigkeit des Patienten nicht aus; erforderlich ist vielmehr das objektive Vorliegen einer Opiatabhängigkeit (BGH NStZ 1998, 414).

- Die ärztliche Begründetheit einer **Substitutionsbehandlung** richtet sich immer nach den anerkannten Regeln der medizinischen Wissenschaft. Einen „**Kunstfehler**" stellt die Betäubungsmittelverschreibung zum unkontrollierten Gebrauch und zur freien Verfügung durch einen Drogensüchtigen dar (BGH NJW 1979, 1943, 1944). Die ärztliche Sorgfalt wird regelmäßig auch dadurch **verfehlt**, dass dem drogensüchtigen Patienten ein Rezept über ein Substitutionsmedikament oder eine größere Menge dieses Medikamentes zur unkontrollierten Eigenverfügung behändigt wird (Haffner, in: Rechtsmedizin 1994, 49, 53; zur ambulanten Substitutionsbehandlung Heroinabhängiger s. ausführlich Böllinger MedR 1989, 290 ff, 296 ff, 299 f sowie Köhler MDR 1993, 762, 765 f: die ambulante Substitutionstherapie ist medizinisch vertretbar und als „ultima ratio" kunstgerecht, **sofern** der Arzt ein am Heilungs- und Linderungszweck orientiertes, Missbräuchen wirksam vorbeugendes Behandlungskonzept verfolgt, das auf psychosoziale Stabilisierung sowie auf langfristige Drogenentwöhnung überhaupt ausgerichtet ist). S. auch unten **C. II. 1. a.**

- Von jedem Arzt wird das Wissen um mögliche **allergische** oder pseudoallergische Reaktionen eines Patienten auf bestimmte Arzei- oder Untersuchungsmittel (alleine oder in Kombination mit anderen Medikamenten - insbesondere bei der Injektion körper- oder artfremden Eiweißes) verlangt (dazu Linck NJW 1987, 2545, 2549 mN).

- Die **wiederholte** Medikamentenverordnung ohne erneute Untersuchung des Patienten ist **nur** bei gesicherter eigener Diagnose zulässig (OLG Düsseldorf VersR 1979, 723, 724).

- Der Arzt muss schließlich die verordneten Medikamente so eindeutig **bezeichnen**, dass die Verabfolgung an den Patienten im gewöhnlichen Geschäftsgang der Apotheke nicht auf besondere Schwierigkeiten stößt; Dosierung und Einnahmefrequenz müssen auf dem Rezept **vermerkt** werden (MünchKomm/Mertens, § 823 Rn. 388).

(11) Überwachung

Weist der kinderärztliche Notdienst das an der potentiell gefährlichen Gastroenteritis erkrankte elf Monate alte Kleinkind nicht zur Behandlung in eine Klinik ein und nimmt er keine Blutuntersuchung vor, so stellt es einen **Behandlungsfehler** dar, wenn der Arzt die begonnene ambulante Behandlung aus der Hand gibt, ohne (durch nochmalige Untersuchung oder zumindest telefonische Kontaktaufnahme mit der Kindesmutter oder der sonst zuständigen Pflegeperson) zu **überwachen**, ob die von ihm getroffenen Behandlungsmaßnahmen nach angemessener Zeit (sechs bis acht Stunden) auch tatsächlich greifen (OLG Bremen VersR 1995, 541).

(12) Gelenksprothesen

Es stellt einen **Behandlungsfehler** dar, beim Einsatz eines Hüftgelenksersatzes ohne nachvollziehbaren Grund eine größere („10" statt „8") oder kleinere Schaftprothese zu verwenden und damit den Grundsatz zu verletzen, möglichst viel an Knochensubstanz zu erhalten (OLG Köln VersR 1996, 712).

(13) Delegierung

Ein Behandlungsfehler liegt weiters vor, wenn einer nach ihrem Ausbildungs- und Erfahrungsstand zur Vornahme bestimmter Eingriffe in die körperliche Integrität des Patienten **nicht** ausreichend qualifizierten Person derartige Eingriffe dennoch übertragen und von ihr ausgeführt werden (vgl. BGHZ 88, 248, 252; OLG Köln MedR 1987, 192, 194).

(14) Mehrlingsgeburt

Von einer Schlechterfüllung des ärztlichen Behandlungsvertrages kann indessen **nicht** gesprochen werden, wenn sich das Risiko einer hormonellen Stimulationsbehandlung verwirklicht, indem die Patientin (die ein Kind wünschte, aufgeklärt war und eingewilligt hatte) nicht ein Einzelkind, sondern gesunde Mehrlinge zur Welt bringt (OLG Hamm NJW 1993, 795, 796).

b) Ärztliche Eigenmacht

aa) Pflicht zur Aufklärung

Die allgemeine materiell-rechtliche **Aufklärungspflicht** des Arztes (und des Zahnarztes, hierzu Gaisbauer VersR 1994, 1306) ist von der behandlungsvertraglichen **Beratungspflicht** (s. unten **dd (4)**) zu **unterscheiden** (BGH NJW 1981, 630, 631; krit. hierzu aus dogmatischer Sicht Ströfer VersR 1981, 796 ff).

Der Arzt muss die **vorherige** Aufklärung des Patienten als eine „Last" auf sich nehmen, sofern er einen konkreten **Eingriff** vornehmen will (Engisch, S. 12). Hinsichtlich der **Anästhesie** hat im Grundsatz eine selbständige Aufklärung zu erfolgen (vgl. BGH NJW 1974, 1422, 1423; s. unten **dd (3) (h)**). Ausreichend ist es aber in der Regel, wenn auf die Tatsache der beabsichtigten Vollnarkose schlechthin hingewiesen wird; der Arzt braucht den Patienten nicht in allen Einzelheiten über Art und Technik des ins Auge gefassten Narkoseverfahrens zu informieren (OLG Hamm AHRS Kza 4230/3). Entschließt sich der Arzt bei einem chirurgischen Eingriff dazu, an Stelle der Allgemeinnarkose eine Peridualanästhesie (PDA) vorzunehmen, dann muss er den Patienten aber auch über diesen Eingriff und das dabei anzuwendende Verfahren unterrichten (BGH aaO). Der **Chirurg** kann die Aufklärung auch für das Gebiet der Anästhesie **mit**übernehmen; im Regelfall darf der **Anästhesist** davon ausgehen, dass der Patient mit der Einwilligung in den operativen Eingriff **zugleich** auch stillschweigend sein Einverständnis mit der dazu notwendigen Anästhesie erklärt hat (Kern/Laufs, S. 141). Eine **erhöhte** Aufklärungspflicht ergibt sich für die Anästhesie aber dann, **wenn** der Risikoschwerpunkt des Eingriffes (wegen des Zustandes des Patienten oder wegen der Art seines Leidens) gerade in der Narkose liegt (vgl. Kern/Laufs S. 142).

Die ärztliche Aufklärung bezieht sich **nicht** etwa auf potentielle Behandlungsfehler (OLG Oldenburg MDR 1998, 656); ihre Aufgabe ist es vielmehr, die **Selbstbestimmung** (Art. 2 Abs. 1, Abs. 2 S. 1 GG - s. unten **dd (3)**) zu achten sowie zu aktivieren und den Patienten so vor einem fehlgeleiteten Behandlungseinverständnis zu bewahren (vgl. BGHZ 29, 46, 56; Schlosshauer-Selbach DRiZ 1982, 361, 362); daneben liegt die besondere Bedeutung der Aufklärung auch in einer Art Selbstkontrolle des Arztes und in der Herstellung von Patientenvertrauen (s. dazu Scholz MDR 1996, 649).

Die ärztliche Behandlungspflicht findet ihre **Grenzen** in dem **Selbstbestimmungsrecht** des Patienten: dieser kann jederzeit bestimmte medizinische Maßnahmen zurückweisen; der Arzt **muss** von einer Maßnahme **absehen**, wenn der Patient das wünscht (HandbuchArztR/Uhlenbruck, § 52 Rn. 9). Auch das Selbstbestimmungsrecht eines psychisch auffälligen Patienten muss der Arzt achten (sofern er ihn auf die Folgen seines Verhaltens hingewiesen hatte, steht der Arzt haftungsrechtlich daher nicht ein, wenn ein solcher Patient entgegen ausdrücklich -belehrendem Rat die Klinik zu seinem Schaden verlässt, OLG Düsseldorf VersR 1997, 1402; Laufs NJW 1998, 1756).

Die Aufklärung durch den Arzt und die Einwilligungserklärung des Patienten verhalten sich reziprok zueinander: **ohne** eine hinreichende vorherige Aufklärung sind ärztliche Behandlung und ärztlicher Eingriff mangels wirksamer Patienteneinwilligung eigenmächtig und damit **widerrechtlich** (vgl. nur Giesen Rn. 200; ders. JZ 1982, 391, 392); das Einverständnis des Patienten reicht andererseits (immer nur) so weit, wie er medizinisch **informiert** worden ist.

Es gibt **kein** selbständiges Heilbehandlungsrecht des Arztes (Weidinger, Arzt us Recht 2000, 71, 72). Die medizinische Indikation alleine vermag einen ärztlichen Eingriff **nicht** zu rechtfertigen: der Heilzweck einer Maßnahme, die ärztliche Bestallung und die berufliche Kompetenz des Arztes als solche verleihen diesem **keinerlei** Befugnisse über den Körper des Patienten (s. schon RGSt 25, 375, 379 f; ferner Gallwas NJW 1976, 1134; Schaffer VersR 1993, 1458; Bender MedR 1999, 260, 261: selbst bei vitaler Indikation gibt es keine Therapiegewalt des Arztes über den Patienten). Die **Zulässigkeit** der ärztlichen Behandlung und Weiterbehandlung ist vielmehr nicht nur an das Vorliegen einer medizinischen Indikation, sondern mit Blick auf das Selbstbestimmungsrecht des Patienten hauptsächlich an dessen aufgeklärten **Konsens** geknüpft (vgl. Steffen/Dressler Rn. 321; Lipp DRiZ 2000, 231, 233 mwN); die Einwilligung des Patienten ist überdies stets eine **widerrufliche**: der im Rechtssinne willensfähige Patient ist jederzeit berechtigt, seine vor Beginn der Maßnahme erteilte Zustimmung zurückzunehmen (BGH AHRS Kza 3110/1, S. 3).

Die **rechtswidrige** Behandlung des Patienten kann daher grundsätzlich **auch** dann zu Schadensersatzansprüchen führen, wenn sie - für sich selbst betrachtet - sachgemäß erfolgt ist (BGH NJW 1982, 697, 698).

Durch eine Behandlung **ohne** vorangegangene gehörige Aufklärung **verletzt** der Arzt seine Vertragspflicht gegenüber dem Patienten (BGH VersR 1980, 1145, 1147; OLG Frankfurt NJW 1973, 1415). Die unzureichende Aufklärung **kann** bereits als solche einen selbständigen Behandlungsfehler darstellen (Giesen JZ 1982, 402; in diesem Sinne auch BGH aaO für einen operativen Eingriff mit hoher Misserfolgsquote bei zweifelhafter Indikation ohne Vorstellung sämtlicher für den Patienten erheblichen Entschließungsfaktoren; ferner BGH NJW 1988, 763, 764 für die Unterlassung einer im Hinblick auf die indizierte Spezialbehandlung gebotene Weiterverweisung des Patienten). Einen **Behandlungsfehler** begründet es **auch**, wenn der Arzt seine Pflicht zu therapeutisch gebotener Verhaltensinstruktion (Lebensführung, Medikamenteneinnahme, Aufforderung zu sofortiger Meldung des Auftretens von Nebenerscheinungen usf.) verletzt (Franzki, S. 19; s. unten **dd (5)** zur sog. „Therapeutischen Aufklärung").

Die Einwilligung muss nicht unbedingt in ausdrücklicher Form, sie kann unter Umständen auch in **schlüssiger** Weise erklärt werden (vgl. OLG Köln in HandbuchArztR/Kern, § 161 Rn. 13); je nach Lage des Falles kann es für das Vorliegen der rechtserheblichen

Zustimmung auch genügen, dass der korrekt informierte Patient dem vorgeschlagenen ärztlichen Konzept nur **nicht** widerspricht (s. hierzu BGH AHRS 5000/30 a.E.).

Auf der **Irrtumsseite** sind nur rechtsgutsbezogene Fehlvorstellungen relevant (Hassemer JuS 1978, 711 mN). Ein Motivirrtum ist unbeachtlich; **unwirksam** ist das erklärte Einverständnis jedoch, wenn der Patient sich hierbei über Umfang und Tragweite des ärztlichen Eingriffes geirrt hat (BGB-RGRK Steffen, § 823 Rn. 380; s. ferner unten **C. II. 4.**).

bb) **Ausnahmen**

Eine Erläuterung des geplanten Medizineingriffes ist dann **entbehrlich**, wenn der Patient im konkreten Falle (was rechtlich zulässig ist, Nüßgens Rn. 139 mN) wirksam auf eine Aufklärung (ausdrücklich oder konkludent) **verzichtet** hat (Engisch, S. 23, 27); oder wenn er offensichtlich **selbst** über das erforderliche Fachwissen verfügt (BGH NJW 1971, 1887, 1888), wobei es rechtlich dann ohne Belang ist, woraus der Patient diesen Informationsstand geschöpft hat (eigene Erfahrung, Studium medizinischer Literatur, Unterrichtung durch andere Ärzte oder durch das nichtärztliche Hilfspersonal, vgl. Nüßgens Rn. 91, 93).

Ist eine Aufklärung vor dem Eingriff einerseits nicht möglich (weil dem Patienten die Urteilsfähigkeit fehlt und ein Vertreter oder Pfleger nicht rechtzeitig zur Verfügung steht), liegt andererseits aber „hohe Gefahr" vor (wie bspw. bei einer unaufschiebbaren, vital indizierten Operation), so kann die Pflicht des Arztes zur Aufklärung entfallen (vgl. Ulsenheimer Rn. 128). Der Eingriff kann durch die sog. **Mutmaßliche Einwilligung** des Rechtsgutsinhabers getragen sein; dieses Institut greift ein, wenn das Einverständnis zwar faktisch nicht vorliegt und auch nicht rechtzeitig eingeholt werden kann, seine Erteilung nach den Umständen des Falles und bei objektiver Würdigung der Interessenlage aber „ex ante" mit Sicherheit zu erwarten gewesen wäre (vgl. Geiß/Greiner, C.-Rn. 102; ferner Jescheck/Weigend, § 34 VII. 1.; s. weiters unten **C. II. 4. a**).

cc) **Allgemeine Aufklärungsgrundsätze**

(1) **Aufklärungsschuldner**

Regelmäßig obliegt es dem **behandelnden** Arzt, den Patienten im Rahmen der übernommenen Vertragsaufgabe aufzuklären (Schumann MedR 1995, 501, 502 mN). Grundsätzlich ist der Behandler (z.B. der verantwortliche Operateur, hierzu etwa OLG Hamburg NJW 1975, 603, 604) **persönlich** aufklärungspflichtig (vgl. Erman/Schiemann, § 823 Rn. 140 mN; für den Zahnarzt s. Tiemann, S. 136); er kann die Aufklärung allerdings auf einen ärztlichen Kollegen **delegieren** (§ 278 BGB), der im Hinblick auf die Person des Patienten und die fragliche medizinische Maßnahme das erforderliche Individualwissen bzw. die notwendige Fachkompetenz und Sachkunde besitzt (vgl. auch Schlund VersR 1991, 815). Wird die Aufklärung delegiert, so trifft die Haftung für etwaige Aufklärungsversäumnisse in erster Linie den **übernehmenden** Arzt; bei dem **delegierenden** Arzt kann eine Haftung wegen Organisationsverschuldens verbleiben (Bergmann, S. 68). **Unwirksam** ist die Übertragung der Aufklärungslast auf das nichtärztliche Personal (Deutsch Rn. 137; Nüßgens Rn. 80, 87). Der Chirurg kann die Aufklärung über die Anästhesie mit übernehmen (Kern/Laufs, S. 141; s. oben **b aa**)).

Nimmt ein ärztlicher **Vertreter** den Eingriff vor, so kommt es darauf an, ob der Patient dies wahrnimmt; erkennt er, dass ihn ein Vertreter behandelt, so wird mangels einer widersprechenden Erklärung in der Regel von einer konkludenten Einwilligung bzw. von einer konkludenten Übertragung der dem Praxisinhaber erteilten Zustimmung ausgegangen werden können (Rehborn MDR 1999, 1172).

Wird der Patient von **mehreren** Ärzten behandelt, so ist prinzipiell **jeder** von ihnen hinsichtlich **seiner** Maßnahmen aufklärungspflichtig; kein Arzt kann sich darauf verlassen, dass der andere die erforderliche Aufklärung schon geleistet habe (das gilt auch im Verhältnis zwischen Operateur und Hausarzt, Geigel/Schlegelmilch, 14. Kap. Rn. 226 mN).

Der **konsiliarisch** tätige Arzt muss sich seinerseits darüber vergewissern, dass der Patient über Art und Risiken des vorzunehmenden Eingriffes ausreichend aufgeklärt ist (die Aufklärung selbst obliegt dem den Eingriff erbittenden Behandler); mit Sicht auf eventuell kontraindizierende Vorerkrankungen oder Unverträglichkeiten (etwa bezüglich eines Kontrastmittels) muss der Konsiliararzt darüber hinaus gezielte ergänzende Fragen stellen und auf diese Weise die Anamnese vervollständigen (OLG Düsseldorf NJW 1984, 2636, 2637).

Der den Patienten in das Krankenhaus **einweisende** Arzt ist nur ausnahmsweise (auch) für die Operationsaufklärung zuständig: das ist etwa dann der Fall, wenn der Patient schon in der Praxis des ambulanten Behandlers die Operationsentscheidung trifft (Erman/Schiemann aaO); oder wenn die Ärzte einer Spezialklinik, in welcher der Patient untersucht, über die erforderliche Operation unterrichtet und beraten sowie auf diese vorbereitet wird, den Patienten zur Durchführung des Eingriffes in Abstimmung mit den dortigen Ärzten in die Universitätsklinik einweisen (BGH VersR 1990, 1010, 1011).

Derjenige Arzt, der **nur** die Aufklärung des Patienten über eine angeratene Operation übernommen hat, ist mitverantwortlich dafür, dass die Einwilligung des Patienten in diese Operation auch wirksam ist (BGH VersR 1981, 456, 457).

(2) Aufklärungsadressat

(a) Grundsatz

Aufzuklären ist derjenige, der rechtlich in die ärztliche Maßnahme **einzuwilligen** hat (Nüßgens Rn. 74). Das ist in erster Linie der zustimmungsfähige **Patient** selbst (vgl. Ulsenheimer Rn. 107 ff; nicht sind es seine Angehörigen, Scholz MDR 1996, 649, 651 mN); grundsätzlich kommt es daher auf **seine** Einwilligung an.

(b) Betreuungsbedürftige

Ist der volljährige Patient selbst indes zu einer beachtlichen Willensbildung nicht fähig (die Einwilligungsfähigkeit hat der Arzt als natürliche Einsichts- und Urteilsfähigkeit zu ermitteln, BayObLGZ 1985, 53, 56; Schaffer VersR 1993, 1458, 1464), so muss ihm gegebenenfalls ein **Betreuer** bestellt werden (zum Verfahren s. die Bestimmungen der §§ 65 ff FGG); diesem kommt in seinem Aufgabenkreis die Position eines gesetzlichen Vertreters zu (vgl. §§ 1896 Abs. 1 S. 2, 1902 BGB; s. auch oben I. 2.). Ausreichend klar umschrieben wird der entsprechende **Aufgabenkreis** des Betreuers etwa mit der Formulierung „Zustimmung zur Heilbehandlung". Im Falle der Mitwirkung eines Betreuers muss der Arzt auch den Betreuer **aufklären** (Schaffer aaO); denn nur die informierte Einwilligung kann eine Rechtfertigungswirkung erzeugen.

Unter den Voraussetzungen des § 1904 Abs. 1 S. 1 BGB (objektiv begründete Gefahr, dass der Betreute aufgrund der ärztlichen Maßnahmen sterbe oder einen schweren bzw. länger dauernden gesundheitlichen Schaden erleide) ist die Einwilligung des Betreuers in eine Heilbehandlung des Patienten **nur** dann wirksam, wenn sie durch das Vormundschaftsgericht **genehmigt** wird (in Betracht kommen in diesem Zusammenhange neben chirurgischen Eingriffen und der Anwendung ionisierender Strahlen auch die modernen Medikationen in ihrer gesamten Breite, vgl. Scholz, S. 45). Der Arzt wird sich in solchen Situationen vor Durchführung der Behandlung selbst darüber **Gewissheit** zu verschaffen haben, dass Einwilligung sowie gerichtliche Genehmigung tatsächlich vorliegen

(Zimmermann BetrR, S. 168); die Genehmigung ist nämlich nicht eine reine Innen-, sondern eine sog. **Außengenehmigung** mit der Folge, dass bei ihrem Fehlen die Einwilligung des Betreuers alleine das ärztliche Handeln nicht zu tragen vermag (vgl. OLG Frankfurt Rpfleger 1998, 424, 425; Zimmermann aaO, S. 173). Analog der Bestimmung des § 1904 BGB bedarf erst recht die Einwilligung des Betreuers in dem **Abbruch** lebenserhaltener Maßnahmen vor Beginn des eigentlichen Sterbevorganges der vormundschaftsgerichtlichen Genehmigung (die sich in besonderem Maße an dem ausdrücklich erklärten oder dem mutmaßlichen Willen des betreuten Patienten zu orientieren hat, vgl. BGH NJW 1995, 204, 205; OLG Frankfurt aaO; Otto Jura 1999, 439, 440; Lipp DRiZ 2000, 237, 238; Baumann/Hartmann DNotZ 2000, 594, 601, 602; **abl.** LG München I MDR 1999, 1272, 1273 und Seitz ZRP 1998, 417, 420: die analoge Anwendung des § 1904 BGB auf den Behandlungsabbruch kehrt den eindeutigen Zweck der Vorschrift - den Schutz der Gesundheit des Betroffenen - in sein Gegenteil).

Das seit 1992 existierende Rechtsinstitut der **Vorsorgevollmacht** ist durch das Betreuungsrechtsänderungsgesetz vom 25.06.1998 (BGBl. 1998, Teil I, S. 1580) mit Wirkung vom 01. Januar 1999 neu geregelt worden (§§ 1896 Abs. 2, S. 2, 1904 Abs. 1, Abs. 2 BGB; s. unten **C. II. 4. a)**): die Bestellung eines Betreuers erübrigt sich dann, wenn der Vollmachtgeber eine Vertrauensperson in schriftlicher Form (§ 126 Abs. 1 BGB) **ausdrücklich** dazu ermächtigt hat, in eine der in § 1904 Abs. 1 S. 1 BGB aufgeführten Maßnahmen (Untersuchung des Gesundheitszustandes, Heilbehandlung, ärztlicher Eingriff) einzuwilligen; auch der in der bezeichneten Bestimmung nicht genannte Abbruch lebenserhaltener Maßnahmen muss gegebenenfalls in der Vollmacht **ausdrücklich** erwähnt werden (Palandt/Diederichsen, § 1904 Rn. 7). Der Bevollmächtigte bedarf für die Einwilligungserteilung der vormundschaftsgerichtlichen **Genehmigung**, sofern und soweit auch ein Betreuer in vergleichbarer Situation einer solchen bedürfte (Zimmermann BetrR, S. 11). Die Vorsorgevollmacht kann grundsätzlich unbedingt erteilt werden; zweckmäßigerweise wird sie aber mit der auf das Innenverhältnis beschränkten Anordnung verbunden, von ihr nur und erst bei Eintritt des Vorsorgefalles Gebrauch zu machen. **Regelmäßig** wird es sich jedoch um eine eine für den Fall des Verlustes der Einwilligungsfähigkeit geltende **bedingte** Vollmacht handeln (§§ 158 Abs. 1, 168, 672, 675 BGB; s. hierzu Müller DNotZ 1997, 100, 105, 111, 112; Walter FamRZ 1999, 685, 686; Zimmermann BetrR, S. 10).

Mit der (an das Vormundschaftsgericht abzuliefernden) sog. **Betreuungsverfügung** (vgl. §§ 1897 Abs. 4, S. 3, 1901a BGB) kann der Betroffene **nicht** schon im Voraus verbindliche Einzelanordnungen betreffend eine etwa erforderlich werdende Heilbehandlung erteilen (Soergel/Zimmermann, 13 Aufl., § 1901a Rn. 3); für den Fall der Anordnung einer Betreuung kann der zu Betreuende in dieser Verfügung lediglich allgemeine Richtlinien niederlegen, die bei Eintritt der bezüglichen Umstände zur Ermittlung des mutmaßlichen Patientenwillens heranzuziehen sind (s. Kutzer ZRP 1997, 117, 118).

(c) Minderjährige

Bei **Minderjährigen** sind die Vorschriften der §§ 104 ff BGB nicht anwendbar: als Akt der Selbstbestimmung ist die Einwilligung nämlich **nicht** etwa eine rechtsgeschäftliche Willenserklärung, sondern die höchstpersönliche Entscheidung hinsichtlich einer „Gefahrenübernahme" (vgl. dazu BayObLGZ aaO; Bichlmeier JZ 1980, 53, 54; Schwintowski, JA-Übungsblätter 1991, 112; Kern NJW 1994, 753). **Maßgeblich** ist die geistige und sittliche Reife des Patienten, Bedeutung und Tragweite des Eingriffes einschließlich seiner Gestattung zu ermessen (BGHZ 29, 33, 36); sachgerecht erscheint - vorbehaltlich eines abweichenden individuellen Reifegrades im Einzelfalle - eine Staffelung der Zustimmungsberechtigung des Minderjährigen nach Altersgrenzen (Coester-Waltjen, in: Neues elterliches Sorgerecht, 1977, S. 80 ff).

Handelt es sich um einen Patienten im **Kindesalter** (d.h. einer Person unter vollendeten vierzehn Lebensjahren), so kommt es allerdings alleine auf den Willen der **Eltern** an; die Einwilligung des Kindes selbst ist grundsätzlich unbeachtlich (Flume, § 13, 11. f; Nüßgens Rn. 73; Gaisbauer VersR 1972, 419, 420; Kern aaO, 755).

Bei **jugendlichen** (zwischen vollen vierzehn und vollendeten achtzehn Jahren alten) Patienten sind die Einzelfallumstände entscheidend: einerseits aufschiebbare, andererseits aber auch nicht unwichtige Entscheidungen über eine ärztliche Maßnahme erfordern die **zusätzliche** („Doppelaufklärung"); s. Ulsenheimer Rn. 111 a; Deutsch VersR 1998, 1055) Einwilligung der Eltern; es sei denn, die Eltern sind nicht erreichbar, oder es handelt sich um einen unmittelbar lebensbedrohlichen Zustand, der einen sofortigen Eingriff erforderlich macht (vgl. BGH NJW 1959, 825; BGH NJW 1972, 935, 937; Tempel NJW 1980, 609, 614, 615; Rieger Rn. 268, 269; Ulsenheimer Rn. 109 d). Verschreibt der Arzt einem fünfzehnjährigen Patienten ein wegen seiner möglichen toxischen Nebenwirkungen nicht ungefährliches Arzneimittel und kommt es für die Therapie auf die exakte Einhaltung der verordneten Einzel- und Tagesmengen an, so müssen zur Sicherung gegen eine etwaige Überdosierung **auch** die Eltern informiert und auf die Gefährlichkeit des Mittels hingewiesen werden (BGH MDR 1970, 498, 499).

Die vorstehend skizzierten Regeln haben im Grundsatz auch für die Einwilligung der minderjährigen Schwangeren in den **Abbruch** der **Schwangerschaft** Geltung (vgl. AG Schlüchtern NJW 1998, 832, 833; Rehborn, S. 309; Lackner NJW 1976, 1233, 1237; Tempel aaO; **a. A.** OLG Celle MedR 1988, 41 m. zust. Anm. Mittenzwei, 44 und OLG Hamm JR 1999, 333, 334 m. abl. Anm. Schlund, 334, 336: für den Abbruch ist die Einwilligung der/des Personensorgeberechtigten erforderlich, die allerdings nach § 1666 Abs. 3 BGB ersetzt werden kann, wenn die Voraussetzungen für die Anwendung dieser Vorschrift vorliegen); es kommt auch insoweit **nicht** auf die bürgerlich-rechtliche Geschäftsfähigkeit, **sondern** auf die Einsichts- und Urteilsfähigkeit der Schwangeren hinsichtlich des Wesens, der Bedeutung sowie der möglichen Folgen des Eingriffes an (diese Fähigkeit wird ab dem siebzehnten Lebensjahr regelmäßig zu bejahen sein, vgl. HandbuchArztR/Uhlenbruck, §§ 39, Rn. 52; Palandt/Diederichsen, § 1626 Rn. 14; Deutsch Rn. 423).

Lediglich bei ganz geringfügigen, banalen Eingriffen (Behandlung von Erkältungskrankheiten, einfache Zahnbehandlungen und ähnl.) entscheidet bei genügender Reife die Einwilligung des Minderjährigen **alleine** (BGH NJW 1972, 335, 337, 338; Flume aaO; Nüßgens Rn. 71); sofern er nach seiner geistig-sittlichen Entwicklung in der Lage ist, die mit einer Venenpunktion verbundenen Beeinträchtigungen und Risiken zu beurteilen, kann der Minderjährige ohne Mitwirkung des Sorgeberechtigten wirksam auch in die Vornahme eines HIV-Antikörpertestes einwilligen (Lesch NJW 1989, 2309, 2313).

Unabhängig von der Willensbildungsfähigkeit und dem Grad der geistigen und sittlichen Reife des minderjährigen Patienten ist die Rechtswirksamkeit des ärztlichen Behandlungsvertrages als **Rechtsgeschäft** stets von der **Einwilligung** der gesetzlichen Vertreter des Minderjährigen abhängig (§§ 107, 1626 BGB; s. hierzu etwa LG München I NJW 1980, 646; LG Berlin FamRZ 1980, 285, 286; Nüßgens Rn. 70; vgl. oben **2.**).

Die elterliche Einwilligung ist Ausübung der **Personensorge**; die Einwilligung muss deshalb durch beide Elternteile erklärt werden (§§ 1626, 1627 BGB). Jeder Elternteil kann jedoch den anderen (ausdrücklich oder schlüssig) ermächtigen, im Einzelfalle oder in bestimmten Sorgebereichen für ihn mitzuhandeln; in Routinefällen (Behandlung leichterer Erkrankungen und Verletzungen) darf sich der Arzt im Allgemeinen ungefragt auf die Ermächtigung des erschienenen Elternteiles zum Handeln für den anderen verlassen; geht es um ärztliche Eingriffe schwererer Art mit nicht unbedeutenden Risiken, so muss sich der Arzt aber **Gewissheit** darüber verschaffen, ob der erschienene Elternteil die Ermächtigung des anderen besitzt und wie weit diese gegebenenfalls reicht; dabei darf er (solange dem nichts entgegensteht) auf eine wahrheitsgemäße Auskunft des Erschienenen vertrauen; steht eine schwierige und weitreichende Entscheidung über die mit erheblichen Risiken verbundene Behandlung des Kindes an, so muss sich der Arzt weiters darüber **vergewissern**, dass der nicht erschienene Elternteil mit der vorgesehenen Behandlung einverstanden ist (zum Ganzen s. BGH MDR 1988, 949, 950; BGH JZ 2000, 898, 899; Geiß/Greiner, C.-Rn. 114; Kern NJW 1994, 753, 756).

Nur in medizinisch **indizierte** Eingriffe dürfen und müssen die Eltern einwilligen; ein Zeuge Jehovas z.b. kann eine medizinisch notwendige Bluttransfusion zwar für sich selber, jedoch nur unter Missbrauch des Sorgerechtes für sein nicht entscheidungskompetentes minderjähriges Kind verweigern (Bender MedR 1999, 260, 265; bei Verstößen gegen die Einwilligungspflicht der Eltern greift das Vormundschaftsgericht gemäß § 1666 Abs. 1 BGB ein, Kern aaO, 756).

(d) Zustimmungsverweigerung

Verweigert der Patient die Einwilligung oder **widerruft** er sie (was jederzeit möglich ist), so muss der Arzt diese Entscheidung (auch in Fällen vitaler oder absoluter Indikation) hinnehmen (BGH MDR 1984, 565, 566; MünchKomm/Mertens, § 823 Rn. 449). Bei einer lebensbedrohlichen Erkrankung ist der Arzt aber **verpflichtet**, die nächsten Angehörigen (oder den Hausarzt) zu verständigen, damit diese versuchen können, den Patienten zu einer Änderung seiner Entscheidung zu bewegen (BGH JZ 1993, 151, 152).

Verweigert der gesetzliche Vertreter die Einwilligung, so darf sich der Arzt darüber hinwegsetzen, **sofern** die Verweigerung missbräuchlich oder medizinisch unvertretbar ist (Schaffer VersR 1993, 1458, 1464; s. oben **(c) a. E.**).

(3) Aufklärungszeitpunkt

Die zu spät erfolgte Aufklärung ist - unabhängig davon, ob sie inhaltlich ausreichend war oder nicht - grundsätzlich **unwirksam**; die hierauf erteilte Patienteneinwilligung hat keine rechtfertigende Kraft (vgl. BGH NJW 1998, 2734).

Grundsätzlich hat die Aufklärung **so frühzeitig** wie nach den Umständen möglich zu erfolgen (BGH NJW 1992, 2351); insbesondere muss die Aufklärung auf einen Zeitpunkt fallen, in welchem der Patient im Vollbesitze seiner Erkenntnis- und Entscheidungsfähigkeit ist und in dem ihm bis zu dem beabsichtigten Eingriff noch eine angemessene Überlegungsfrist (normalerweise einige Tage) für die Willensbildung verbleibt (vgl. BGH JZ 1986, 241, 243; OLG Stuttgart NJW 1979, 2355, 2356; OLG Celle NJW 1979, 1251, 1253; OLG Celle NJW 1987, 2304, 2305; Laufs Rn. 217).

Ausnahmslos gültige, exakte Zeitgrenzen lassen sich insoweit **nicht** festlegen; der richtige Aufklärungszeitpunkt bestimmt sich nach den Bewandtnissen des jeweiligen **Einzelfalles** (Giesen Rn. 236; HandbuchArztR/Laufs, § 68 Rn. 7). In Fällen unaufschiebbar-akut-vital indizierter Maßnahmen kann die Zeitspanne so sehr zusammenschrumpfen, dass die Aufklärung unter Umständen wirksam auch noch auf dem Wege zum Operationssaal oder gar erst auf dem Operationstisch vorgenommen können werden muss (Kern/Laufs, S. 44; s. ferner Ulsenheimer Rn. 117 a). Bei im Voraus geplanten Operationen hat die Aufklärung aber grundsätzlich **schon** bei der Festlegung des Operationstermines zu erfolgen, sofern die endgültige Entscheidung nicht noch von dem Vorliegen weiterer Untersuchungsbefunde abhängig gemacht worden ist (BGHWarn 1993 Nr. 53; OLG Stuttgart VersR 1998, 1111, 1113); bei **nicht** im Voraus geplanten Operationen sollte die Aufklärung zum Zeitpunkte der Operationsempfehlung geschehen (Wertenbruch MedR 1995, 306, 310).

Unterzeichnet der Patient das ihm mehrere Tage zuvor überlassene Einwilligungs-Formular erst auf dem Wege zum Operationssaal **nach** Verabreichung einer Beruhigungsspritze, sowie **nach** dem Hinweis des Arztes, dass man die Operation andernfalls auch unterlassen könne, so ergibt sich hieraus **kein** wirksames Einverständnis mit dem Eingriff (BGH MDR 1998, 654).

Bei **diagnostischen** Eingriffen und bei **ambulanten** Routine-Operationen ist es grundsätzlich genügend, wenn die Aufklärung am Tage des Eingriffes selbst erfolgt (vgl. BGH NJW 1996, 777, 779; BGH JZ 2000, 898, 901 mwN). Dem Patienten muss jedoch in diesen Fällen durch die Art und Weise der Aufklärung deutlich gemacht werden, dass ihm eine **eigenständige** Entscheidung ermöglicht werden soll; hierzu muss ihm ausreichend Gelegenheit zu einem ruhigen Abwägen des Für und Wider gegeben werden, was **nicht** der Fall ist, wenn die Aufklärung erst vor der Türe des Operationssaales dergestalt vorgenommen wird, dass der Patient mit der sich gleich anschließenden Durchführung des Eingriffes rechnen muss und daher unter dem Eindruck stehen kann, sich aus einem bereits in Gang gesetzten Geschehensablauf nicht mehr lösen zu können (BGH MDR 1995, 159; BGH JZ 2000, 898, 901). Bei **größeren** ambulanten Operationen mit beträchtlichem Risiko ist eine Aufklärung erst am Tage des Eingriffes nicht mehr rechtzeitig (zumal solchen Operationen gewöhnlich Untersuchungen vorausgehen, in deren Rahmen die erforderliche Aufklärung bereits erteilt werden kann, BGH MDR 1995, 159).

Im Übrigen soll die Selbstbestimmungsaufklärung über - auch gewichtige - Risiken eines gewöhnlichen Eingriffes in der Regel spätestens im Verlaufe des **Tages vor** dem Eingriff abgeschlossen sein (vgl. BGH NJW 1992, 2351, 2352; OLG Stuttgart aaO; Steffen/Dressler Rn. 409); wird der Patient aber am Vortage der Operation - für ihn überraschend - **erstmals** mit gravierenden weiteren Risiken des vorhablichen Eingriffes konfrontiert, die seine persönliche zukünftige Lebensführung zu beeinträchtigen vermögen, so kann die notwendige Entscheidungsfreiheit des Patienten unter Umständen nicht mehr gewährleistet sein (woraus die Unwirksamkeit der erklärten Bestätigung der früheren Einwilligung zu folgern wäre, BGH aaO; vgl. auch BGH MDR 1998, 716: Aufklärung erst am Vorabend der Operation reicht nicht aus, um die Entscheidungsfreiheit des Patienten zu gewährleisten, **wenn** in dem Aufklärungsgespräch **erstmals** ein erheblich belastendes Risiko des Eingriffes mitgeteilt wird).

Ist der Patient schon frühzeitig auf ein bestimmtes Risiko hingewiesen worden, so muss dieser Hinweis **nicht** fortlaufend **erneuert** werden; die einmal deutlich erteilte Risikoaufklärung lässt die gegebene Einwilligung selbst dann wirksam bleiben, wenn der Patient zwischenzeitlich das Krankenhaus verlässt, weil er sich vorerst nicht zu dem fraglichen Eingriff entschließen kann (OLG Köln MedR 1996, 78).

Die Einwilligung in die Anästhesie einerseits und diejenige in die Operation andererseits müssen **unterschieden** werden (s. unten **dd, (a)**); aus der Unterzeichnung der Einwilligungserklärung für die Anästhesie kann deshalb nicht zugleich auch das Einverständnis mit der Operation hergeleitet werden (BGH NJW 1998, 1784, 1785). Das Gespräch des Anästhesisten mit dem Patienten schließt regelmäßig den Prozess der Aufklärung ab (Kern/Laufs, S. 43). Für den Anästhesisten kann eine allgemeine Grundregel, möglichst schon einige Tage vor dem Eingriff aufzuklären, **nicht** gelten; hat sich der Patient in Ruhe für die Hauptbehandlung entschieden, so kann das Aufklärungsgespräch über die Narkose getrennt hiervon kurzfristig (etwa am Vorabend vor der Operation) erfolgen, **sofern** nicht das Risikoschwergewicht gerade auf dem Gebiete der Anästhesie liegt (BGH NJW 1974, 1422; Kern/Laufs, S. 43, 44; Hoppe NJW 1998, 782, 783 mwN; s. oben **aa**).

Die aufgrund einer verspäteten Aufklärung gegebene Einwilligung des Patienten muss aber **nicht immer** und nicht ohne weiteres als **un**wirksam behandelt werden; der zu spät aufgeklärte Patient hat im **Streitfalle** vielmehr seinerseits substantiiert darzulegen, weshalb ihn der späte Zeitpunkt in seiner Entscheidungsfreiheit und in seinem Selbstbestimmungsrecht beeinträchtigt habe (BGH MedR 1995, 20, 22; s. unten **III. 1. b aa**).

(4) Aufklärungsumfang und -intensität

Umfang und Intensität der Aufklärung stehen in enger **Wechselbeziehung** zu (sachlicher) Indikation und (zeitlicher) Dringlichkeit der jeweiligen medizinischen Maßnahme (vgl. OLG München NJW-RR 1994, 20; Bichlmeier JZ 1980, 53, 55). Als **Faustregel** gilt: je dringlicher sich ein Eingriff darstellt, desto relativ geringeren Anforderungen unterliegt die geschuldete Aufklärung (Kern/Laufs, S. 68). Bei einer relativen Indikation der Art, dass der Eingriff zwar medizinisch vertretbar, je nach dem Sicherheitsbedürfnis des Patienten aber zurzeit nicht unumgänglich sei, ist es erforderlich, die Besonderheiten der Indikation dem Patienten zu eröffnen und ihn darauf hinzuweisen, dass und mit welchem Risiko auch ein Aufschieben oder ein gänzliches Unterlassen der Operation möglich ist (BGH LM Nr. 170 Bl. 2 zu § 823 (Aa) BGB für einen Fall der Uterusentfernung). Bei diagnostischen Eingriffen ohne therapeutischen Eigenwert gilt eine erhöhte Aufklärungspflicht hinsichtlich der mit der Maßnahme verbundenen möglichen Gefahren, sofern der invasive Schritt nicht gerade dringend oder sogar vital indiziert ist (BGH VersR 1979, 720, 721; HandbuchArztR/Laufs, § 64 Rn. 8).

Nicht ein fiktiv-„verständiger", sondern stets der konkret-**individuelle Patient** bildet den Maßstab für die geforderte Aufklärung (BGHZ 106, 391, 399; Siebert MedR 1983, 216, 220). Diese richtet sich auch nach Intelligenz- und Bildungsstand des Patienten sowie nach dessen persönlichen Erfahrungen und Informationen aus der Krankenvorgeschichte (BGH VersR 1976, 293, 294; Laufs Rn. 208). Jedenfalls muss der Patient wissen, **worin** er einwilligt (BGH NJW 1990, 2929, 2930; Emmerich, § 21 Rn. 21; Kleinewefers/Sparwasser VersR 1990, 1205). Die Gefahr von Missverständnissen muss sicher **aus**geschlossen sein: auf den gegenüber dem ärztlichen Kollegen gebräuchlichen Fachjargon ist zugunsten einer dem Patienten verständlichen Redeweise möglichst zu verzichten (Putzo, S. 43); bei Patienten, die der deutschen Sprache nicht mächtig sind, ist eine sprachkundige Person hinzuzuziehen (vgl. OLG Düsseldorf NJW 1990, 771; Bergmann, S. 69; Schaffer VersR 1993, 1458, 1462; nach KG MedR 1999, 226, 227 ist der Arzt aber nicht verpflichtet, zur Übersetzung der von dem fremdsprachigen Patienten beschriebenen Symptomatik einen Dolmetscher hinzuzuziehen).

Jede Fehlannahme des Arztes über den wirklichen Aufklärungsbedarf des Patienten geht grundsätzlich und regelmäßig zu **seinen** Lasten; der Einwand des Mitverschuldens patientenseits (§ 254 BGB) kann im Bereiche des ärztlichen Aufklärungsmangels daher **nur** ganz **ausnahmsweise** durchgreifen (Nüßgens Rn. 138; Giesen Rn. 275; s. ferner unten **IX. b).**

(5) Aufklärungsformulare („Einwilligungsbögen")

Aufklärung und Patienteneinwilligung bedürfen (anders als im Falle der §§ 40 und 41 AMG) **keiner** bestimmten (insbesondere nicht der schriftlichen) Form (Schlund VersR 1993, 752, 753; Laufs NJW 1994, 1562, 1566).

In der klinischen Praxis werden indessen zunehmend sog. **Aufklärungsformulare** verwendet. Aushändigung an und Unterzeichnung eines solchen Bogens durch den Patienten (vom Standpunkte des Arztes aus ein Mittel der Dokumentation, s. Franzki MedR 1994, 177) können das einzelfallbezogen (vgl. BGH VersR 1994, 105, 106) erforderliche, letztlich allein entscheidende und damit unverzichtbare persönliche **Aufklärungsgespräch** aber lediglich vorbereiten und unterstützen, **nicht** jedoch ersetzen (sog. **Stufenaufklärung;** vgl. Nüßgens Rn. 96, 99; Kern/Laufs, S. 46; Giesen Rn. 334; Geigel/Schlegelmilch, 14. Kap. Rn. 221; Ulsenheimer Rn. 121; s. ferner BGHZ 90, 103, 110); in dem persönlichen Aufklärungsgespräch, das sich an die Aushändigung des Formulars oder eines Merkblattes anschließt, muss sich der Arzt auch darüber Gewissheit verschaffen, ob und dass der Patient den Inhalt der schriftlichen Hinweise wirklich verstanden habe (vgl. HandbuchArztR/Laufs, § 66 Rn. 13; Schaffer aaO, 1462). Lücken des verwendeten

Aufklärungsbogens können im Prozess von der Behandlungsseite durch Parteivernehmung ausgeglichen werden (OLG Oldenburg b. Röver MedR 1999, 69).

Nicht in jedem Falle gebietet das Erfordernis eines Aufklärungsgespräches auch eine mündliche Erläuterung der Risiken; bei Routinemaßnahmen kann der Arzt **ausnahmsweise** davon ausgehen, dass der Patient auf eine zusätzliche gesprächsweise Risikodarstellung keinen Wert lege; es kann genügen, wenn dem Patienten nach schriftlicher Aufklärung Gelegenheit zu weiterer Information durch ein Gespräch mit dem Arzt gegeben wird (so BGH JZ 2000, 898, 901; zust. Rehborn MDR 2000, 1101, 1106).

Das **AGBG** ist nach zutreffend erscheinender Anschauung (zum str. Meinungsstand s. die Nachweise bei Laufs, Rn. 164 Fn. 32) in diesem Zusammenhange **nicht** anwendbar, weil die formularmäßige Einwilligungserklärung des Patienten nicht zum Inhalt des schuldrechtlichen Vertrages werden soll (vgl. Laufs, 4. Aufl., Rn. 131 Fn. 20; HandbuchArztR/Laufs, § 66 Rn. 17; ferner Giesen JZ 1982, 391, 400 und Jungbecker MedR 1990, 173, 174 f, der zwischen „Aufklärungsbestätigung" und „Einwilligungserklärung" differenziert: die Klausel, in welcher der Patient formularmäßig bestätigt, „ordnungsgemäß aufgeklärt" worden zu sein, verstößt gegen das Verbot der nachteiligen Beweislastveränderung durch vorformulierte Tatsachenbestätigungen nach § 11 Nr. 15 b AGBG, s. dazu Niebling, S. 23 mwN). Hinsichtlich der sog. **Sektionsklausel** im Krankenhausvertrag hat die Rechtsprechung die Anwendbarkeit des AGBG auf die Einwilligungserklärung des Patienten bejaht (die Klausel soll nach dem Prüfungsmaßstab des § 9 Abs. 1 AGBG nicht zu beanstanden sein, BGH MDR 1990, 999, 1000; OLG Koblenz NJW 1989, 2950, 2951; zust. Niebling, S. 24; Deutsch NJW 1990, 2315 und Ehlers MedR 1991, 227, 230 wollen diese Klausel wegen ihres Überraschungscharakters an der Bestimmung des § 3 AGBG scheitern lassen). Für überraschend im Sinne von § 3 AGBG wird (auch) die Klausel in den Krankenhaus-Aufnahmebedingungen gehalten, wonach der Patient sein Einverständnis mit einer Blutuntersuchung auf AIDS erklärt (vgl. Niebling aaO).

EXKURS
Klinische Sektion

Neben den gesetzlich vorgesehenen Sektionen (innere Leichenschauen - Autopsien - gemäß den Ermächtigungen bzw. Anordnungen der §§ 87 ff StPO, § 26 Abs. 3 IfSG sowie 3 Abs. 2 FeuerbestG und entsprechender Vorschriften in den Bestattungsgesetzen der Länder) gibt es auch eine Reihe von gesetzlich nicht geregelten Sektionsarten (klinische Sektion, Sektion im Rahmen der gesetzlichen oder privaten Unfallversicherung, Verwaltungssektion für Zwecke der Erstellung der Mortalitätsstatistik, Privatsektion auf Wunsch der Angehörigen und anatomische Sektion durch Verwendung der Leiche im Rahmen der medizinischen Ausbildung). Die **klinische Sektion** dient der Aufklärung von Krankheits- und/oder Todesursachen und damit der Qualitätskontrolle und -sicherung der klinischen Diagnose und Therapie. Als Eingriff in das nach dem Tode fortwirkende Persönlichkeitsrecht bedarf die Sektion grundsätzlich entweder der lebzeitig erklärten und noch gültigen Zustimmung durch den Verstorbenen selbst **oder** des Einverständnisses der über den Verlauf der Sektion aufgeklärten nächsten Angehörigen, denen das Totensorgerecht als sonstiges Recht im Sinne des § 823 Abs. 1 BGB zusteht. Der zu Lebzeiten von dem Verstorbenen geäußerte (positive oder negative) Wille geht einer abweichenden Vorstellung der Angehörigen **vor**, es sei denn, der Verstorbene hatte das Sektionsverbot in Schädigungsabsicht ausgesprochen (vgl. zum Ganzen und zu den im Einzelnen unterschiedlichen Auffassungen Rieger Rn. 1674 ff mN; Laufs Rn. 257 ff; Deutsch Rn. 405 ff; Funke, S. 53; Haas NJW 1988, 2929, 2930 f; aus der Rspr. s. BGHZ 9, 145, 149 und OLG München NJW 1976, 1805). **Keinen** Rechtfertigungsgrund für die Sektion bildet die drohende haftungsrechtliche Inanspruchnahme des Arztes als solche; verweigern die Angehörigen aber trotz entsprechend eingehender Hinweise ihre Zustimmung zu der Öffnung des Leichnams, so geht im Streitfalle ein durch die Nichtöffnung verursachter prozessualer Beweisnotstand des Arztes zu Lasten der Verfahrensgegner (Rieger Rn. 1680 mN). Wird der Verstorbene trotz fehlender lebzeitiger Einwilligung oder ohne die Zustimmung der Totensorgeberechtigten seziert, so kann für die Angehörigen im Falle einer hierdurch erlittenen Gesundheitsbeschädigung aufgrund kausalen psychischen Schadensgeschehens ein Schmerzensgeldanspruch nach §§ 823, 847 BGB in Betracht kommen (vgl. Zimmermann NJW 1979, 569, 574, 575).

dd) Aufklärungsarten

Die ärztliche Aufklärung hat **nicht** etwa eventuelle Behandlungsfehler und deren Schadensfolgen zum Gegenstand (s. oben **aa**); der Patient soll vielmehr über Grund, Inhalt, Verlauf und etwaige Risiken der fachgerechten medizinischen Behandlung **informiert** werden (BGH MDR 1986, 41; Schaffer VersR 1993, 1458, 1461).

Im Näheren werden insoweit die nachfolgend dargestellten **Kategorien** unterschieden.

(1) Befund- und Diagnoseaufklärung

Der Patient soll grundsätzlich über den medizinischen **Befund** (d.h. die ärztlichen Feststellungen zum status präsens, wobei die Schriftzeichen „o.B." für „ohne Befund" stehen und bedeuten, dass die Untersuchung nicht zur Aufdeckung von krankhaften Veränderungen geführt hat) informiert werden (Laufs Rn. 202; Giesen Rn. 256). Befund und Diagnose **muss** der Arzt aber jedenfalls dann mitteilen, **wenn** der Patient sich ausdrücklich hiernach erkundigt; ein Gleiches gilt, wenn der Patient erkennbar eine wichtige persönliche Entscheidung (Eheschließung, Mutterschaft, Berufswahl und ähnl.) von der Kenntnis seines Zustandes und/oder dessen voraussichtlicher Entwicklung abhängig macht (Franzki, S. 18, 19; Rieger Rn. 279).

Der niedergelassene Gynäkologe ist bspw. **nicht** verpflichtet, generell ungefragt und ohne medizinischen Anlass der von ihm betreuten Schwangeren im Hinblick auf das potentielle Problem einer Fehlbildung des Fetus die Grenzen seiner eigenen diagnostischen Möglichkeiten zu erläutern und die Patientin auf weitergehende pränatale Diagnosemöglichkeiten in speziellen Einrichtungen zu verweisen (OLG Karlsruhe VersR 1993, 705, 706).

Der Arzt muss den Patienten bei der Eröffnung schwer- und schwerstwiegender Diagnosen **schonen**; er darf ihn nicht unnötig noch zusätzlich belasten (OLG Köln NJW 1988, 2306): es entspricht der Erfahrung des Lebens und den Erkenntnissen der Medizinwissenschaft, dass es sich bspw. bei der Mitteilung der Diagnose „Krebs" um eine existentielle Aussage handelt, die zu Schockreaktionen mit panischem Verhalten sowie zu (nur schwer korrigierbaren) Todes-, Verlust- und Trennungsängsten führen kann (OLG Braunschweig VersR 1990, 57, 58 mN). In gewissen Grenzen wird der Arzt deshalb eine unvollständige oder indirekte Auskunft erteilen dürfen, wenn dem Patienten aus ärztlicher Verantwortung heraus die volle Wahrheit nicht zugemutet werden kann (Franzki, S. 19; vgl. BGHZ 29, 176, 182 f: bei Besorgnis ernster und nicht behebbarer Gesundheitsschäden). In ganz seltenen Ausnahmesituationen wird die Pflicht zur Aufklärung aufgrund zwingender therapeutischer Erwägungen auch ganz entfallen können (sog. therapeutisches Privileg des Arztes; dazu BGH NJW 1972, 335, 337; HandbuchArztR/Laufs, § 64 Rn. 19 ff).

Anders wiederum verhält es sich aber dann, wenn der Patient seine Zustimmung zu der für erforderlich angesehenen medizinischen Maßnahme explizit von der wahrheitsgemäßen Mitteilung sämtlicher Diagnosedaten abhängig macht (Rieger Rn. 279); oder wenn die Mitteilung der Diagnose notwendig ist, um dem Patienten die Dringlichkeit der gebotenen operativen, radiologischen oder chemotherapeutischen Behandlung vor Augen zu stellen (Franzki VersR 1982, 717).

(2) Verlaufsaufklärung

Der Patient muss darüber aufgeklärt werden, **wie** sich seine Krankheit voraussichtlich in unbehandelter Form weiterentwickeln werde, **welche** Behandlungsmaßnahmen bei welchen gegebenen Alternativmöglichkeiten beabsichtigt seien und **wie** sich die gesundheitliche Situation nach Durchführung der vorgeschlagenen Behandlung gestalten werde oder könne (Giesen Rn. 256; Deutsch Rn. 114). Grundsätzlich muss der Arzt den Patienten gegebenenfalls **auch** darüber informieren, dass er ihn mit einem Placebo (s. oben **5. c cc**) behandeln wolle; diese Pflicht kann im Einzelfall aber insoweit eingeschränkt sein, als es im Interesse des Patienten geboten erscheint (Rieger Rn. 1367; s. auch OLG Hamm vom 03.08.1988 = NStE Nr. 2 zu § 226 a StGB, wo von einer „heilsamen Täuschung" gesprochen wird, die die gegebene Einwilligung „nicht entwertet").

(3) Eingriffsaufklärung („Selbstbestimmungsaufklärung")

Nur durch die ärztliche Aufklärung kann erreicht werden, dass auch im Heilwesen die **Selbstbestimmungsfreiheit** des Patienten als einer Persönlichkeit (Art. 1 Abs. 1 GG) und sein Recht auf körperliche Unversehrtheit (Art. 2 Abs. 2 GG) gewährleistet sind („Patientenautonomie").

(a) Selbstbestimmung

Vor **jedem Eingriff** in die körperliche Unversehrtheit (von der Venenpunktion zum Zwecke der Blutentnahme über die Injektion, medikamentöse Einwirkung, Bestrahlung und Operation etc.; vgl. LG Köln NJW 1995,1621, 1622: auch jede **diagnostische** Maßnahme, die ohne wirksame Einwilligung vorgenommen wird, bedeutet einen Verstoß gegen das Selbstbestimmungsrecht des Patienten; s. unten **(c)**) ist Aufklärung geboten und geschuldet. Durch sie soll dem Patienten die ärztliche Maßnahme hinsichtlich ihrer Indikation, ihrer Art und Schwere, ihrer Bedeutung und Tragweite, ihrer Erfolgsaussichten und etwaigen spezifischen Gefahren einschließlich eventueller Belastungserscheinungen, potentieller Folgeschäden und eines nicht als bekannt vorauszusetzenden Narkose- oder Infektionsrisikos dergestalt vor Augen geführt werden, dass ihm unter dem Blickwinkel der Abwägung des gegebenen Für und Wider auf der Basis einer zutreffenden Vorstellung über den medizinischen Sachverhalt eine verständige, eigenverantwortliche **Entschließung** ermöglicht wird (vgl. BGH NJW 1971, 1887, 1888; BGH NJW 1981, 630, 631; BGH MDR 1984, 565, 566; BGH NJW 1989, 1533, 1535; OLG Köln VersR 2000, 1509, 1510; Deutsch Rn. 111, 120; Rehborn, S. 237, 238; Franzki, S. 20; Schaffer VersR 1993, 1458, 1459; zur sog. Grundaufklärung s. unten **9. a bb (4)**).

Auch **zeitliche** Faktoren haben für die Entscheidung des Patienten eine maßgebliche Bedeutung. Zu einer ordnungsgemäßen Aufklärung gehört immer auch die zutreffende Information darüber, **wie dringlich** der angeratene Eingriff sei; der Patient hat ein Recht darauf zu erfahren, ob eine sofortige Operation zur Verhinderung schwerer Gesundheitsgefahren angezeigt ist oder ob er noch (gegebenenfalls wie lange) zuwarten kann, um sich nach Lebensumständen und Bedürfnissen seinen Entschluss gründlich überlegen zu können, sich eventuell anderweitig beraten zu lassen und einen ihm passend erscheinenden Operationstermin in einem Krankenhaus seiner Wahl auszusuchen (BGH NJW 1990, 2928 mN). Hinsichtlich der Zeitdauer einer Operation oder einer Therapie kann der Arzt im Vorhinein lediglich gewisse Erfahrungswerte für den „Normalfall" mitteilen; der tatsächliche zeitliche Rahmen bestimmt sich alleine nach den konkreten medizinischen Erfordernissen einer lege artis durchgeführten Behandlung, so dass die Überschreitung der von dem Arzt zunächst genannten voraussichtlichen Operations- und

Krankenhausverweildauer den Eingriff nicht rechtswidrig machen kann (vgl. OLG Bremen NJW 1991, 2969, 2970).

(b) Ärztlicher Erfahrungsumfang - Apparative Klinikausstattung

Ungefragt ist der Arzt **nicht** verpflichtet, dem Patienten den (unter Umständen geringen) Umfang seiner eigenen beruflichen Erfahrung zu offenbaren (Franzki MedR 1984, 166, 167; **anders** OLG Köln VersR 1982, 453, 454 und ähnlich Müller-Graff JuS 1985, 352, 357 hinsichtlich eines Assistenzarztes in der Facharztausbildung, der zum ersten Male eine Lymphdrüsenexstirpation vorgenommen hat; hierzu führt der BGH in NJW 1984, 655 ff aus: in Frage steht solchenfalls **nicht** in erster Linie die mangelnde **Aufklärung** des Patienten über ein hierdurch gesteigertes Operationsrisiko, **sondern** ein dem für die Übertragung der Maßnahme auf den unerfahrenen Arzt verantwortlichen Chef- oder Oberarzt zur Last fallender **Behandlungsfehler**; die haftungsrechtliche Verantwortlichkeit des ausführenden Assistenzarztes hängt insoweit davon ab, ob er nach den bei ihm vorauszusetzenden Kenntnissen und Fähigkeiten gegen die selbständige Übernahme der Operation durch ihn hätte Bedenken anmelden und notfalls die Durchführung des Eingriffs ohne Anleitung und Beaufsichtigung hätte sogar ablehnen müssen; zust. Deutsch NJW 1984, 650: weder der Krankenhausträger noch der Arzt sind verpflichtet, den Patienten auf den Stand der Ausbildung des behandelnden Arztes hinzuweisen, sofern bei und während der Behandlung durch einen Anfänger wegen der ständig präsenten Hilfestellung eines Facharztes keine wesentlich erhöhte Gefahr gegeben ist). Da die geschuldete Qualität der Behandlung bei Erfüllung der organisatorischen und aufsichtlichen Anforderungen durch den Abteilungschef und den Krankenhausträger nicht verkürzt wird, muss der Patient **nicht** eigens über die Mitwirkung eines noch in Aus- oder Weiterbildung befindlichen Arztes aufgeklärt werden (OLG Oldenburg MDR 1998, 47 mN).

Wird der Patient **nicht** auf die fehlende Facharztqualifikation des die Narkose versehenden Arztes hingewiesen, so begründet dies allein noch **keinen** Aufklärungsverstoß; denn das mit der Einteilung eines nicht hinreichend qualifizierten Arztes gegebenenfalls verbundene Behandlungsrisiko kann und darf nicht durch Aufklärung bewältigt, es muss vielmehr insgesamt vermieden werden (OLG Zweibrücken MedR 1989, 96, 98 mN; **anders** Musielak JuS 1977, 87, 88: von Notsituationen abgesehen muss dem Patienten die Alternative vorgestellt werden, dass er entweder in die Narkoseführung durch einen Nichtfachanästhesisten einwilligen oder in eine andere Klinik überwiesen werden könne, die über Fachanästhesisten verfüge; wird der Patient nicht in diesem Sinne informiert, so geschieht der durch den Nichtfacharzt vorgenommene Narkoseeingriff in die Körperintegrität des Patienten ohne wirksame Zustimmung).

Die Pflicht zur Aufklärung bezieht sich grundsätzlich auch **nicht** auf frühere eigene Behandlungsfehler und –versäumnisse des Arztes; es sei denn, der Patient muss über einen weiteren Eingriff informiert werden, der zur Korrektor eines unterlaufenen Fehlers medizinisch geboten ist (Scholz, S. 46, 58).

Die Pflicht zur Aufklärung bezieht sich **nicht** darauf, dass in der Klinik mangels optimaler Ausstattung nicht die modernsten Methoden angewendet werden können oder dass in anderen Krankenhäusern eventuell modernere Apparaturen zur Verfügung stehen, **wenn** und **soweit** dem Patienten der jeweils zu fordernde medizinische Standard geboten wird und **wenn** eine anderweitige Behandlung in Ansehung der konkreten Fallumstände nicht dringend erforderlich erscheint (vgl. BGHZ 102, 17, 24, 25; OLG Köln VersR 1999, 847, 848; Steffen/Dressler, Rn. 383; ferner Pflüger MedR 2000, 6 ff, 9 zu der von ihm so bezeichneten „Qualitätsaufklärung": eine generell-obligatorische Aufklärung über struktur- und finanzierungsbedingte Unterschiede der Behandlungsqualität im Quervergleich zu anderen Krankenhäusern ist abzulehnen).

Eine allgemeine Verpflichtung, den Patienten über den geplanten Einsatz telemedizinischer Methoden aufzuklären (und eine entsprechende Einwilligung einzuholen) besteht **nicht** (Pflüger VersR 1999, 1070, 1071).

(c) Diagnoseeingriff

Jede diagnostische Maßnahme, die sich als **Eingriff** in die Körperintegrität des Patienten darstellt (s. oben **(a)**), ist rechtlich eine (den allgemeinen rechtlichen Grundsätzen für ärztliche Heileingriffe unterliegende) Heilbehandlung (Uhlenbruck NJW 1981, 1294, dort auch im Näheren zu dem sog. Kontrastmittelzwischenfall).

Bei einem Diagnoseeingriff muss der Arzt auch darüber aufklären, ob der Patient nicht nur vorübergehende physische und/oder psychische Unannehmlichkeiten, sondern darüber hinaus erhebliche **Schmerzen** zu erdulden haben werde (Ankermann, in: Anm. zu BGH LM Nr. 67 zu § 823 (Aa) BGB). Bei diagnostischen Eingriffen ist die Einwilligung weiters nur dann wirksam, wenn der Patient weiß, welchen sämtlichen **Zwecken** die Maßnahme dienen soll (OLG Stuttgart VersR 1981, 342, 343; Eberbach NJW 1987, 1471). Das undifferenzierte Einverständnis des Patienten mit einer **Blutentnahme** zu Diagnosezwecken beschränkt sich grundsätzlich auf die medizinisch indizierten serologischen Untersuchungen zur differentialdiagnostischen Abklärung der Ursachen eines bestimmten Beschwerdebildes oder zur Vorbereitung und Durchführung der einzuleitenden konkreten Therapie. Sucht der Patient den Arzt oder das Krankenhaus auf, um eine nur schwer zuzuordnende, objektiv den Verdacht auf AIDS (hierfür kann die Zugehörigkeit des Patienten zu einer der bekannten Risikogruppen einen wichtigen Hinweis liefern) einschließende Symptomatik medizinisch abklären zu lassen oder erteilt er einen generellen und eine allgemeine Blutanalyse umfassenden Untersuchungsauftrag („check-up"), so muss er den HIV-Antikörpertest („AIDS-Test") unmissverständlich ausschließen, sofern er diese Untersuchung nicht durchgeführt wissen will; andernfalls rechtfertigt sich regelmäßig die Annahme der schlüssig erklärten Einwilligung in die Durchführung auch dieses Testes (vgl. Laufs Rn. 229; Eberbach aaO, 1470; Laufs/Laufs NJW 1987, 2257, 2263; Laufs/Narr MedR 1987, 382; Deutsch VersR 1988, 533, 535). Ein ausdrückliches Einverständnis mit der Vornahme des HIV-Antikörpertestes ist hingegen stets erforderlich, wenn der Schutz des klinischen Personals (etwa im Hinblick auf bevorstehende chirurgische oder orthopädische Eingriffe) die Blutuntersuchung angezeigt erscheinen lässt (Laufs/Narr aaO; Uhlenbruck MedR 1996, 206, 207); wegen eines vergleichbaren Diagnose-Interesses aus dem Blickwinkel dritter Personen gilt Entsprechendes auch bei Blut- und Milchspendern (Laufs/Laufs aaO, 2263). Angesichts der nicht immer ganz zweifelsfreien Rechtslage hinsichtlich des Einwilligungserfordernisses bei dem sog. AIDS-Test **empfiehlt** es sich dringend, in jedem Falle die ausdrückliche Einwilligung des Patienten einzuholen (Uhlenbruck aaO, 206). Die Einwilligung in eine Blutentnahme ist im Übrigen rechtsunwirksam, wenn sie dadurch erschlichen wird, dass der Arzt den Patienten absichtlich über den vorgesehenen HIV-Antikörpertest hinwegtäuscht (Eberbach aaO, 1470, 1471).

(d) Behandlungsmethode - Behandlungsalternative

Es ist **nicht** Sinn und Zweck der medizinischen Aufklärung, die Entscheidung über die Behandlungsweise dem Patienten zu überantworten; die Wahl der Behandlungsmethode (die Entscheidung über das medizinische Verfahren) ist vielmehr primär und genuin Angelegenheit des **Arztes** selbst (BGHZ 102, 17, 22; Scholz, S. 44; ders. MDR 1996, 649, 651; Laufs/Hiersche NJW 1993, 2375): vorbehaltlich der Abstimmung mit dem Patienten ist stets **er** der „Herr der Behandlung" (BGH VersR 1972, 1075, 1076; Laufs NJW 1999, 1717, 1718: die Therapiefreiheit des Arztes korreliert mit der Entschlussfreiheit des Patienten).

Der Arzt muss zwar **nicht unbedingt** das jeweils neueste Therapiekonzept vorlegen; eine bestimmte Behandlungsmethode entspricht aber dann und von demjenigen Zeitpunkte an **nicht mehr** dem einzuhaltenden Qualitätsstandard, wenn und von dem ab neue Methoden zur Verfügung stehen, die risikoärmer oder für den Patienten weniger belastend sind und/oder bessere Heilungschancen versprechen und in der medizinischen Wissenschaft im Wesentlichen unumstritten sind (BGH VersR 1992, 238, 239 mN; OLG Hamm NJW 2000, 3437 - LS zum sog. Venenstripping nach Babcock als einer im Zeitpunkte ihrer Anwendung noch dem medizinischen Standard entsprechenden traditionellen Operationstechnik).

Der Arzt ist von Rechts wegen auch **nicht** stets und bedingungslos auf die Regeln und Methoden der sog. **Schulmedizin** (zu diesem Begriff s. Rieger Rn. 1563) verpflichtet (in der Wahl des verantworteten medizinischen Vorgehens ist er vielmehr **frei**, muss aber immer so weit sachkundig sein, dass er Vor- und Nachteile der praktizierten Methode gegenüber dem eingeführten und anerkannten Verfahren zu definieren und abzuwägen weiß, s. dazu Laufs NJW 1984, 1383 ff; Laufs/Reiling JZ 1992, 105; zu paramedizinischen Heilkunstverfahren vgl. Wölk MedR 1995, 492, 493); Besonderheiten des konkreten Behandlungsfalles können im Gegenteil sogar ein **Abweichen** von der Schulmethode erfordern (vgl. Steffen/Dressler Rn. 174). Die Freiheit der Methodenwahl findet aber dort ihre **Grenze**, wo ein Vergleich der Erfolgsaussichten konkurrierender Behandlungsweisen die klare Überlegenheit eines bestimmten Verfahrens ergibt; dieses Verfahren sodann nicht anzuwenden, stellt einen **Behandlungsfehler** dar, der auch durch die Einwilligung des Patienten nicht ausgeschlossen wird (Rumler-Detzel VersR 1989, 1008, 1009 mN).

Regelmäßig darf der Arzt davon ausgehen, dass der Patient seiner Entscheidung zur Methode vertraut und insoweit keine eingehende Unterrichtung über fachliche Einzelfragen erwartet; stehen indes für eine medizinisch sinnvolle und indizierte Therapie **alternativ** mehrere Behandlungsmethoden zur Verfügung, die zu jeweils unterschiedlichen Belastungen des Patienten führen oder unterschiedliche Risiken und Erfolgschancen mit sich bringen (z.B. konservative Behandlung als **Alternative** zu einem operativen Eingriff; palliative im Verhältnis zur kurativen Operation, OLG Stuttgart b. Schulte MedR 1996, 269) und besteht deshalb für den Patienten eine echte **Wahlmöglichkeit**, dann muss der Arzt dem Patienten auch die entsprechende Aufklärung zuteil werden lassen, um ihm so die Entscheidung darüber zu ermöglichen, auf welchem Wege die Behandlung erfolgen soll und auf welche Risiken er sich einlassen will (BGHZ 102, 17, 22; BGH NJW 1988, 765, 766). Die obligatorische Aufklärung über bestehende Behandlungsalternativen ist aber immer davon **abhängig**, dass diese aufgrund der durchgeführten und bekannten Befunderhebungen gleichermaßen auch **indiziert** sein würden (OLG Koblenz b. Röver MedR 2000, 322).

Dem Patienten ist es unbenommen, den Arzt über die etwaige Existenz neuer oder überlegener Behandlungsmöglichkeiten zu **befragen**; er hat sodann Anspruch auf vollständige und wahrheitsgetreue Auskunft (BGHZ 102, 17, 27). Kommt ein operativer Eingriff in Betracht, der auch ambulant durchgeführt werden kann, so ist der Patient über die damit im Vergleich zur stationären Operation bestehenden unterschiedlichen Gegebenheiten und Risiken (vor allem in der postoperativen Phase) eingehendst zu informieren (Schaffer VersR 1993, 1458, 1461).

Der Arzt muss ferner schon dann auf die Möglichkeit einer **anderen** Behandlung hinweisen, wenn ernsthafte Stimmen in der medizinischen Wissenschaft - wegen damit verbundener Gefahren - gewichtige Bedenken **gegen** eine zum Standard gehörende Behandlung äußern, ohne dass eine diesbezügliche wissenschaftliche Diskussion bereits zu allgemein akzeptierten Ergebnissen geführt haben müsste (vgl. BGH VersR 1978, 41, 42 f; BGH NJW 1996, 776, 777: Gefahr einer tiefen Beinvenenthrombose bei Verordnung eines Gehgipses; BGH JZ 2000, 898, 900: diese Grundsätze gelten entsprechend auch dann, wenn wegen veränderter Impfsituation Zweifel an der Notwendigkeit einer bestimmten Aktivimpfung aufgekommen sind).

Der Grundsatz der freien ärztlichen Methodenwahl korrespondiert mit dem Prinzip der weitestmöglichen **Anwendungssicherheit** im konkreten Behandlungsfall; wählt der Arzt daher die Anwendung einer **Außenseitermethode**, so muss er den Patienten in besonders eingehender Weise über das Für und Wider dieses Verfahrens sowie über die äußeren Rahmenbedingungen und deren Erfüllung in dem praktizierten Fall aufklären, die für einen Erfolg der Maßnahme notwendig sind (OLG Düsseldorf VersR 1991, 1176, 1177 zu einem Fall der Küntscher-Marknagelung; Geiß/Greiner, B. Rn. 36). Der Patient, der sich einer medizinischen **Außenseitermethode** anvertrauen soll, muss umfassend über das zur Anwendung kommende Verfahren und gegebenenfalls darüber, dass es von der Schulmedizin als empirisch zweifelhaft oder als untauglich abgelehnt werde, unterrichtet werden (OLG Koblenz NJW 1996, 1600, 1601; OLG Stuttgart VersR 1999, 1027, 1028). Bei entsprechender wissenschaftlicher Erprobtheit kann im Einzelfalle selbst der Einsatz eines nicht (mehr) oder nur für einen beschränkten Indikationsbereich zugelassenen **Arzneimittels** geboten sein (s. oben **8.**); unabdingbar muss der Patient jedoch hierüber **aufgeklärt** werden (BGH NStZ 1996, 34; Ulsenheimer NStZ 1996, 132, 133).

Schlägt der Arzt eine bestimmte Therapie vor, so liegt aus der Sicht des Patienten darin **zugleich** die stillschweigende Erklärung, dass diese die für den konkreten Fall allein oder vornehmlich geeignete und erfolgversprechende Art des Vorgehens sei; zur Vermeidung von Fehlvorstellungen ist der Arzt daher verpflichtet, den Patienten darüber zu unterrichten, **wenn** sonstige abweichende Behandlungsverfahren zur Verfügung stehen (OLG München, Urteil vom 06.11.1986, Az. 1 U 3538/86).

Die Auswahl der **Entbindungsmethode** obliegt dem geburtsleitenden Arzt auf der Grundlage der gegebenen Indikation (Bender NJW 1999, 2706): wenn diese Art der Entbindung medizinisch nicht indiziert ist und deshalb keine echte Alternative zur vaginalen Geburt darstellt, muss der Arzt die Patientin **nicht** von sich aus über die Möglichkeit einer **Sectio** sowie deren Risiken für Mutter und Kind aufklären; drohen dem Kinde jedoch für den Fall einer Vaginalentbindung (angesichts z.B. einer bestehenden Beckenendlage oder wegen erheblicher Anzeichen für ein zumindest relatives Kopf-Becken-Missverhältnis) ernst zu nehmende Gefahren und sprechen daher gewichtige Gründe für eine **Schnittentbindung**, so muss der geburtsleitende Arzt die Mutter über die für sie und das Kind gegebenen Risiken aufklären und sich ihrer Einwilligung in besonderer Weise versichern, wenn er die (fachlich an sich noch verantwortbare) Entbindung auf vaginalem Wege wählt (vgl. zum Ganzen: BGH NJW 1989, 1538, 1539; BGHWarn 1993 Nr. 15; OLG Köln MedR 1996, 78; OLG Zweibrücken VersR 1997, 1103, 1105; das gilt auch im Verhältnis zu einer Mehrfachgebärenden, OLG Oldenburg MedR 1996, 128-LS); die Einwilligung der Mutter entfaltet Rechtswirksamkeit **auch** im Hinblick auf die Risiken des Geburtsablaufes für das **Kind** (bei fehlender Einwilligung dagegen ist der Arzt auch dem Kinde für Verletzungen in der Geburtsphase deliktisch haftbar, BGH aaO, 1539, 1540; Franzki VersR 1990, 1181, 1185). Im Hinblick auf eine spätere geburtsvorgangsbedingte Einwilligungsunfähigkeit der Gebärenden ist der Arzt verpflichtet, in allen Fällen, in denen die ernsthafte Möglichkeit besteht, dass während der Geburt eine Situation eintreten werde, in der eine normale vaginale Entbindung kaum noch in Betracht kommt und eine Schnittentbindung notwendig oder wenigstens zu einer echten Alternative wird, rechtzeitig **vorher** die für diesen Fall erforderliche Aufklärung vorzunehmen und die vorsorgliche Einwilligung der Patientin einzuholen (BGH NJW 1993, 2372, 2374; Bender aaO, 2708). **Wünscht** die Schwangere die Anwendung einer Methode, die jedenfalls nicht in erster Reihe angezeigt ist, so hat der Arzt auf deren Risiken hinzuweisen und die Vorzugswürdigkeit des anderen Weges darzutun (das ist eine Kombination der Pflichten zur Selbstbestimmungs- und zur therapeutischen Aufklärung, s. Laufs Rn. 196).

Ist die von dem Arzt vorgeschlagene Behandlungs**methode** fachlich **umstritten**, so muss der Patient hierüber eigens aufgeklärt werden (BGH NJW 1978, 587; BGHZ 102, 17, 22). Einer besonders intensiven Aufklärung bedarf es ferner bei der Anwendung **neuartiger** Behandlungsmethoden (zumal wenn diese experimentähnlichen Charakter besitzen, dazu Rieger Rn. 259). Bei der Durchführung eines **Heilversuches** (s. oben **I. 2. c**) muss die Aufklärung als erstes und wichtigstes darüber informieren, dass es sich **nicht** um eine

Standardtherapie, sondern um ein noch ungesichertes Verfahren handele (Deutsch Rn. 540 mn; Rehborn, S. 168, 169).

(e) **Behandlungsrisiken**

Bei der Verordnung eines aggressiv wirkenden **Medikamentes** muss der Arzt den Patienten über schädliche Nebenwirkungen instruieren; entsprechende Informationen, die in dem von dem Hersteller verfassten Beipackzettel enthalten sind, hat der **Arzt** dem Patienten weiter zu vermitteln (BGH NJW 1982, 697, 698; HandbuchArztR/Laufs, § 62 Rn. 11). Der dem Medikament beigegebene Beipackzettel kann die erforderliche ärztliche Aufklärung nicht ersetzen: im Bereiche der Arzneimitteltherapie umfasst die gebotene „Selbstbestimmungsaufklärung" vielmehr alle arzneimitteltypischen Risiken (vgl. Bergmann S. 115). Obwohl die Packungsbeilage in erster Linie seiner Information dient (Deutsch Rn. 820), ist der Patient im Interesse des Selbstbestimmungsrechts auf die erläuternden ergänzenden mündlichen Aufschlüsse durch den behandelnden Arzt angewiesen (HandbuchArztR/Laufs aaO; einschränkend LG Dortmund vom 06.10.1999 b. Rehborn MDR 2000, 1101, 1106 m. Fn. 62; vgl. auch oben **8. a, bb (10)**).

Grundsätzlich und regelmäßig darf der Arzt voraussetzen, dass der Patient die mit jeder größeren (unter Narkose vorgenommenen) **Operation** verbundenen **allgemein-bekannten** Gefahren oder Folgen von sich aus ohnehin und ohne weiteres von vorneherein in Rechnung stellt; über sie braucht er den Patienten deshalb **nicht** besonders aufzuklären (dazu zählen etwa: die Möglichkeit des Auftretens einer Nachblutung, einer Thrombose bei Immobilisation, einer Wundinfektion, einer Thromben- oder Fettembolie, vorübergehende Bewegungseinschränkungen, das Auftreten von Schmerzen und das Entstehen von Narben oder eines durch den Eingriff bedingten Narbenbruches, vgl. dazu BGH NJW 1986, 780; BGH MedR 1991, 140, 141; Geiß/Greiner, C.-Rn. 47; Nüßgens Rn. 113; Hollmann NJW 1973, 1393, 1395; Bergmann/Kienzle VersR 1999, 282, 283; ferner das Abbrechen der Nadelspitze beim Legen der Subcutannaht während des Wundverschlusses am Ende der Operation und die intraoperativ medizinisch vertretbare Entscheidung über das Belassen des Fremdkörpers in einem Bereiche, in dem und von dem aus er keine Komplikationen verursachen kann, OLG Oldenburg MedR 1995, 326, 327: der Patient ist aber **nach** der Operation auf den im Körper belassenen Fremdgegenstand als eine potentiell relevante Störung hinzuweisen; in diesem Sinne auch OLG Stuttgart VersR 1989, 622, 623); in all diesen Fällen ist die Aufklärung aber **gleichwohl** dann erforderlich, wenn für die betreffende Maßnahme keine medizinische Indikation besteht (Giesen Rn. 263 Fn. 343) oder wenn der Arzt Zweifel hat oder haben muss, dass dem Patienten diese allgemeinen Risiken von sich aus bekannt seien (Giesen Rn. 307).

Allgemein bekannt ist zwar auch, dass bei einem chirurgischen Eingriff entstandene größere Blutverluste (intra- oder postoperativ) nötigenfalls durch eine Bluttransfusion ausgeglichen werden müssen; weil und solange die Gefahr einer Infektion mit Hepatitis oder dem HIV durch die Transfusion von Fremdblut nicht ausgeschlossen werden kann, muss der Patient jedoch rechtzeitig vor der Operation auf die Möglichkeit der **Eigenblutspende** als Alternative zur Transfusion von fremdem Spenderblut hingewiesen und es muss mit ihm abgestimmt werden, ob die etwaige Transfusion mit eigenem oder mit fremdem Blute vorgenommen werden soll (BGH MDR 1992, 233, 234; OLG Hamm VersR 1995, 709, 710; die Alternative einer Eigenblutspende kann im Einzelfalle allerdings kontraindiziert sein, etwa dann, wenn aus schwerem Brandverletzungen ein niedriger Hämoglobingehalt resultiert, OLG Köln b. Röver MedR 1998, 175). Nach einer Gelenksinjektion oder –punktion besteht das Risiko, an einem Infekt zu erkranken, der bei ungünstigem Verlauf sogar zu einem Verlust der Gelenksfunktion führen kann; da der Patient mit einer solchen Gefahr **nicht** ohne weiteres rechnet, muss ihn der Arzt vor der Injektion oder Punktion über das Infektionsrisiko (BGH NJW 1994, 2414) sowie über die Gefahr einer Gelenkversteifung als deren Folge aufklären (BGHZ 106, 391, 395; OLG Düsseldorf NJW-RR 1998, 170, 171).

Der durch einen Bandscheibenvorfall vorgeschädigte Patient muss vor chirotherapeutischen **Eingriffen** darüber aufgeklärt werden, dass es im Anschluss an die Behandlung auch zu einer Verschlimmerung der Beschwerden kommen könne, weil selbst die fehlerfreie Durchführung der Chirotherapie eine Verlagerung von Bandscheibengewebe und in deren Folge eine spinale Wurzelkompression bewirken könne (OLG Stuttgart VersR 1998, 637). Bei einer Leistenbruchoperation ist der Patient über das Risiko einer Hodenathrophie als Dauerschädigung und darüber aufzuklären, dass durch den Eingriff im Bruchbereich verlaufende Nerven verletzt und dadurch Leistenschmerzen ausgelöst werden können, die in seltenen Fällen chronisch werden (OLG Stuttgart VersR 1998, 1111, 1112, 1113).

Generelle Voraussetzung der ärztlichen Pflicht zur Aufklärung ist es im Übrigen, dass das betreffende Risiko nach dem Stand der medizinischen Erfahrung im Zeitpunkte der Behandlung **bekannt** ist (BGH VersR 1990, 522, 523); bekannt in diesem Sinne sind auch solche mit einer Behandlung verbundene Gefahren, auf die immerhin ernsthafte Stimmen in der medizinwissenschaftlichen Diskussion hinweisen (BGH NJW 1996, 776, 777 mN). Liegt diese Voraussetzung vor, so sind Behandlungsrisiken und -gefahren **auch dann** aufklärungspflichtig, wenn sie im ärztlichen Schrifttum als nur vereinzelt beobachtet beschrieben werden bzw. tatsächlich nur sehr selten auftreten. Hierbei kommt es nicht darauf an, ob im konkreten Falle überhaupt eine erfolgversprechende Behandlungsalternative zur Verfügung steht oder nicht; denn nicht ein bestimmter Grad der Komplikationsdichte (insbesondere nicht eine bestimmte Statistik), sondern die **Bedeutung** des mit einer Maßnahme spezifisch verknüpften - wenn auch sehr selten - **Risikos** (das im Realisierungsfalle die Lebensführung besonders belasten würde) für die Entschließung des Patienten entscheidet über die Aufklärungsbedürftigkeit (vgl. BGH JR 1985, 65, 66 m. zust. Anm. Giesen 68, 69; BGH NJW 1996, 779, 781: Risiko der Bauchspeicheldrüsenentzündung bei Gallenblasenoperation; BGH JZ 2000, 898, 899: Gefahr der Erkrankung des Impflings an spinaler Kinderlähmung aufgrund der Impfung mit lebenden Polioviren). Die Aufstellung eines starren Zahlenverhältnisses zwischen Komplikationshäufigkeit einerseits und ärztlicher Hinweispflicht andererseits hat die Rechtsprechung stets abgelehnt (vgl. BGH MDR 1972, 225, 226; Rieger Rn. 256; Weimar, S. 54); sind die Gefahren einer Behandlung aber **so** selten und unwahrscheinlich, dass sie bei einem verständigen Patienten für den Entschluss, in den Eingriff einzuwilligen, nicht ernstlich ins Gewicht fallen, so ist die Aufklärung **entbehrlich** (bspw. besteht keine Pflicht zur Aufklärung über das sehr geringe Risiko einer Verletzung der Bauchaorta bei dringend indizierter Entfernung des Bandscheibenvorfalls, vgl. Scholz MDR 1996, 449, 452); **andererseits** wiederum muss der Arzt auch über ein sehr seltenes Risiko dann aufklären, wenn dessen etwaige Realisierung die **Lebensführung** des Patienten schwer belastete (BGH VersR 1993, 228, 229; OLG Schleswig MedR 1996, 273; Scholz aaO; OLG Hamm, Urteil 3 U 153/95 vom 06. Mai 1996, zit. nach der Mitteilung bei Bergmann, S. 232 ff: vor einer Strumektomie muss der Patient nicht nur über die Möglichkeit einer Verletzung des Stimmbandnerves, sondern auch über das seltene Risiko von verbleibenden Atembeschwerden als Folge einer solchen Verletzung aufgeklärt werden).

Der Patient ist auch über das - sich sehr selten verwirklichende - Risiko einer **Querschnittslähmung** als Folge einer **Cobaltbestrahlung** des Rückgrats aufzuklären (und zwar auch dann, wenn die Therapie vital ist und sich das Risiko bei Nichtanwendung der Therapie krankheitsbedingt mit höherer Wahrscheinlichkeit realisieren kann, s. dazu BGH MDR 1984, 565, 566).

Bei Eingriffen im **Ohr- und Kieferbereich** muss der Patient über die Möglichkeit einer Verletzung von Gesichtsnerven auch dann aufgeklärt werden, wenn es sich um eine seltene Komplikation handelt (OLG Düsseldorf b. Schulte MedR 1994, 150).

Vor der Vornahme einer Operation der **Aortenisthmusstenose** muss über die Gefahr der Querschnittslähmung aufgeklärt werden (BGH MDR 1991, 844, 845).

Je weniger schließlich ein ärztlicher Eingriff medizinisch akut-dringlich geboten ist, **um so** **ausführlicher**, detaillierter und eindrücklicher ist der Patient, dem der Eingriff angeraten wird oder der die Vornahme selber wünscht, über dessen Erfolgsaussichten und etwaige schädliche Folgen zu informieren (stdg. Rspr.; vgl. etwa BGH VersR 1988, 494). Das gilt insbesondere für **kosmetische** Operationen, die **nicht** die Heilung eines körperlichen Leidens zum Gegenstande haben, sondern einem psychischen und ästhetischen Bedürfnis abhelfen sollen: in diesen Fällen muss dem Patienten das Für und Wider des Eingriffes mit allen Konsequenzen vor Augen gestellt werden; der Patient ist darüber zu unterrichten, welche Verbesserungen er günstigstenfalls erwarten kann; etwaige Risiken müssen ihm klar gemacht werden, damit er in die Lage versetzt wird, abzuwägen, ob er einen möglichen Misserfolg (des ihn immerhin belastenden) Eingriffes und darüber hinaus eventuell bleibende Entstellungen oder gesundheitliche Beeinträchtigungen in Kauf nehmen wolle; das gilt selbst dann, wenn solche Folgen nur entfernt in Betracht stehen; über die Möglichkeit postoperativer Beschwerden (etwa die Gefahr nicht unerheblicher und lang andauernder Schmerzempfindungen) muss der Patient gegebenenfalls gesondert in Kenntnis gesetzt werden (zum Ganzen s. BGH VersR 1991, 85, 86; 227, 226; BGH NJW 1991, 2349; OLG München NJW-RR 1994, 20). Wenn eine kunstfehlerfrei durchgeführte kosmetische Operation auch bei normalem Heilverlauf zu einem Endzustand mit **Narben** führen kann, so muss dem Patienten (der entsprechend der in Laienkreisen allgemein herrschenden Vorstellung lediglich „haarfeine, kaum sichtbare Narben" erwartet) mit schonungsloser Offenheit demonstriert werden, mit welcher Verstümmelung seines Körpers er unter Umständen rechnen muss; der Patient muss in die Lage versetzt werden zu beurteilen, ob er den durch Operation erreichbaren Zustand dem bisherigen wirklich vorziehe (OLG Hamburg MDR 1982, 580, 581). Nicht nur über die etwaige Entstehung von Narben (das sind mehr oder weniger deutliche Spuren der Wundheilung in Gestalt von Verfärbungen oder Wulstbildungen), sondern auch über deren mögliche Lage muss der „kosmetische" Patient informiert werden (OLG Karlsruhe AHRS Kza 4370/6). Die Einwilligung in eine **Mammareduktionsplastik** ist nur dann wirksam, wenn die Patientin zuvor in ebenso schonungsloser Offenheit (auch durch die Verwendung von Farbbildern aus der Fachliteratur) über die in bis zu 50 Prozent der Fälle auftretenden derben (manchmal auch juckenden) Wulstnarben („Keloide") aufgeklärt worden ist (OLG München MedR 1988, 187, 188).

Auch bei **diagnostischen** Eingriffen **ohne** therapeutischen Eigenwert erhöhen sich die Anforderungen an die Risikoaufklärung. Ist der Diagnoseeingriff nicht dringend indiziert, sondern allenfalls vertretbar, sind aber die mit ihm verbundenen Risiken verhältnismäßig hoch und schwerwiegend, und muss - weil die Gewinnung neuer Befundgrundlagen für weitere therapeutische Maßnahmen zumindest sehr zweifelhaft erscheint - ernstlich in Erwägung gezogen werden, auf eine zusätzliche Abklärung (zunächst) zu verzichten, dann kommt das Wagnis des Eingriffes ohne vorherige eingehende Diskussion aller für den Maßnahmeentschluss von Art und Patient erheblichen Umstände sogar einem Behandlungsfehler nahe; das bloße Streben nach diagnostischer Perfektion darf in solchen Situationen **nicht** die Richtschnur des ärztlichen Handelns sein (vgl. OLG Düsseldorf NJW 1984, 2636: bei jeder invasiven **Kontrastmittel-Untersuchung** z.B. ist eine strenge Indikationsstellung erforderlich, die sich an der diagnostischen Aussagefähigkeit, dem zu erwartenden therapeutischen Nutzen und den für den Patienten bestehenden Risiken zu orientieren hat).

Wird der **Sportarzt** im Rahmen einer Betreuung, die ausschließlich oder wenigstens auch der Leistungssteigerung des Athleten dienen soll, mit dem Wunsch nach **Doping** (s. unten **C. II. 1. b**) konfrontiert oder liegt ein eigenständiges Doping bei dem betreffenden Sportler bereits nahe, so ist eine besonders umfassende und intensive Aufklärung über die Gefahren und Folgen des Doping geboten (vgl. Derleder/Deppe JZ 1992, 116, 118, 119; s. auch Giesen Rn. 84).

64

Der **Zahnarzt** muss bei der operativen Entfernung von Weisheitszähnen auf das Risiko eines Kieferbruches hinweisen (OLG München b. Schulte MedR 1996, 211). Kommt es dem Patienten erkennbar darauf an, angesichts des umstrittenen Füllstoffes „Amalgam" einen für ihn gut verträglichen Zahnfüllstoff zu erhalten, so müssen mit ihm die möglichen Alternativen erörtert werden; der Zahnarzt hat dabei gerade auch über das Risiko einer allergischen Reaktion auf bestimmte Legierungen oder Stoffzusammensetzungen zu informieren (LG Kiel b. Röver MedR 1999, 268).

(f) Operationsänderungen und -erweiterungen

Muss der Arzt bei einem geplanten chirurgischen Eingriff im Hinblick auf die spätere intraoperative Situation **von vorneherein** die ernsthafte Möglichkeit einer Operationserweiterung oder des Wechsels in eine andere Operationsmethode in Betracht ziehen, so ist der Patient **vor** dem Eingriff hierüber entsprechend aufzuklären (BGHWarn 1993 Nr. 53 mN). Eine gegenüber dem ursprünglichen Operationsplan vorgenommene Änderung des Operationsablaufes stellt keine Operationserweiterung dar, sondern bleibt innerhalb der Zustimmung des Patienten, **wenn** dieser nach Aufklärung damit einverstanden war, dass ein vorhandener Tumor „so weit wie möglich" entfernt werde (OLG Stuttgart b. Schulte MedR 1996, 269).

Ist die Einwilligung nicht bereits in vorsorglicher Weise auch für im Vorhinein nicht absehbare etwaige Änderungen oder Erweiterungen („Nebeneingriffe") des operativen Vorgehens erteilt worden, so darf (und muss) auch ohne derartige Einwilligung bei einem Eingriff **weiteroperiert** werden, **sofern** die Fortsetzung und Durchführung des Eingriffes keinen Aufschub dulden, vielmehr ein Abbruch der Maßnahme Gesundheit oder Leben des Patienten akut gefährden würde und ein der Abweichung von dem ursprünglichen Operationsplan entgegenstehender Wille des Patienten vernünftigerweise nicht vorausgesetzt werden kann, weil es eine vertretbare Behandlungsalternative gar nicht gibt (BGH NJW 1973, 337, 338; OLG München VersR 1980, 172, 173, 174; OLG Frankfurt NJW 1981, 1322, 1323; Deutsch/Matthies, S. 55; Ulsenheimer Rn. 101 ff; s. unten **C. II. 2.**; abl. aus strafrechtlicher Sicht Tröndle MDR 1983, 881, 884, der dafür hält, der Arzt sei bei verantwortlich-abgewogener Indikation immer zur lege-artis-Beendigung des Eingriffes berechtigt; krit. auch Geppert JZ 1988, 1024, 1027). Dagegen muss eine Operation (namentlich eine solche in Lokalanästhesie) **abgebrochen** und die Zustimmung des Patienten zur Vornahme anderer oder erweiterter Eingriffe eingeholt werden, **wenn** die Unterbrechung ohne jegliche Gefährdung und jedenfalls ohne schwerwiegende Folgen für den Patienten möglich ist und nicht sicher fest steht, dass die Einwilligung auch ohne eine ergänzende Aufklärung vorhanden wäre (BGH NJW 1977, 337, 338; OLG Frankfurt aaO; Deutsch/Matthies, aaO; Ulsenheimer Rn. 102). Ist das gesundheitliche Risiko gering und kann die Gesundheitsgefahr zudem mittels moderner Diagnosemöglichkeiten beherrscht werden, so darf in aller Regel eine Operationserweiterung ohne Zustimmung des Patienten auch **nicht** allein unter dem Gesichtspunkt erfolgen, dass eine weitere Operation für den Patienten mit zusätzlichen seelischen oder körperlichen Belastungen verbunden wäre (BGH MedR 2000, 231, 232 zu einem Fall der Tubensterilisation nach Kaiserschnittentbindung).

(g) Impfaufklärung

Bei der der Krankheitsprophylaxe dienenden Impfung werden zum Zwecke der Immunisierung entweder ein Impfstoff („aktive Impfung") oder ein Immunserum („passive Impfung") in den Körper eingebracht. Der Impfarzt muss zunächst die bestehenden Kontraindikationen **ausschließen**. Mit Blick auf die Unterscheidung zwischen öffentlich (von den einzelnen Bundesländern) empfohlenen und nicht öffentlich empfohlenen Impfungen gilt folgender **Grundsatz**: bei den ersteren muss der Arzt (nur) die seltenen Nebenwirkungen mitteilen; bei den letzteren ist nicht nur über den besonderen Charakter der Vakzination und das Fehlen der öffentlichen Empfehlung sowie die Gründe dafür zu informieren, sondern auch über sehr seltene Nebenwirkungen (also solche, die nur ganz gelegentlich auftreten) aufzuklären. Lehnt der Patient eine für ihn günstige Impfung ab, so muss er über bestehende Gefahren zufolge einer Nichtbehandlung wiederum **eigens** unterrichtet werden (zum Ganzen Deutsch VersR 1998, 1053 ff; ferner OLG Stuttgart MedR 2000, 35 zu einem Fall der Pertussis-Impfung, die im Jahre 1991 noch Gegenstand heftiger Kontroversen in der medizinischen Wissenschaft gewesen ist: die impfende Kinderärztin musste nicht nur über die allgemeinen Nebenwirkungen wie Schwellung, lokale Rötung, Schmerzen und über die Möglichkeit des Auftretens von Fieber aufklären, sondern darüber hinaus auch darauf hinweisen, dass in ganz seltenen Fällen als Folge der Keuchhustenimpfung auch cerebrale Dauerschäden auftreten können; weiters aaO 37: vor einer Wiederholung der Impfung musste eine etwaige postvakzinäre Symptomatik nach dem ersten Eingriff abgeklärt werden, damit die mögliche Kontraindikation für die Wiederholungsimpfung mit dem gleichen Impfstoff erkannt werden konnte). Außerdem muss über die Gefahr der **Ansteckung** von Kontaktpersonen der mit Lebendviren geimpften Person belehrt werden; das ist aber Bestandteil der dem Patienten geschuldeten **therapeutischen** Aufklärung (BGH JZ 2000, 898, 900 mN; s. nachfolgend **(5)**).

(h) Anästhesieaufklärung
(vgl. auch oben **8. b, cc (3)**)

Die Anästhesie steht zu anderen medizinischen Fächern in einer dienenden Funktion (der Patient begibt sich vorrangig zur Operation und nicht zur Narkose in die Klinik, BGH MDR 1980, 155, 156; Kern/Laufs, S. 140). Damit hängt es zusammen, dass sich die Aufklärungspflicht in der Anästhesiologie vergleichsweise **einfacher** gestaltet als in anderen Fachgebieten (Kern/Laufs, S. 140, 141 mN). Bei dem heutigen Durchschnittspatienten (zumal demjenigen, der aufgrund früherer Operationen gewisse klinische Erfahrungen besitzt) kann grundsätzlich die Kenntnis **vorausgesetzt** werden, dass schwerwiegendere operative Eingriffe nur unter Maßnahmen der Schmerzausschaltung durchgeführt werden und dass auch der anästhetische Eingriff als solcher seine Risiken aufweise. Über die Unterschiede der anästhetischen Grundverfahren (Allgemeinnarkose einer- und Leitungsanästhesie andererseits) muss der Patient aber **unterrichtet** werden: das Risiko eines (seltenen) Herzstillstandes (mit der Folge der Sauerstoffmangelschädigung des Großhirns) ist beiden Methoden eigen und bei beiden Verfahren ungefähr gleich groß (OLG Karlsruhe AHRS Kza 5000/1); die Methodenunterschiede (Ausschaltung des Bewusstseins bzw. Ausschaltung der Schmerzempfindung in einem bestimmten Körperbereich bei allenfalls gedämpftem Bewusstsein) beeinflussen aber das subjektive Erleben des Eingriffes in wesentlicher Weise (BGH NJW 1974, 1422, 1423). Eine besondere Art der Leitungsanästhesie ist die Periduralanästhesie (PDA: bei ihr wird ein Betäubungsmittel peridural, d.h. außerhalb der harten Rückenmarkshaut in den Wirbelkanal injiziert): ein der Allgemeinnarkose fremdes, für die Periduralanästhesie aber typisches (wenn auch seltenes) Risiko besteht in der Verursachung chronisch entzündlicher Nervenschädigungen (BGH aaO; s. ferner oben **8. b, aa**).

Diagnose- und Verlaufsaufklärung können für den Anästhesisten grundsätzlich entfallen; im Regelfall darf der Anästhesist ferner davon ausgehen, dass der Patient mit der Einwilligung in den operativen Eingriff **zugleich auch** stillschweigend sein Einverständnis mit der dazu notwendigen Anästhesie erklärt hat (Kern/Laufs, S. 141 mN).

Über **generelle** Risiken der Anästhesie braucht der Arzt **nur** aufzuklären, wenn sie nicht allgemein bekannt sind; als allgemein bekannt gilt etwa die Möglichkeit des Auftretens einer Embolie; weniger bekannt ist die Gefahr des Eintrittes des Herzstillstandes, über die der Patient daher unterrichtet werden sollte (Kern/Laufs, S. 141).

Eine **erhöhte** Aufklärungspflicht ergibt sich für den Anästhesisten aber dann, wenn der **Risikoschwerpunkt** des Eingriffes (wegen des Zustandes des Patienten oder der Art seines Leidens) gerade in der Narkose liegt (Kern/Laufs, S. 142 mN; s. oben **b, aa**)).

(4) Therapeutische Aufklärung
(„Sicherungsberatung")

Als von der Eingriffsaufklärung wesensverschieden zählt die sog. **therapeutische Aufklärung** zu den ärztlichen **Behandlungspflichten** (BGH MedR 1989, 320, 321; OLG Celle VersR 1985, 346; OLG Stuttgart MedR 1996, 81, 82 f; Engisch, S. 13, 14; Nüßgens Rn. 45; ferner BGH NJW 1988, 763, 764): sie ist Bestandteil der medizinischen Behandlung und wird deshalb am besten als **„Sicherungsberatung"** bezeichnet (Rehborn MDR 2000, 1107). Die Sicherungsberatung umfasst insbesondere die Aufklärung über notwendige weitere Befunderhebungen, weitere therapeutische Maßnahmen oder eine sachgerechte Nachbehandlung; aber auch die therapeutisch gebotene Verhaltensinstruktion zur Abwehr von Gefahren und zur Sicherung des Behandlungserfolges (Laufs NJW 1998, 1755; s. näher Giesen Rn. 81 mwN). Unterlassungen und Versäumnisse, die dem Arzt bei der therapeutischen Beratung unterlaufen, sind rechtlich (nicht als Verstoß gegen die ärztliche Aufklärungspflicht, sondern) als selbständige **Behandlungsfehler** zu werten (BGH VersR 1972, 153, 154; BGH MedR 1995, 25, 26; OLG Stuttgart aaO, 83, Scholz, S. 42).

Ein Arzt, der damit rechnen muss, dass er seinem Patienten bei einem Eingriff einen Gesundheitsschaden zugefügt hat, ist auch nach Behandlungsende aus dem **fortwirkenden** Arztvertrag heraus verpflichtet, von sich aus alles zu tun, um die Auswirkungen der Schädigung so gering wie möglich zu halten: er ist verpflichtet, den Patienten (und gegebenenfalls dessen Hausarzt) von aufgetretenen Komplikationen und einem drohenden (weiteren) Schaden zu unterrichten, damit eine sachgerechte Nachbehandlung oder Vorsorge für den Fall des Eintrittes des drohenden Schadens ehestmöglich eingeleitet werden können (OLG Koblenz MedR 2000, 37, 39).

Der Arzt ist verpflichtet, den Patienten nach dessen Untersuchung über die gemäß ärztlicher Erkenntnis gebotenen Maßnahmen - gegebenenfalls auch über deren Eilbedürftigkeit - **beratend** zu informieren und zu unterweisen; er muss den Patienten weiters vor denjenigen Gefahren **warnen**, die bei einer eventuellen Verabsäumung der indizierten Behandlung drohen (und ihn deshalb unter Umständen sofort wiederbestellen, BGH VersR 1991, 84, 85 - überhaupt kann, solange die Behandlung nicht abgeschlossen ist, den Arzt die vertragliche Pflicht zur Wiederbestellung des Patienten treffen, Kamps MedR 1994, 194). Eine **Überspannung** der ärztlichen Sorgfalt würde es aber darstellen, wollte man von dem Arzt hinsichtlich der erfolgten Einbestellung zur Kontrolluntersuchung eine „Fristenüberwachung" verlangen (OLG München vom 13.04.2000, zit. nach der Mitteilung b. Rehborn MDR 2000, 1101, 1103 m. Fn. 32 zu einem Fall, bei dem die Patientin den Einbestellungstermin zur Nachuntersuchung zwecks Abklärung einer noch nicht konkret krebsverdächtigen Ovarialcyste nicht wahrgenommen hatte, bevor später nach einigen Wochen ein bereits metastasierendes Karzinom festgestellt wurde).

Die **Weigerung** des Patienten, eine bestimmte Untersuchung vornehmen zu lassen, die zur Abklärung einer Verdachtsdiagnose erforderlich ist, findet in einem späteren Haftpflichtprozess rechtlich **nur** dann Beachtung, wenn der Arzt den Patienten auf die Notwendigkeit und Dringlichkeit der Untersuchung **hingewiesen** hatte (BGH MedR 1998, 26, 27; Laufs NJW 1998, 1755 Fn. 109).

Zu der geschuldeten Sicherungsaufklärung gehört auch die warnende Belehrung über das **Ansteckungsrisiko**, das den Kontaktpersonen des mit Lebendviren Geimpften erwächst; zu informieren ist auch über Vorsichtsmaßnahmen, die eine Ansteckung vermeiden helfen können (BGH MDR 195, 585, 586 und BGH JZ 2000, 898, 900, jeweils zu Fällen der Polio-Schutzimpfung; v. Mühlendahl NJW 1995, 3043 bezeichnet eine derartige Arztpflicht angesichts eines Risikos mit einer Inzidenz von 1:15,5 Millionen als wirklichkeitsfern).

9. Haftungsinhalt und -umfang

a) Materieller Schadensersatz

aa) Grundsatz

Die Vertragshaftung des behandelnden Arztes umfasst - gemäß den allgemeinen Bestimmungen der §§ 249 ff BGB - **sämtliche** materiellen Schäden und Verluste, die dem Patienten **zufolge** der ärztlichen Pflichtverletzung entstehen (statt anderer: Giesen Jura 1981, 10, 11).

Ersatzfähig sind **insbesondere** die (wirklich angefallenen) Heilbehandlungs-, Kur- und Pflegekosten, Kosten für medizinische Hilfsgeräte und die Aufwendungen für Krankenhausbesuche naher Angehöriger sowie ein etwaiger entgangener Gewinn (Laufs Rn. 542 Fn. 252 mN; MünchKomm/Grunsky, § 249 Rn. 24 ff). Die Haftpflicht umfasst grundsätzlich auch die durch einen erlittenen Körperschaden ausgelöste psychische Fehlentwicklung, die ihrerseits zur Minderung oder zum Verlust der Erwerbsfähigkeit führt (BGH NJW 1983, 340, 341); ausgenommen sind jedoch solche Fälle, in denen die psychische Reaktion wegen ihres groben Missverhältnisses zu einem geringfügigen Anlass schlechterdings nicht mehr verständlich erscheint; nicht einstehen muss der Arzt ferner für diejenigen Folgen, die dadurch entstehen, dass das schädigende Verhalten zu einer Renten- oder Begehrensneurose geführt hat (BGH MDR 1998, 159 mN). Der geschädigte Patient kann die Kosten einer zur Behebung der Folgen einer ärztlichen Fehlbehandlung gebotenen und möglichen Korrekturoperation gemäß § 249 S. 2 BGB **nur dann** beanspruchen, wenn er die Nachbehandlung auch tatsächlich vornehmen lässt; fiktive Heilungskosten sind **nicht** erstattungsfähig (BGHZ 97, 14, 19, 20; OLG Köln VersR 1998, 1510; OLG Köln VersR 2000, 1021, 1022).

bb) Aspekte der Ursächlichkeit

- Auch eine **psychisch** vermittelte Kausalität kann die Haftung ausfüllen: die Nierenspende der Mutter zur Rettung von Leben und Gesundheit ihres Kindes ist haftungsrechtlich dem dieses Opfer herausfordernden Chirurgen **zuzurechnen**, der dem Kind kunstfehlerhaft dessen einzige Niere entfernt hatte (BGHZ 101, 215, 218 ff; Deutsch NJW 1998, 777, 781).

- Ein Behandlungsfehler ist für den eingetretenen Gesundheitsschaden dann **nicht** kausal, wenn die durchgeführte Behandlung trotz des Therapiefehlers der gegebenen Wahl entsprochen hatte und der Schaden daher als schicksalshaft angesehen werden muss (OLG Köln VersR 1991, 930, 931; s. auch Geiß/Greiner, B.-Rn. 195; ein **schicksalshafter** Verlauf steht allgemein für die Abwesenheit eines Behandlungsfehlers oder für den Mangel der Schadensursächlichkeit eines vorhandenen Fehlers, dazu Deutsch Rn. 206; Baumgärtel JZ 1992, 322, 323).

- Ein ärztliches **Versäumnis** ist nur dann für gesundheitsschädliche Resultate **ursächlich** geworden, wenn - die unterlassene Maßnahme hinzugedacht - der Erfolg mit Gewissheit oder wenigstens mit an Sicherheit grenzender Wahrscheinlichkeit **nicht** eingetreten sein würde (BGHZ 64, 46, 51; OLG Zweibrücken VersR 1998, 590).

Der Arzt muss für **alle** diejenigen Schäden einstehen, die **ohne** den (gegebenenfalls) eigenmächtigen (nicht einwilligungsgedeckten) Eingriff **nicht** entstanden sein würden (Nüßgens, in: Hauß-Festschr., S. 289). Trotz ansonsten umfassender Risikoaufklärung befreit die Einwilligung den Arzt **nicht** von der Haftung für Schadensfolgen, **wenn** er nicht auch darauf hingewiesen hatte, dass der Eingriff gegebenenfalls als medizinisch eindeutig kontraindiziert qualifiziert wird (OLG Köln NJW-RR 1999, 968). Wegen der Nichtaufklärung ist der Arzt (aber) **nur** dann verantwortlich, wenn sich der Patient bei genügender Aufklärung anders entschieden, er die Einwilligung also **verweigert** haben **würde** (Engisch, S. 32; s. unten **III. 1. b**); das Unterbleiben einer an sich gebotenen präoperativen Diagnostik bspw. erlangt **keine** kausale Qualität, **wenn** die Operation auch bei Durchführung der Diagnosemaßnahme in gleicher Weise vorgenommen worden wäre (OLG Oldenburg MedR 1998, 418-LS). Da **Aufklärungsdefizite** den Eingriff mangels ausreichender Einwilligung des Patienten **insgesamt** rechtswidrig machen, haftet der Arzt (unabhängig davon, ob er im Übrigen einen Behandlungsfehler begangen hat oder nicht) bei Vorliegen eines Verschuldens für **alle** Schadensfolgen aus der Behandlung (BGH VersR 1980, 68; BGHZ 106, 391, 398; Geigel/Schlegelmilch, Kap. 28 Rn. 15; Giesen JZ 1982, 391, 392; Scholz MDR 1996, 649, 652); und zwar prinzipiell auch **gleichviel**, ob sich konkret ein aufklärungspflichtiges Risiko verwirklicht hat oder nicht (BGHZ aaO; Geiß/Greiner, C.-Rn. 156). Hat sich (aber) gerade dasjenige Risiko verwirklicht, über welches aufgeklärt werden musste und auch aufgeklärt worden ist, so spielt es **keine** Rolle, ob bei der Aufklärung auch noch andere Risiken der Erwähnung bedurft hätten: der Patient hat in Kenntnis des verwirklichten Risikos seine Einwilligung gegeben, so dass insoweit aus dem Eingriff **keine** Haftung hergeleitet werden kann (BGH JZ 2000, 898, 899). Ihre **Grenzen** (wie allgemein im Haftungsrecht) findet die Einstandspflicht des Arztes allerdings an dem Schutzbereich der verletzten Verhaltensnorm; denn außerhalb der normativen Schutzintention der Pflicht zur Aufklärung fehlt es an einer sachlichen Rechtfertigung dafür, dem Patienten seinen Schaden lediglich wegen des in eine ganz andere Richtung zielenden Aufklärungsmangels von dem Arzt abnehmen zu lassen (BGHZ aaO, 398 f: die Haftungsentlastung wird jedoch die Ausnahme sein müssen; vgl. ausführlich zu Normschutzzweck und Normschutzbereich als Instrumente der Schadenszurechnungsbegrenzung: Deutsch, Haftungsrecht, § 1 b). Diese Ausnahme gilt jedoch wiederum dann **nicht**, wenn es (schon) an der erforderlichen **Grundaufklärung** über Art und Schwere der Maßnahme einschließlich der damit verbundenen Belastungen und des in Betracht kommenden schwersten Risikos **fehlt**, welches dem Eingriff in spezifischer Weise anhaftet (BGHZ 106, 391, 399; OLG Oldenburg VersR 1998, 854, 855 mwN); wenn dem Patienten **nicht** wenigstens diese notwendige **Basisaufklärung** (die sein Selbstbestimmungsrecht gewährleisten soll) zuteil geworden ist, entfällt die Haftung des Arztes auch dann **nicht**, wenn sich nur ein Risiko verwirklicht hat, über welches der Arzt den Patienten gar nicht aufzuklären brauchte (BGH MedR 1991, 331, 333; BGH NJW 1996, 777, 779: der Patient muss darauf hingewiesen werden, dass die Myelographie Lähmungserscheinungen bis hin zur Querschnittslähmung zur Folge haben kann). Für eine Herausnahme von Schadensfolgen als außerhalb des Schutzzweckes der Aufklärung liegend ist **nur** dort Raum, wo dem Patienten bestimmte Einzelrisiken oder Risikodetails verschwiegen worden sind, die sich **nicht** verwirklicht haben, ihm aber über die Grundaufklärung ein hinreichender Eindruck von Art und Schweregrad des Eingriffes einschließlich der „Stoßrichtung" der damit zusammenhängenden Belastungen für seine Lebensführung im großen ganzen vermittelt worden war (BGH VersR 1991, 777, 779; Geiß/Greiner, C.-Rn. 157).

- Die auf unzureichender **Schmerzaufklärung** beruhende Zustimmung des Patienten ist zwar ebenfalls insgesamt unwirksam; die Haftungsrelevanz der unterlassenen Aufklärung ist aber auf die erlittenen Schmerzen **begrenzt**: sie erstreckt sich nicht auf andere Eingriffsrisiken (BGHZ 90, 96, 99, 100; Geiß/Greiner, C.-Rn. 159).

- Schadensrechtlich **irrelevant** sind praktisch nicht erfassbare (nicht quantifizierbare) etwaige Verschlechterungen des Gesundheitszustandes (OLG Düsseldorf AHRS Kza 2545/4).

- Der Schadensersatzanspruch **entfällt** zur Gänze dann, wenn der eigenmächtige Eingriff komplikationslos zur **Heilung** des Patienten geführt hat (in diesem Falle fehlt es nämlich an dem Eintritt einer Schadensfolge, vgl. Luig, S. 249).

cc) Nachbehandlung

Der fehlsam agierende Erstbehandler hat **grundsätzlich** (auch) für alle adäquat-kausalen Schadensfolgen aufzukommen, die dadurch entstehen, dass **infolge** seiner Behandlung die **Nachbehandlung** des Patienten durch einen anderen Arzt (bspw. eine Korrekturoperation durch einen Spezialisten) erforderlich wird; das gilt selbst dann, wenn dieser seinerseits einen (unter Umständen sogar groben) Behandlungsfehler zu vertreten hat. Eine Unterbrechung des Zurechnungszusammenhanges kann nur dann angenommen und damit die **Grenze** der Schadenshaftung erst dort gesetzt werden, wenn und wo die weitere Behandlung mit dem Anlass für die erstere in **keinem** inneren Zusammenhange mehr steht **oder** wenn und wo der zweite Arzt so sehr gegen die Regeln und Erfahrungen der ärztlichen Kunst verstoßen hat, dass der Schaden - wertend betrachtet - **allein** ihm und nicht mehr dem erstbehandelnden Arzt zugerechnet werden kann (BGH NJW 1989, 767, 768 m. Anm. Deutsch 769; OLG Celle AHRS Kza 0810/8; OLG Oldenburg VersR 1998, 1110, 1111; OLG Saarbrücken MedR 2000, 326, 328: auch der Patient, der sich nach einer Behandlung durch den Arzt zur weiteren Versorgung an einen nicht approbierten Dritten wendet, muss - Notfallsituationen ausgenommen - die damit verbundenen Folgen selbst tragen; Emmerich JuS 1989, 575). Soweit hiernach neben dem Zweit- auch der Erstbehandler für die Folgeschäden aufkommen muss, haften beide als **Gesamtschuldner**; im Rahmen des internen Schuldnerausgleiches (§ 426 BGB) findet der Rechtsgedanke des § 254 BGB (Schadensverteilung nach dem Maße des jeweiligen Verursachungsbeitrages) **entsprechende** Anwendung (die vollständige Entlastung eines Behandlers wird hierbei nur ausnahmsweise in Betracht kommen, vgl. Reiling MDR 1996, 83).

dd) In Sonderheit:
Unterhaltsaufwendungen als Schaden

Eltern können aus einem von ihnen im eigenen Namen zugunsten des Kindes geschlossenen Behandlungsvertrag bei Schädigung des Kindes (in den durch den Schaden des Kindes gezogenen Grenzen) ihren schädigungsbedingten **Mehraufwand** für Pflege und Versorgung des Kindes, soweit er sich für sie als vermehrter **Unterhaltsaufwand** niederschlägt, als eigenen Schaden geltend machen; ebenso sind erhöhte Betreuungsaufwendungen eines Elternteiles zu ersetzen, die sich daraus ergeben, dass eine diesem Elternteil selbst gegenüber bestehende vertragliche Pflicht verletzt worden ist (BGH NJW 1989, 1538, 1540 mN).

Die mit der Geburt eines **nicht** gewollten Kindes für die Eltern verbundenen wirtschaftlichen Belastungen sind grundsätzlich **nur** dann als ersatzpflichtiger Schaden auszugleichen, wenn der Schutz vor solchen Belastungen **Gegenstand** des jeweiligen Behandlungs- oder Beratungsvertrages war. Derartiges ist in der **Rechtsprechung** bislang bejaht worden für Fälle fehlgeschlagener Sterilisation, die aus Gründen der Familienplanung vorgenommen werden sollte, ferner bei fehlerhafter Beratung über die Sicherheit der empfängnisverhütenden Wirkungen eines von dem Arzt verordneten Hormonpräparates sowie für Fälle fehlerhafter genetischer Beratung vor Zeugung eines genetisch behinderten Kindes (BGH MedR 2000, 323, 324 mN). In den Fällen der schadensstiftenden Verkennung einer bereits bestehenden Schwangerschaft kommt es darauf an, ob ein eventueller (strafloser) Schwangerschaftsabbruch zu dem Leistungsbild des konkreten Behandlungsvertrages gehörte oder nicht (BGH aaO, 325; Bühler MedR 2000, 323).

Im **Einzelnen**:

- War der Arztvertrag **auch** darauf gerichtet, eine Unterhaltsbelastung der Eltern zu vermeiden, so ist diese Belastung, wenn sie sich gerade wegen der fehlerhaften Vertragserfüllung realisiert, als **Vermögensschaden** anzusehen (BGH NJW 1994, 788, 792; BGH NJW 1995, 1609). Führt daher ein Behandlungsfehler des Arztes bei dem aus

Gründen der Familienplanung durchgeführten **Sterilisationseingriff** zur Zeugung und zur Geburt eines (weiteren) Kindes, so gilt: Geburt und Existenz des Kindes als solche stellen selbstredend keinen Schaden dar; der adäquat-kausale **Vermögensschaden** liegt (als „ersatzfähiger Planungsschaden") aber darin, dass die Eltern des Kindes durch dessen planwidrige Geburt mit einer (gegebenenfalls) weiteren **Unterhaltsverpflichtung** (§§ 1601 ff BGB) belastet werden (s. bereits RGZ 108, 86, 87; sodann: BVerfG-1. Sen.- FamRZ 1998, 149, 151 f: die Existenz des Kindes ist nur eine der tatbestandsmäßigen Bedingungen für die entstehende Unterhaltslast; Unterhaltspflicht und Elternschaft können auseinanderfallen; BGHZ 76, 249, 253; BGH NJW 1984, 2625 f; BGH NJW 1995, 2407, 2409; OLG Celle NJW 1978, 1688; OLG Karlsruhe NJW 1979, 599, 600; s. ferner: Giesen Rn. 65, 66; Laufs Rn. 319; Scholz, S. 91; Palandt/Heinrichs, Vorbem. v. § 249 Rn. 47; Mertens FamRZ 1969, 251, 254; Heldrich JuS 1969, 455, 458; Engelhardt VersR 1988, 540, 543; Franzki VersR 1990, 1181, 1182; Rehborn MDR 1998, 222; **a. A.**: BVerfG-2. Sen.-E 88, 203/204 = FuR-Sonderheft 1/1993, S. 1, 25, 26, jedoch nur mit der Bedeutung eines bloßen obiter dictum ohne Bindungswirkung, vgl. BGH NJW 1994, 788, 790; Möller DRiZ 1993, 409; Deutsch NJW 1994, 776, 777; Boin JA 1995, 831; Deutsch NJW 1998, 510; dem 2. Sen. des BVerfG folgend hat OLG Nürnberg MedR 1994, 200, 201 entschieden: die Unterhaltspflicht für ein Kind kann nicht als Schaden begriffen, die Unterhaltsbelastung kann von Verfassungs wegen nicht als Schadensersatzanspruch geltend gemacht werden; scharf abl. Giesen Rn. 66 Fn. 295; **a. A.** ferner OLG Frankfurt NJW 1983, 341, 342 ff und Gritschneder, S. 350 f; krit. zur Rspr. betr. den Familienplanungsschaden auch Laufs NJW 1998, 796, 798).

Gleiches gilt auch bei einer wegen ärztlichem Verschulden (das auch in dem Unterlassen der gebotenen Nachkontrolle oder in der mangelnden Unterrichtung über das Misslingen des Eingriffes und die deshalb fortbestehende Schwangerschaft in Erscheinung treten kann) **fehlgeschlagenen** straffreien **Schwangerschaftsunterbrechung**, weil der Behandlungsvertrag **auch** den Schutz vor Unterhaltsbelastungen (zumindest in Höhe der geldwerten Komponente der mütterlichen Personensorge) durch das werdende Kind nach dessen Geburt zum Gegenstand hat (BGH NJW 1985, 671, 672; OLG Braunschweig VersR 1992, 91 f; Palandt/Heinrichs aaO, Rn. 48; Engelhardt aaO, 542; Deutsch NJW 1985, 674). Die Verpflichtung zur Schadloshaltung tritt **nicht** ein, wenn ein Schwangerschaftsabbruch scheitert, für den weder eine medizinische noch eine embryopathische noch eine kriminologische Indikation vorgelegen hat: in diesem Falle wird der Unterhaltsaufwand **nicht** mehr von dem Schutzzweck des Arztvertrages umfasst (vgl. BGH NJW 1995, 1609, 1610; 2407, 2409; Palandt/Heinrichs, Vorbem. v. § 249 Rn. 48 b). Aus dem Misslingen einer Schwangerschaftsunterbrechung, die gemäß der früher in § 218 a Abs. 2 Nr. 3 StGB aF geregelten Notlagenindikation versucht worden war, kann nur dann ein Schadensersatzanspruch hergeleitet werden, wenn eine mit der medizinischen oder embryopathischen Indikation vergleichbare Konfliktlage bestanden hatte; diese Ausnahmesituation muss konkret vorgetragen sowie vom Gericht festgestellt und bewertet werden (BGH NJW 1995, 1609, 1610; Palandt/Heinrichs, aaO; Boin JA 1995, 831, 832). Wird der Fehlschlag der Schwangerschaftsunterbrechung noch innerhalb der für eine nicht strafbare Interruption geltenden Zeitspanne entdeckt, so wird der Schwangeren, die den Abbruch nach wie vor wünscht, regelmäßig ein erneuter (ungefährlicher) Eingriff angesonnen werden dürfen; verweigert die Schwangere diesen nochmaligen Eingriff, so **kann** hierdurch der Zurechnungszusammenhang zwischen der Vertragsverletzung und dem Schadenseintritt mit der Folge unterbrochen sein, dass ein Ersatzanspruch entfallen muss (BGH NJW 1985, 671, 672; BGHZ 95, 199, 203; krit. Deutsch NJW 1985, 674).

Die Unterhaltsbelastung durch das Kind ist dem Arzt auch dann **nicht** bzw. lediglich für einen bestimmten Zeitraum (in welchem sich die von dem Schutzbereich des Behandlungsvertrages umfassten Belastungen verwirklicht haben) zuzurechnen, **wenn** und **sobald** sich die objektivierbaren sozialen und wirtschaftlichen Faktoren der

Lebensverhältnisse der Mutter nach der Geburt des nicht gewollten Kindes entgegen der ursprünglichen Prognose so günstig entwickelt haben, dass aus nachträglicher Sicht die Annahme einer schwerwiegenden Notlage **nicht** gerechtfertigt erscheint (BGHZ 95, 199, 210, 211; Franzki VersR 1990, 1181, 1183 mwN).

• An einem rechtlichen Grunde für die Schadensersatzpflicht **fehlt** es auch dann, wenn die Mutter nachträglich anderen Sinnes wird und das Kind nicht mehr als eine Störung der Familienplanung ansieht (BGH NJW 1985, 671, 673). Ersatzansprüche aus dem Gesichtspunkte der fehlgeschlagenen Sterilisation sind daher ausgeschlossen, sofern nach dem Eingriff wieder ein Kinderwunsch bestanden hat und es sodann zu einer Schwangerschaft gekommen ist; wird anstatt des erwünschten gesunden ein krankes oder behindertes Kind geboren, so ist dies Teil des allgemeinen Lebensrisikos, dessen Folgen nicht auf den Behandlungsarzt überwälzt werden können (OLG Saarbrücken MDR 1998, 104, 105).

• Ist der Schwangerschaftsabbruch alleine **medizinisch** indiziert, so fällt bei seinem Misslingen der durch die Geburt des Kindes für die Eltern ausgelöste Unterhaltsaufwand regelmäßig **nicht** in den Schutzbereich des Behandlungsvertrages, so dass der Arzt hierfür nicht haftbar ist (BGH NJW 1985, 2749; Franzki VersR 1990, 1181, 1183).

• Der Schadensersatzanspruch (inhaltlich sowie der Höhe nach auszurichten an den **Regelbeträgen** für minderjährige Kinder in den Altersstufen der §§ 1 und 2 der seit dem 01.08.1998 geltenden Regelbetragsverordnung: abzüglich des durch die Geburt des ungewollten Kindes ausgelösten Kindergeldbetrages, zuzüglich eines angemessenen Zuschlages für pflegerische, erzieherische und betreuende Leistungen - bei einer nicht berufstätigen Mutter neben mehreren bereits vorhandenen Kindern normalerweise fünfzig Prozent des Regelbetrages, allenfalls aber bis zu dessen voller Höhe, vgl. BGH NJW 1997, 1638, 1640 mN) ist zeitlich zunächst regelmäßig begrenzt **bis** zur Vollendung des achtzehnten Lebensjahres unter Vorbehalt weiteren Ersatzes (s. BGHZ 76, 259, 271, 272 f; OLG Köln VersR 1991, 102; Palandt/Heinrichs, Vorbem. v. § 249 Rn. 48 c; Nüßgens Rn. 237; Reiling MedR 1996, 129); die Schadensersatzpflicht reicht über die Vollendung des achtzehnten Lebensjahres des Kindes hinaus, **wenn** die Eltern ihrem Kinde nach unterhaltsrechtlichen Grundsätzen eine noch nicht abgeschlossene Berufsausbildung zu finanzieren haben (OLG Düsseldorf VersR 1993, 883, 885). Der Anspruch steht den Eltern **je** zu **gleichen** Teilen zu: jeder Elternteil kann (entsprechend seiner anteiligen Schuld, vgl. § 1606 Abs. 3 S. 1 BGB) nur die Hälfte des beiden Teilen als Unterhaltsschuldnern zusammen Zustehenden fordern (BGH aaO, 273; BGH VersR 1981, 279, 280; Franzki VersR 1990, 1182).

• Ist eine (bspw. wegen einer bestehenden Rötelninfektion) **medizinisch indizierte** Schwangerschaftsunterbrechung wegen **schuldhafter Fehldiagnose** des Arztes **nicht** durchgeführt worden und kommt das Kind deshalb mit schweren **Missbildungen** zur Welt, wie es nach dem Wunsche der Eltern gerade nicht hätte geboren werden sollen, so steht den Eltern ein Schadensersatzanspruch wegen des **gesamten** (nicht durch Regelbeträge begrenzten und auch zeitlich nicht beschränkten) Unterhaltsbedarfes des behinderten Kindes zu, vorausgesetzt, dass sich **das** Risiko tatsächlich realisiert hat, welches es zu vermeiden galt und hinsichtlich dessen der Arzt seine Pflichten verletzt hat (BGHZ 86, 240, 248; Palandt/Heinrichs, Vorbem. v. § 249 Rn. 48 c; Fischer JuS 1984, 434, 437; Franzki VersR 1990, 1181, 1184); das Kind **selbst** dagegen hat weder vertragliche noch deliktische Schadensersatzansprüche gegen den Arzt wegen der Nichtverhinderung seiner eigenen physischen Existenz (ein Anspruch auf Verhinderung oder Vernichtung des eigenen Lebens durch andere existiert nicht, vgl. BGH aaO; Franzki aaO; Palandt/Heinrichs aaO, Rn. 88).

• Bei **fehlerhafter genetischer** Beratung (Deutsch NJW 1998, 510: die genetische Beratung dient dem Schutz der Familie), die zur Geburt eines genetisch **behinderten**

Kindes geführt hat, können die Eltern von dem beratenden Arzt im Wege des Schadensersatzes den **vollen** Unterhaltsbedarf beanspruchen, **sofern** sie bei richtiger und vollständiger Beratung von der Zeugung des Kindes abgesehen haben würden (BGH MDR 1994, 556, 557; nach LG Köln MedR 1999, 323, 326, 327 mit zust. Anm. Büsken VersR 1999, 1076, 1078 ist - entsprechend dem Schutzbereich des abgeschlossenen Behandlungsvertrages - **nur** der durch die Behinderung des Kindes hervorgerufene Unterhaltsmehrbedarf erstattungsfähig, wenn im Zeitpunkt der pränatalen Diagnostik die Schwangerschaft schon bestanden hat).

b) Mitverschulden des Patienten

Dem Patienten **obliegt** es, an den Heilungsbemühungen des Arztes **mitzuwirken** (Katzenmeier MedR 1998, 167; nach KG MedR 1999, 226, 227 ist die Beschreibung der vorhandenen Beschwerdesymptomatik als eine Mitwirkungslast des Patienten anzusehen, für deren Erfüllung er darlegungs- und beweispflichtig ist). Verschließt er sich dieser Mitwirkung, so kann dadurch ein anspruchsminderndes (vgl. § 254 BGB) **Mitverschulden** begründet sein, **wenn** die Mitwirkung zur Vermeidung gerade des eingetretenen Schadens hätte dienen sollen. Bspw. muss von dem Patienten erwartet werden, dass er die Therapie- und Kontrollanweisungen des Arztes befolge (vgl. BGH VersR 1985, 1068, 1070); ein Mitverschulden des Patienten kann es deshalb darstellen, wenn er den ärztlichen Hinweis auf die Notwendigkeit einer nach einer bestimmten Zeitspanne vorzunehmenden Kontrolluntersuchung betreffend den Erfolg des Sterilisationseingriffes nicht beachtet, bei deren Durchführung die Erfolglosigkeit des Eingriffes aufgedeckt worden wäre, und es später zur Zeugung eines Kindes kommt, für dessen Unterhalt nunmehr der Arzt in Anspruch genommen wird (BGH VersR 1992, 1229).

Zu den Mitwirkungspflichten des Patienten gehört es **auch**, bei einer zunächst nicht sofort erfolgreichen Zahnbehandlung dem Zahnarzt die Möglichkeit zu geben, Ungenauigkeiten und Passschwierigkeiten zu beheben (OLG München VersR 1995, 1103, 1104).

Im Bereiche der ärztlichen **Aufklärung** (der Eingriffs- ebenso wie der Therapeutischen Aufklärung) kann der Einwand des Mitverschuldens nur **ausnahmsweise** durchgreifen. Informationsdefizite kann der Arzt im Allgemeinen nicht - auch nicht teilweise über ein Mitverschulden - dem Patienten anlasten; ein Mitverschulden durch mangelndes Nachfragen käme allenfalls dann in Betracht, wenn sich die Unvollständigkeit der ärztlichen Unterrichtung jedem Laien aufdrängen oder dem betroffenen Patienten aufgrund seines besonderen persönlichen Wissens klar sein musste (BGH MDR 1997, 353; auch Katzenmeier aaO; s. oben **8. b, cc (4)**).

Als **außerhalb** des Schutzbereiches einer Obliegenheit angesiedelt hat der Patient den **Anlass** seiner Heilbehandlung als solchen dem Arzt gegenüber **niemals** zu vertreten (Deutsch Rn. 282); für das Rechtsverhältnis zwischen Arzt und Patient macht es keinen Unterschied, ob der Patient durch eigene Schuld behandlungsbedürftig geworden ist oder nicht (BGH NJW 1972, 334, 335; OLG Hamm NZV 1995, 446, 447).

EXKURS

Obliegenheiten

Obliegenheiten (als gesetzlicher Terminus im Versicherungsrecht bekannt, vgl. §§ 6, 62, 158 i VVG) sind Verhaltensgebote ausschließlich im **Eigeninteresse** des Gläubigers (MünchKomm/Kramer, Einleitung vor § 241 Rn. 44; Erman/Werner, Einl. § 241 Rn. 32). Ein durchsetzbarer Verpflichtungscharakter eignet den Obliegenheiten nicht; werden sie versäumt, so sind Rechtsnachteile (Anspruchsminderung oder -verlust) für den Berechtigten die Folge (vgl. die sog. Schadensminderungspflicht gemäß § 254 Abs. 2 BGB).

II. Krankenhausaufnahmevertrag ("Krankenhausvertrag")

1. Rechtsnatur und Parteien

Wie der ärztliche Behandlungsvertrag so ist auch der Krankenhausaufnahmevertrag ein bürgerlich-rechtlicher **Dienstvertrag** im Sinne der §§ 611 ff BGB (BGHZ 2, 94, 96; HandbuchArztR/Schlund, § 96 Rn. 2; Weimar, S. 77).

Der Vertrag wird zwischen dem Krankenhausträger und dem Patienten oder zugunsten des Patienten zwischen dem Krankenhausträger und dem gesetzlichen Vertreter bzw. dem Ehepartner des Patienten oder zwischen dem Krankenhausträger und dem Träger der Krankenversicherung zugunsten des „Kassenpatienten" geschlossen; der Patient erwirbt (zumindest gem. § 328 BGB) jeweils einen **eigenen** unmittelbaren Anspruch auf sachgemäße Behandlung gegen den **Krankenhausträger** (zum Ganzen s. RGZ 165, 91, 105, 106; BGHZ 1, 382, 385, 386; BGHZ 89, 250, 253; BGH MedR 1991, 139; OLG Frankfurt VersR 1982, 1051; Laufs Rn. 87; Rehborn, S. 275; Soergel/Hadding, § 328 Rn. 93; Ströer, S. 37; **anders** HandbuchArztR/Genzel, § 92 Rn. 6: auch der Kassenpatient ist stets selbst vertragschließende Partei).

Privatrechtlicher Natur sind insbesondere auch die Rechtsbeziehungen zwischen dem (durch den behandelnden Arzt per Verordnung einer als medizinisch erforderlich bestätigten stationären oder teilstationären Krankenhausbehandlung) eingewiesenen und in das entsprechende Krankenhaus aufgenommenen **Kassenpatienten** und dem Krankenhausträger (BGHZ 4, 138, 149; BGHZ 9, 145, 148; BGHZ 89, 250, 252, 254 f; Staudinger/Richardi, Vorbem. zu §§ 611 ff Rn. 1615). Mit Behandlungsbeginn verwandelt sich der Behandlungsanspruch des Patienten gegen die Krankenkasse in einen Anspruch auf Übernahme der entsprechenden Kosten; den Vergütungsanspruch des Krankenhausträgers gegen die Krankenkasse (die durch eine eigene Kostenübernahmeerklärung oder im Wege der Abtretung des Kostenübernahmeanspruches des Patienten an den Krankenhausträger mit den Behandlungskosten belastet wird) ist sozialrechtlicher Natur und gegebenenfalls vor den Sozialgerichten zu verfolgen (hierzu BSGE 53, 62, 65; BGHZ 89, 250, 255 f; BGH VersR 2000, 999, 1000; Rehborn, S. 275 f).

Typischerweise wird der Inhalt des Krankenhausvertrages zwischen Krankenhausträger und Patient bzw. gesetzlichem Vertreter oder Krankenversicherungsträger nicht im Einzelnen ausgehandelt. Das Vertragsverhältnis soll aus der Sicht des Krankenhausträgers häufig durch formularmäßige „Allgemeine Aufnahmebedingungen" geregelt werden. Krankenhausverträge dieser Art unterfallen dem **AGBG** und unterliegen in vollem Umfange der **Inhaltskontrolle** nach diesem Gesetz, sofern und soweit der Vertragsinhalt nicht durch Rechtssatz bestimmt wird (HandbuchArztR/Uhlenbruck, § 94 Rn. 1; Deutsch Rn. 58; Bunte JZ 1982, 279; zu sog. Nachberechnungsklauseln s. im Näheren Rieger, Rn. 1042). Die „Bedingungen" werden **nur** durch ihre Einbeziehung gemäß § 2 AGBG, nicht etwa durch die bloße tatsächliche Erbringung der Krankenhausleistungen Bestandteil des Aufnahmevertrages (Soergel/Stein, § 9 AGB-Gesetz Rn. 85; ferner Ulmer/Brandner/Hensen, Anh. §§ 9 - 11, Rn. 450). Gemäß § 9 AGBG **unzulässig** ist z.B. die vorformulierte Einwilligung in die Behandlung, durch welche das Aufklärungsgespräch ausgespart (und damit das Selbstbestimmungsrecht des Patienten unterlaufen) werden soll (Steffen/Dressler, Rn. 20; s. oben I. 7. b, cc, (5)); auch Haftungsausschlussklauseln in Bezug auf leicht fahrlässige Behandlungsfehler **widersprechen** dem Leitbild des gerade auf den Gesundheitsschutz des Patienten angelegten Behandlungsvertrages (vgl. Steffen/Dressler aaO; Laufs Rn. 92; Palandt/Heinrichs, § 9 AGBG Rn. 100); der Klinikträger kann sich des weiteren im Außenverhältnis **nicht** für eine Verletzung der ihm obliegenden Organisationspflichten freizeichnen (OLG Stuttgart NJW 1993, 2384, 2387 zu einem Fall des Belegarztvertrages). **Zulässig** ist dagegen eine Formularbedingung, wonach der Krankenhausträger für Fehler des selbstliquidierenden Abteilungschefarztes nicht mithaftet, sofern der Patient auf Existenz und Tragweite dieser Klausel deutlich hingewiesen wird (§ 3 AGBG; vgl. Steffen/Dressler, Rn. 36; s. unten **4. c**).

Nimmt der Krankenhausträger mit seinen bediensteten Ärzten am **Notarztdienst** (s. oben **Exkurs** nach I. **7. a, bb**) teil, so wird **er** Vertragspartner des Notfallpatienten. Das Behandlungsverhältnis beginnt mit der Durchführung des Notdienstes; die Notärzte sind in diesem Falle Erfüllungsgehilfen des Krankenhausträgers (Lippert NJW 1982, 2089, 2092; s. oben I. **4. a**).

2. Zustandekommen

Der Krankenhausvertrag kommt durch ausdrückliche Abrede oder in schlüssiger Weise durch die stationäre **Aufnahme** des Patienten in die Krankenanstalt zustande (OLG Frankfurt VersR 1982, 1051; Nüßgens Rn. 6). Die wörtliche Verwahrung gegen die privatrechtliche Vergütungspflicht stellt eine unbeachtliche protestatio facto contraria dar, wenn der Patient weiterhin im Krankenhaus verweilt und dessen Leistungen in Anspruch nimmt, obwohl er über das Ende der Kostenübernahme seitens der gesetzlichen Krankenkasse unterrichtet worden ist (BGH VersR 2000, 999, 1001).

Bei einer Notfalleinlieferung ohne vorausgehende ärztliche Einweisung kommt der Aufnahmevertrag **nachträglich** mit dem Krankenversicherungsträger dadurch zustande, dass dieser die Kosten übernimmt (OLG Düsseldorf NJW 1975, 596; s. auch Rehborn, S. 280).

3. Vertragsfreiheit

Lediglich im Grundsatz besteht auch für den Krankenhausträger die vertragliche Abschlussfreiheit. Nimmt das Krankenhaus - wie es im ländlichen Raume oftmals der Fall sein wird - eine Art **Monopolstellung** ein oder begehrt ein Unfallverletzter die Aufnahme in der nächsterreichbaren Klinik, so ist bei stationärer Behandlungsbedürftigkeit eine Aufnahme- und damit Behandlungs**pflicht** anzunehmen (HandbuchArztR/Uhlenbruck, § 41 Rn. 14; HandbuchArztR/Genzel, § 84 Rn. 26; Palandt/Heinrichs, Einf. v. § 145 Rn. 10; Weimar JR 1975, 145). In einigen Bundesländern sehen die bestehenden Krankenhausgesetze sogar ausdrücklich einen Kontrahierungszwang des Krankenhausträgers vor (vgl. die Nachweise bei I IandbuchArztR/I Ihlenbruck, aaO).

4. Vertragstypen und Versorgungsmodelle

a) Totaler Krankenhausaufnahmevertrag

Aufgrund der Vorschriften des KHG (Neufassung BGBl. 1991, Teil I., S. 889 ff, zuletzt geändert BGBl. 1997, Teil I., S. 1531 f) und der hierauf beruhenden BPflV (Verordnung zur Neuordnung des Pflegesatzrechtes BGBl. 1994, S. 2750 ff, zuletzt geändert BGBl. 1997, Teil I., S. 1533 f) gilt seit dem 01. Januar 1974 (AG Saarbrücken VersR 1976, 362) als **Regelform** (wenn andere Vereinbarungen also nicht getroffen sind) der **stationären** Krankenhausbetreuung nicht mehr nur für Kassenpatienten, sondern auch (unbeschadet einer eventuell daneben abgeschlossenen Zusatzvereinbarung) für den Privatpatienten („Selbstzahler") der **totale Krankenhausaufnahmevertrag** (Staudinger/Richardi, Vorbem. zu §§ 611 ff Rn. 1612; Deutsch Rn. 56; Laufs Rn. 89; Geiß/Greiner, A.-Rn. 26; Franzki, S.

26, 27; Uhlenbruck NJW 1973, 1399, 1401; Musielak JuS 1977, 87, 88; Emmerich JuS 1985, 990; Reiling MedR 1995, 443, 446).

Durch den Abschluss dieses Vertrages tritt der Patient **alleine** zu dem Krankenhausträger in vertragliche Beziehungen. Der Vertrag **verpflichtet** den Träger sowohl zur sog. Krankenhausversorgung als auch zur ärztlichen Behandlung, die er im Wege zulässiger Substitution durch die bediensteten Ärzte erbringen lässt: also zur Gewährung **sämtlicher** Leistungen, die bei einer stationären Heilbehandlung erforderlich sind (Beherbergung, Verpflegung, Anwendung der Krankenhaustechnik und Versorgung mit Arznei-, Heil- und Hilfsmitteln einerseits sowie ärztliche Dienste inclusive der Durchführung von Operationen andererseits, wobei auch die chirurgische Schmerzbetäubung Bestandteil der Heilbehandlung ist; vgl. zu allem: BGH LM Nr. 24 Bl. 2 zu § 278 BGB; HandbuchArztR/Genzel, § 93 Rn. 3; Uhlenbruck NJW 1972, 2201, 2202; Reiling aaO, 447). Der Krankenhausträger haftet für ein schuldhaftes Fehlverhalten des gesamten Klinikpersonals einschließlich derjenigen Ärzte, die nicht Organe des Trägers sind, als **Erfüllungsgehilfen** (§ 278 BGB; Deutsch Rn. 56; Funke, S. 21).

Aufgrund des Behandlungsvertrages obliegt dem Krankenhausträger **neben** der ärztlichen insbesondere auch die sachgerechte **pflegerische** Fürsorge und Betreuung des Patienten (BGH MDR 1991, 845, 846; Schlund/Richter-Handbuch, B. I. Rn. 3).

EXKURS
Pflegedienst

Medizinische Behandlung einerseits und pflegerische Maßnahmen andererseits weisen je **unterschiedliche** Ansätze auf: die Behandlung richtet sich gegen die Krankheit; die Pflege ist in erster Linie auf die Befriedigung der wesentlichen Bedürfnisse des Lebens ausgerichtet (Eibach MedR 2000, 10, 15). Die Pflegedienstkräfte (Krankenschwestern, Krankenpfleger, Krankenpflegehelferinnen und -helfer) haben auch **originär** eigene (d.h. nicht aus dem ärztlichen Tätigkeitsfeld abgeleitete) Aufgaben (vgl. auch BGH NJW 1991, 1540, 1541). Die Wirkungsbereiche der Krankenpflege bestehen in der Grund- und in der Behandlungspflege (erstere mit den Unterarten der Funktions- und Beobachtungspflege; letztere begriffen als Förderung und Ergänzung des ärztlichen Behandlungskonzeptes, vgl. etwa Schell, S. 149; s. auch das in § 4 Abs. 1 KrPflG - BGBl. 1985, Teil I, S. 894 - formulierte krankenpflegerische Ausbildungsziel). Auf dem Gebiete der Grundpflege handeln die Pflegekräfte regelmäßig nicht als Erfüllungsgehilfen des Arztes; sie stehen vielmehr unter der Weisungs- und Überwachungsverantwortung der jeweiligen Pflegedienstleitung. Die kompetente Durchführung der originären Pflegeaufgaben verantwortet die jeweilige Pflegeperson **selbst** (s. auch Juchli, S. 1028). Der Arzt hat nur bezüglich **spezifisch** diagnostischer oder therapeutischer Anforderungen an die Pflege ein fachliches Weisungsrecht (**anders** Ulsenheimer Rn. 201: auch im Bereiche der Grundpflege besteht die Anordnungskompetenz des Leitenden Arztes); die Pflegekräfte müssen aber ihrerseits gegebenenfalls den Arzt auf die Unvereinbarkeit der vorhandenen pflegerischen Situation und Möglichkeit mit einer vorgestellten Behandlungsintention hinweisen (Steffen/Dressler, Rn. 224, 225; Steffen MedR 1996, 265; Molkentin MedR 1999, 29 ff, der die Behandlungspflege grundsätzlich der ärztlichen Anordnungsverantwortung zurechnet; so ausdrücklich auch Ulsenheimer Rn. 201: auf dem gesamten Felde der Behandlungspflege gilt die ärztliche Weisungs- und Aufsichtspflicht). Stellen die von dem Arzt zu verantwortenden Behandlungsmaßnahmen **besondere** Anforderungen an die pflegerische Betreuung, so ist es **seine** Sache, durch entsprechende Hinweise und Anordnungen an das Pflegepersonal darauf hinzuwirken, dass diesen Anforderungen Genüge geschieht; jedenfalls insoweit ist der Arzt dem Patienten auch für die pflegerische Betreuung mitverantwortlich (BGH NJW 1984, 1400, 1402). Für Schäden aus dem pflegerischen Bereich ist der Arzt selbst **nur** haftbar, wenn der Fehler und der dadurch ausgelöste Schaden gleichzeitig auf der Unterlassung spezieller ärztlicher Weisungen beruht, die im Einzelfalle hätten erteilt werden müssen (OLG Düsseldorf AHRS Kza 0930/11). Über den Einsatz der Pflegekräfte muss der Patient weder aufgeklärt werden, noch muss er darin einwilligen.

Zieht der Krankenhausträger zur Erfüllung **seiner** Behandlungsaufgabe einen niedergelassenen Arzt anderer Fachrichtung konsiliarisch auf seine Kosten hinzu, so ist auch dieser als Erfüllungsgehilfe (§ 278 BGB) anzusehen (OLG Stuttgart VersR 1992, 55, 96; s. oben **I. 3. c, aa)**).

Für das Verschulden des in medizinischer Hinsicht weisungsfreien und daher als „verfassungsmäßig berufener Vertreter" anzusehenden **Chefarztes** muss der Krankenhausträger nach §§ 31, 89 BGB ohne Entlastungsmöglichkeit einstehen (vgl. BGH NJW 1972, 334; BGH VersR 1980, 768, 769; Deutsch Rn. 248; s. auch RGZ 152, 129, 132 ff für Gesundheitsschäden nach dem Genuss bleihaltigen Wassers aus der gemeindlichen Wasserleitung, deren regelmäßige Überprüfung und Untersuchung auf die Wasserbeschaffenheit der Gemeindevorsteher schuldhaft verabsäumt hatte; zur **Organhaftung** s. unten C. V.).

Der Patient hat grundsätzlich **kein** Anrecht auf den Einsatz eines bestimmten Krankenhausarztes; der Klinikträger ist ohnehin verpflichtet, stets den **Standard** eines voll aus- und weitergebildeten sowie als Facharzt anerkannten Praktikers zu gewährleisten. Nur dort, wo die medizinische Situation ein Handeln etwa gerade des Chefarztes verlangt, muss dieser selbst tätig werden (Reiling MedR 1995, 443, 447 mN).

b) Gespaltener Arzt-Krankenhaus-Vertrag

Bei diesem Typus liegen **zwei** rechtlich **gesonderte** Dienstverträge vor: **einer** mit dem Krankenhausträger **und** ein **zweiter** mit dem behandelnden (Leitenden) Arzt. Letzterer schuldet die ärztliche Heilbehandlung (Diagnose und Therapie); alle übrigen Versorgungsleistungen (Unterkunft, Beköstigung, pflegerische Betreuung sowie die von dem nachgeordneten ärztlichen Dienst in Abwesenheit des Leitenden Arztes zu erbringenden ärztlichen Grundleistungen) sind von dem Krankenhausträger zu gewährleisten (BGH NJW 1962, 1763, 1764; HandbuchArztR/Genzel, § 93 Rn. 4; Rieger Rn. 1034; Giesen Jura 1981, 10).

Für die zur Erbringung einer vertraglichen Leistung in seinem Einverständnis tatsächlich herangezogenen Hilfskräfte hat jeweils **derjenige** einzustehen (§ 278 BGB), dessen Verpflichtung in concreto wahrgenommen worden ist (Daniels NJW 1972, 305, 306; Bunte NJW 1986, 2351, 2353).

Der Vertragstyp des gespaltenen Arzt-Krankenhaus-Vertrages kommt vornehmlich dann in Betracht, wenn der Patient schon vor der Aufnahme in das Krankenhaus von einem niedergelassenen Arzt behandelt worden war, der die Therapie nunmehr als eine stationäre oder teilstationäre fortsetzt (Staudinger/Richardi, Vorbem. zu §§ 611 ff Rn. 1630; MünchKomm/Müller-Glöge, § 611 Rn. 76; Daniels aaO, 305); der ursprünglich ambulante Arztvertrag wird mit der Aufnahme des Patienten (als „Belegpatienten") in das **Belegkrankenhaus** als Vertrag über die stationäre Behandlung durch den **Belegarzt** fortgeführt (der ärztliche Belegungsvertrag ist ein einheitlicher Vertrag besonderer Art: er begründet in aller Regel ein Dauerrechtsverhältnis atypischen Inhaltes mit Elementen der Leihe oder Miete, des Dienstverschaffungs- und des Gesellschaftsvertrages, BGH NJW 1972, 1128, 1129; MünchKomm/Tode, § 305 Rn. 16). Der Belegarzt **schuldet** zunächst die fachlich-medizinische Behandlung und Betreuung des Patienten (BGH NJW 1996, 2429, 2430); zu seinen Leistungen gehören auch diejenigen des ärztlichen Bereitschaftsdienstes für den Belegpatienten (§ 23 Abs. 1 Nr. 2 BPflV; s. OLG Celle VersR 1993, 361). Darüber hinaus **obliegen** dem Belegarzt auch die Leistungen der ärztlichen Hilfspersonen, die bei der Behandlung des Patienten in dem belegärztlichen Aufgabenbereich tätig werden (§ 23 Abs. 1 Nr. 3 BPflV): die nachgeordneten Ärzte (etwa der Anästhesist oder der Operationsassistent) fungieren insofern als Erfüllungsgehilfen des behandelnden Belegarztes (der selber eigenverantwortlicher Vertragspartner des Patienten bleibt und nicht etwa Organ, Erfüllungs- oder Verrichtungsgehilfe des Krankenhausträgers wird, dazu OLG Koblenz NJW 1990, 1534; Bergmann, S. 238).

Die haftungsrechtlichen Folgen einer **Gemeinschaftspraxis** (s. dazu oben I. 7. d) erfahren nicht dadurch eine Veränderung, dass die Ärzte als **Belegärzte** im gleichen Krankenhaus tätig sind und die in der Praxis begonnene Behandlung dort fortgesetzt wird (BGH NJW 2000, 2737, 2741). Ein Belegarzt, der während seines Urlaubs die Fortsetzung der Behandlung im Krankenhaus seinem **Urlaubsvertreter** überlässt, wird regelmäßig nur dann von seinen Behandlungspflichten frei, wenn er dies ausdrücklich mit dem Patienten vereinbart und dieser einen selbständigen Behandlungsvertrag mit dem Urlaubsvertreter abschließt; anderenfalls wird dieser als Erfüllungsgehilfe gemäß § 278 BGB für den vertretenen Arzt tätig (BGH aaO; Geiß/Greiner, Rn. A-38).

Sämtliche **nichtärztlichen** Versorgungsleistungen schuldet alleine der **Krankenhausträger**, der diese durch sein Pflege- sowie sein medizinisch-technisches Personal erbringt (vgl. BGH NJW 1990, 761, 764; BGH LM Nr. 161 Bl. 4 Rs. zu § 823 (Aa) BGB; Geiß/Greiner, A-Rn. 35; E.-M. Schmid, S. 138; Franzki/Hansen NJW 1990, 737, 742). Der **Belegarzt** ist zu Weisungen gegenüber dem ihm von dem Träger des Belegkrankenhauses zur Durchführung seiner ärztlichen Tätigkeit bereitgestellten Personal **berechtigt** (er haftet für sachwidrige Anweisungen ebenso wie für nicht erteilte, aber notwendige Anordnungen, s. Franzki/Hansen aaO, 742; vgl. auch LG Aachen NJW 1976, 1155, 1156); eine Befugnis, den Pflegepersonen des Krankenhauses eigene medizinische Aufgaben zuzuweisen, besitzt der Belegarzt jedoch nicht (BGH NJW 1996, 2429, 2430).

Der Krankenhausträger muss seinerseits **organisatorisch** sicherstellen, dass die nichtärztlichen Kräfte von dem zuständigen Belegarzt die für den konkreten Behandlungsfall nötigen fachlichen Weisungen erhalten können (OLG Stuttgart NJW 1993, 2384, 2386). Im Bereich der Geburtshilfe haften Krankenhausträger und Arzt dem geburtsgeschädigten Kind, wenn der Schaden dadurch entstanden ist, dass die notwendigen ärztlichen Maßnahmen wegen der Abwesenheit des Arztes nicht unverzüglich getroffen werden konnten, weil es in dem Belegkrankenhaus **organisatorische** Defizite gegeben hat (OLG Hamm vom 06.02.1995, zit. nach der Mitteilung b. Pelz DRiZ 1998, 473, 495 mit Fn. 19).

Führt ein **niedergelassener** Facharzt auf Veranlassung des Pflegepersonals des Belegkrankenhauses, welches zunächst in vollmachtloser, später jedoch genehmigter Vertretung des Patienten handelt, bei diesem eine Vorsorgeuntersuchung durch, so kommt regelmäßig eine unmittelbare und selbständige Vertragsbeziehung zwischen dem Patienten und dem externen Arzt zustande (BGH NJW 1992, 2962, 2963; Geiß/Greiner, A-Rn. 40).

Die von der frei praktizierenden **Hebamme** mit **Belegrecht** betreute Schwangere tritt nicht schon mit der Aufnahme in die Belegklinik in Vertragsbeziehungen zu dem an diesem Krankenhaus tätigen Gynäkologen; sie bleibt vielmehr so lange allein Patientin der Hebamme, bis der Gynäkologe effektiv eingeschaltet wird und die Geburt leitet (vgl. Steffen/Dressler, Rn. 79). Die Aufgabe der Hebamme, eine Geburt ohne besondere Komplikationen selbständig zu betreuen, hat **nur** solange Bestand, bis der Arzt (etwa mit der Durchführung der Eingangsuntersuchung) die Behandlung selbst übernimmt; von diesem Zeitpunkte an ist die Hebamme - ungeachtet ihrer eigenen Vertragsbeziehung zu der Kindesmutter - seine **Gehilfin**, für die der Arzt nach § 278 BGB einzustehen hat (BGH VersR 1995, 706, 708 mit Blick auf § 7 Abs. 3 S. 3 BayHebBO vom 20.08.1970; ferner OLG Celle VersR 1993, 360, 361: auch die **Beleghebamme**, die in einer eigenen Vertragsbeziehung zu der Patientin steht, kann im Pflichtenkreis des Belegarztes

78

Erfüllungsgehilfin sein; Frahm/Nixdorf, Rn. 54; K. Müller MedR 1996, 208 ff folgert aus der Bestimmung des § 1 Abs. 2 BayHebBO vom 19.05.1998 = GVBl., S. 132 hingegen, dass die freiberufliche Hebamme analog § 76 Abs. 4 SGB V mit der Schwangeren, der Gebärenden oder der Wöchnerin in einer von dem Belegarzt unabhängigen Vertragsbeziehung stehe und deshalb weder dessen Erfüllungs- noch dessen Verrichtungsgehilfin sei). Für die haftungsrechtliche Zuordnung kommt es im Übrigen nicht entscheidend darauf an, ob die Hebamme freiberuflich oder im Angestelltenverhältnis tätig ist (OLG Celle aaO; zum Hebammenrecht nach dem HebG und den sachzugehörigen Rechtsgrundlagen vgl. näher Rieger Rn. 796 ff). Für Fehler der bei ihm **angestellten** Hebamme hat der Träger des Belegkrankenhauses so lange einzustehen, als diese **nicht** wegen einer besonderen ärztlichen Weisungskompetenz oder wegen der Übernahme der Geburtsleitung dem Belegarzt zugerechnet werden müssen (BGH NJW 2000, 2737, 2739).

c) Arztzusatzvertrag
und
Gespaltener Krankenhausaufnahmevertrag

Im Falle des totalen Krankenhausaufnahmevertrages können aufgrund einer besonderen **schriftlichen** (vgl. § 126 BGB) Arztzusatzabrede („**Wahlleistungsvereinbarung**") mit dem Krankenhausträger und dem behandelnden Arzt bestimmte ärztliche Sonder- und Wahlleistungen im Sinne der Bundespflegesatzverordnung (s. § 22 BPflV) geschuldet sein, die dem betreffenden liquidationsberechtigten Krankenhausarzt (regelmäßig dem Chef- oder Leitenden Abteilungsarzt) gesondert zu honorieren sind (vgl. MünchKomm/Müller-Glöge, § 611 Rn. 75; HandbuchArztR/Genzel, § 93 Rn. 6; Rehborn, S. 273; Weimar, S. 80; Kubis NJW 1989, 1512). Das Schriftformerfordernis gilt für die Erklärungen auf **beiden** Seiten der Abrede (BGH NJW 1998, 1778); die Unterzeichnung des Antrages auf Gewährung von Wahlleistungen durch den Patienten alleine reicht für die Beachtung des Schriftlichkeitsgebotes **nicht** aus (OLG Hamm NJW 2000, 3437; LG Hamburg MedR 1995, 333, 334 und LG Tübingen MedR 1998, 473, 475 gegen LG Flensburg MedR 1993, 200, 201). Ist die (mit dem Krankenhausträger als dem Adressaten der pflegesatzrechtlichen Bestimmungen zu treffende, s. Haberstroh VersR 1999, 8, 10) Wahlleistungsabrede formnichtig, so steht dem behandelnden liquidationsberechtigten Arzt auch aus § 612 BGB aufgrund eines mündlich geschlossenen Zusatzvertrages **kein** gesonderter Vergütungsanspruch zu (§§ 125 S. 1, 139 BGB; hierzu BGH aaO, 1779). Ist die Wahlleistungsvereinbarung wegen Formstoßes oder wegen fehlender vorheriger Unterrichtung des Patienten über die Entgelte der Sonderleistungen nicht wirksam zustande gekommen, so kann der Krankenhausträger eine Vergütung auch **nicht** unter dem Aspekt der ungerechtfertigten Bereicherung (§ 812 Abs. 1 BGB) verlangen (BGH NJW 1996, 781, 782; LG Tübingen aaO, 476, 477 mit zust. Bespr. Genzel 475).

Die in dem formularmäßigen Antrag auf Gewährung von Wahlleistungen enthaltene **Klausel**, wonach dem Patienten Gebühren-, Benutzungs- und Hausordnung vorgelegen haben bzw. ausgehändigt worden waren, verstößt gegen § 11 Nr. 15 AGBG (OLG Düsseldorf VersR 1999, 496, 497).

Regelmäßig will der Patient durch einen solchen Zusatzvertrag nicht etwa den Krankenhausträger teilweise aus seiner Pflichtenstellung entlassen; vielmehr kommt es ihm auf einen **zusätzlichen** Haftungsschuldner an. Mangels abweichender Vereinbarung ist der Krankenhausträger dem Patienten daher im Rahmen der stationären Behandlung zur **Verschaffung** der durch diese persönlich zu erbringenden **ärztlichen** Leistungen auch der selbstliquidierenden Ärzte verpflichtet; für deren Fehler haftet der Träger vertraglich nach § 278 BGB sowie deliktisch gemäß den Vorschriften der §§ 31, 89 und 823 BGB (BGHZ 95, 63, 67 ff; HandbuchArztR/Genzel, § 93 Rn. 7; Steffen/Dressler, Rn. 34).

Soll der eigenliquidierende Arzt **alleine** verpflichtet werden, so muss der Patient beim Abschluss des Krankenhausvertrages hierauf (da Vertragspartner für die wahl**ärztlichen**

79

Leistungen **nur** die liquidationsberechtigten Ärzte sind) klar und eindrücklich hingewiesen werden (Steffen(Dressler, Rn. 36); der klarstellende formularmäßige Hinweis muss (das folgt aus dem Grundgedanken des § 3 AGBG) innerhalb des noch durch die Unterschrift des Patienten gedeckten Vertragstextes (ein Hinweis in den Formularbedingungen genügt nicht) dahin lauten, dass der Krankenhausträger **nicht** Schuldner der ärztlichen Leistungen ist und eine Haftung für etwaige ärztliche Fehler entfällt („**Gespaltener** Krankenhausaufnahmevertrag"; s. hiezu BGH NJW 1993, 779, 780; OLG Bamberg VersR 1994, 813, 815: es kann gegen § 3 AGBG verstoßen, wenn der Krankenhausträger seine Haftung für Behandlungsfehler der privatliquidierenden Ärzte und deren Erfüllungsgehilfen bei der Erbringung gesondert berechenbarer Leistungen formularmäßig ausschließt; nach Kramer NJW 1996, 2398, 2400 ff soll die „Spaltungsklausel" gemäß § 9 AGBG unwirksam sein).

Die vereinbarte Wahlleistung „**Chefarztbehandlung**" erstreckt sich auf alle Chefärzte des Krankenhauses, in deren Fachgebiet eine Diagnose- oder Behandlungsmaßnahme für den Patienten anfällt (§ 22 Abs. 3 BPflV; OLG Stuttgart MedR 1995, 320, 322).

Die zum Vertragsschluss führenden Willenserklärungen werden regelmäßig zwischen dem Patienten und dem Krankenhausträger ausgetauscht, wobei das **Angebot** zum Zusatzvertrag seitens des Krankenhausträgers in **Vollmacht** der liquidationsberechtigten Ärzte erklärt wird (BGH VersR 1985, 1043, 1045; OLG Stuttgart VersR 1991, 1141, 1142 mwN).

Da der Patient durch den Abschluss des Zusatzvertrages zum Ausdruck bringt, dass er von dem ärztlichen Vertragspartner **persönlich** betreut und behandelt werden will, bedarf (abgesehen von Notfällen) die Vornahme eines Eingriffes durch einen anderen Arzt seiner speziellen Einwilligung (OLG Celle NJW 1982, 706). **Persönlich** erbringt der Leitende Arzt die Vertragsleistung dann, wenn er die grundlegenden Entscheidungen über Diagnose, Indikation und Therapie- bzw. Operationsplan selbst prüft sowie die Behandlungsmaßnahmen entweder in persona durchführt oder ihre Durchführung wenigstens überwacht (Staudinger/Richardi, § 613 Rn. 10; Weißauer NJW 1978, 2343; Miebach/Patt NJW 2000, 3377, 3379: die Pflicht zur persönlichen Leistungserbringung bezieht sich insbesondere auf diejenigen Leistungen, die das Fachgebiet des Chefarztes prägen, also die Operation, die Anästhesie, die Leitung der Geburt sowie bei den konservativen Fächern wie der Inneren Medizin, der Kinderheilkunde oder der Neurologie die gesamte Behandlung von der Diagnostik bis zum Abschluss der Therapie; s. oben **I. 6. a)**). Mit der widerspruchslosen Hinnahme der ärztlichen Betreuung seitens des zuständigen **Oberarztes** in Kenntnis der Abwesenheit oder Verhinderung des Chefarztes gibt der Patient in schlüssiger Weise eindeutig zu erkennen, dass er die Erbringung der vereinbarten besonderen ärztlichen Leistung auch durch den Chefarzt-**Vertreter** akzeptiere (LG Flensburg NJW 1978, 2342; Weißauer aaO). Allgemein dürfte es im Übrigen dem Vertragwillen der Parteien entsprechen, dass sich der Chefarzt in Fällen unvorhergesehener Verhinderung sowie bei der Vor- und bei der Nachbehandlung durch einen **Oberarzt** vertreten lassen kann; eine weitergehende Vertretungsregelung muss hingegen **besonders** vereinbart werden (Erman/Hanau, § 613 Rn. 3 mN). Die im Wahlleistungsvertrag zulässige Vertretungsvereinbarung sollte den Stellvertreter des liquidationsberechtigten Chefarztes ebenso ausdrücklich benennen wie die von der Vereinbarung betroffenen Vertretungsfälle (Urlaub, Kongressbesuch oder sonstige geplante Abwesenheiten, vgl. Jansen MedR 1999, 555 ff). Durch AGB-**Klauseln** kann eine Vertretungsregelung **nicht** wirksam getroffen werden; derartige Vertragsbedingungen scheitern an den Bestimmungen der §§ 3, 9 Abs. 2, 10 Nr. 4 AGBG (Miebach/Patt aaO, 3383, 3384).

d) Ambulante Krankenhausbehandlung

Die **ambulante** unterscheidet sich von der voll- oder teilstationären Behandlung dadurch, dass der Patient nicht - auch nicht nur partiell - in das spezifische Versorgungskonzept des

Krankenhauses eingegliedert ist (Reiling MedR 1995, 443, 446; zu teilstationären Krankenhausleistungen s. näher Genzel MedR 1995, 1, 3).

aa) Kassenpatient

(1) Chefarztambulanz

Der zur ambulanten Behandlung in das Krankenhaus überwiesene Kassenpatient tritt in **vertragliche** Beziehungen (nicht zu dem Krankenhausträger, sondern) **nur** zu dem die Ambulanz kraft kassenarztrechtlicher Zulassungsbeteiligung (§§ 96, 116 SGB V) betreibenden **Chefarzt** (und zwar auch dann, wenn die Überweisung auf das Krankenhaus lautet und die Behandlung in der Krankenhausambulanz von einem nachgeordneten Krankenhausarzt durchgeführt wird, BGH MDR 1987, 831; Geigel/Schlegelmilch, Kap. 28 Rn. 40); das gilt sogar in den Fällen, in welchen der Kassenpatient im **Anschluss** an einen stationären Behandlungsaufenthalt zwecks notwendiger ambulanter Nachbehandlung erneut in das Krankenhaus überwiesen wird (OLG Frankfurt VersR 1994, 430, 431).

In der Chefarztambulanz gehören die Funktionen der nachgeordneten Ärzte und auch die Tätigkeiten des nichtärztlichen Dienstes (Organisation, Pflege etc.) zur alleinigen Vertragsaufgabe des liquidationsbefugten **Betreibers** (Büsken/Klüglich VersR 1994, 1141, 1149).

Eine **Ausnahme** von dem Grundsatz der alleinigen Haftung des Chefarztes soll dann gelten, wenn die ambulante Behandlung der **Vorbereitung** einer stationären Aufnahme dient und diese sodann später auch tatsächlich stattfindet (OLG Stuttgart vom 27.07.1999, zit. nach der Mitteilung b. Rehborn MDR 2000, 1101, 1102 mit Fn. 14).

(2) Institutsambulanz

Der auf die ambulante Behandlung im Krankenhaus gerichtete Vertrag ist ein **selbständiges** Rechtsgeschäft, das in keinem Zusammenhange mit der organschaftlichen Stellung und Tätigkeit des Leitenden Arztes steht (OLG Braunschweig NJW 1980, 643).

Nur **ausnahmsweise** werden die ambulanten Leistungen von dem **Krankenhausträger** als sog. **Institutsleistungen** angeboten und erbracht (E.-M. Schmid, S. 61, 100); insoweit kommen als zur ambulanten ärztlichen Versorgung der Sozialversicherten ermächtigte Einrichtungen allein Polikliniken (§ 117 SGB V; s. dazu Rehborn, S. 24), Psychiatrische Institutsambulanzen (§ 116 SGB V) und Sozialpädiatrische Zentren (§ 119 SGB V) in Betracht (Büsken/Klüglich aaO, 1149 Fn. 99). Soweit das Krankenhaus als Institut Träger der Behandlung ist, **ersetzt** es den ermächtigten Chefarzt als Träger der Krankenhausambulanz; für den Bereich des ambulanten Operierens (§§ 39 Abs. 1 S. 2, 115 b SGB V) hat der Patient auch kein Wahlrecht (Steffen/Dressler, Rn. 46).

bb) Selbstzahler

Bei dem „**Selbstzahler**" entscheiden die konkreten Abreden im jeweiligen Einzelfalle darüber, **wer** Vertragspartner des im Krankenhaus ambulant behandelten Patienten ist: der Krankenhausträger, der Abteilungschefarzt oder beide. Fehlt es an ausdrücklichen Vereinbarungen, so tritt der Privatpatient in vertragliche Beziehungen ebenfalls alleine zu dem **Chefarzt**, der die Ambulanz betreibt und aufgrund der bestehenden Abreden mit dem Krankenhausträger eigenliquidierungsberechtigt ist (und zwar auch dann, wenn in Abwesenheit des Chefarztes nur der diensthabende nachgeordnete Krankenhausarzt tätig wird, BGH MDR 1989, 149, 150; Steffen/Dressler, Rn. 45).

Bei dem **beamteten** Chefarzt der Krankenhausambulanz zählt die Behandlung von Privatpatienten **nicht** zu denjenigen Dienstpflichten, die ihm als Beamtem obliegen (BGH MDR 1993, 426; s. näher unten **C. IV. 2. a)**).

5. Vertragspflichten - Vertragsverletzung

a) Kostenebene

Der Krankenhausträger muss bei der Entgegennahme des Aufnahmeantrages **klären**, ob derjenige, welcher das Antragsformular entgegennimmt und/oder ausfüllt, selbst der Patient oder nur Begleiter des Patienten ist; letzterenfalls muss er (solange verbindliche Kostenübernahmen eines gesetzlichen oder privaten Versicherungsträgers nicht vorliegen) fürsorglich darauf hinweisen, dass der Dritte sich im Vertragsvordruck nicht als Antragsteller einschreibe, weil er damit die gesamtschuldnerische Haftung für die Kosten der stationären Behandlung übernähme (OLG Düsseldorf NJW 1991, 2352, 2353); die Verletzung dieser Hinweispflicht kann den Vergütungsanspruch im Ergebnis entfallen lassen (Pelz DRiZ 1998, 473, 476).

Im Falle der Krankenhauseinweisung durch einen niedergelassenen Vertragsarzt („Kassenarzt") darf der Kassenpatient darauf vertrauen, dass seine Krankenkasse die Kosten der Behandlung trage; wenn - wie es z.b. bei einem vorzunehmenden kosmetischen Eingriff der Fall sein kann - die Kostenübernahme seitens der Krankenkasse nicht unproblematisch erscheint, muss der Krankenhausträger aufgrund der ihm obliegenden wirtschaftlichen Aufklärungspflicht dem Patienten den **Rat** erteilen, sich wegen der Fragen der Kostenübernahme zunächst mit der Krankenkasse ins Benehmen zu setzen (OLG/LG Bremen NJW 1991, 2353, 2354). Überhaupt hat zu gelten, dass, soweit der Krankenhausträger aufgrund seiner Expertenstellung über bessere Kenntnisse und über ein überlegenes Wissen verfügt, er auch verpflichtet ist, den aufgenommenen Patienten vor unnötigen Behandlungskosten und unverhältnismäßigen finanziellen Belastungen zu bewahren (BGH NJW 1988, 759, 760).

Eine Pflicht zur wirtschaftlichen **Aufklärung** durch den Krankenhausträger enthält auch die Bestimmung des § 22 Abs. 1 S. 1 zweiter Hs. BPflV: der Patient muss vor Abschluss einer **Wahlleistungsvereinbarung** (s. oben **4.**) über die Entgelte der Wahlleistungen und deren Inhalte im Einzelnen unterrichtet werden (vgl. Genzel MedR 1998, 474).

b) Behandlungsebene

Der Patient kann mit Grund **nicht immer** die besten Behandlungsbedingungen, die neuesten Methoden und die modernsten medizinischen Gerätschaften erwarten. Für die personelle, die räumliche und die apparative Ausstattung können vielmehr **unterschiedliche** Standards gelten, je nachdem, ob es sich um ein allgemeines Krankenhaus, eine Spezialklinik oder eine Universitätsklinik handelt; allerdings muss insoweit **jedem** Falle eine unverzichtbare **Mindest**qualität gewahrt sein (Bergmann, S. 8, 9 mN, s. oben **I. 8.**).

aa) Aufklärung und Einwilligung

Aufklärungspflichtig können bei der Krankenhausbehandlung **auch** Gefahren sein, die sich aus mangelhaft hygienischen Zuständen (hierzu etwa BGH NJW 1971, 241, 242 hinsichtlich einer Entbindungsstation) oder aus der baulichen Beschaffenheit der Behandlungs- oder Unterbringungsräumlichkeiten ergeben (Kleinewefers VersR 1081, 99, 102).

Verfügt ein Krankenhaus über **keine** oder keine genügende Anzahl von Fachanästhesisten, so gilt das unter oben **8. b, dd (3) (b)** Gesagte.

Nimmt der behandelnde Arzt die Aufklärung des Patienten **nicht** selbst vor, so muss dies ein für die konkrete Behandlung sachkundiger **anderer** Arzt tun (Bergmann, S. 68); der behandelnde Arzt darf sich jedenfalls nicht ohne eigene Prüfung darauf verlassen, dass der Patient anderweitig ausreichend aufgeklärt worden sei (Kleinewefers aaO; s. oben I. 7. b cc (1)).

Der Patient hat grundsätzlich **keinen** Anspruch darauf, von einem bestimmten Arzt (etwa von dem Chefarzt persönlich) behandelt und operiert zu werden; erklärt er jedoch, er wolle nur von einem bestimmten Arzt operiert werden, so hat dies die Bedeutung, dass ein anderer Arzt **mangels** Einwilligung des Patienten den Eingriff nicht vornehmen darf (OLG Celle NJW 1982, 706; vgl. oben **4. c)**.

Im Hinblick auf die Geltendmachung von Schadensersatzansprüchen (grundsätzlich aber auch außerhalb eines Rechtsstreites) ist der Krankenhausträger vertraglich verpflichtet, die mit der Behandlung des Patienten beauftragten oder beauftragt gewesenen Ärzte **namhaft** zu machen (OLG Düsseldorf MedR 1984, 148); die gleiche Auskunftspflicht gilt auch hinsichtlich des medizinischen Hilfspersonals, dessen sich die behandelnden Ärzte bedienen (LG Heidelberg MedR 1989, 253).

bb) Übernahme- und Organisationsverschulden als Behandlungsfehler

Auch **außerhalb** des eigentlichen ärztlichen Behandlungsgeschehens können Versäumnisse und Defizite eine (im weiteren Sinne verstandene) **Behandlungsfehlerhaftung** auslösen.

(1) Behandlungsübernahme

Auch für Krankenhausträger und -ärzte gilt, dass derjenige, der sich zu einer Leistung verpflichtet, grundsätzlich dafür einzustehen hat, dass nicht nur seine persönlichen Kräfte und Fähigkeiten ausreichen, sondern **auch** die personellen, therapeutischen und apparativen Voraussetzungen gegeben sind, um den beabsichtigten Heileingriff lege artis und nach dem Erkenntnisstand der medizinischen Wissenschaft durchzuführen (Uhlenbruck NJW 1972, 2201, 2203 mN.

Ein Behandlungsfehler kann unter dem Gesichtspunkte des **Übernahmeverschuldens** (s. unten nach **cc**) *EXKURS* Übernahmeverschulden) gegeben sein,

* wenn der Krankenhausträger mit seinen sächlichen und personellen Mitteln den geschuldeten - dem Standard der Hygiene entsprechenden – Pflegebedingungen auf der Entbindungsstation nicht zu genügen vermag (BGH NJW 1971, 241, 242),
* wenn die Aufnahme von Risikogeburten in die geburtshilfliche Belegabteilung zugelassen wird, obgleich weder ein präsenter gynäkologischer noch ein präsenter anästhesiologischer Bereitschaftsdienst vorhanden und die nächtliche Pflegesituation ungenügend ist (OLG Stuttgart NJW 1993, 2384, 2386, wo es weiter heißt: der geburtshilfliche Standard der Medizin erfordert es, dass Notfälle anästhesiologisch beherrschbar sind) oder
* wenn die erforderliche Behandlung in ein spezielles Sachgebiet der Medizin einschlägt, welches in dem betreffenden Krankenhaus nicht praktiziert wird (Kleinewefers VersR 1981, 99, 102; ders. VersR 1992, 1425, 1429); ähnliches gilt für vermeidbare Fehleinschätzungen bezüglich der Erfolgschancen und des erforderlich werdenden Umfanges eines von vornherein als zu risikoreich erkannten, trotzdem aber durchgeführten Eingriffes (hierzu OLG Köln VersR 1991, 1376, 1377).

Übernehmen Krankenhausträger oder Krankenhausärzte die Durchführung von Operationen, die wegen ihrer Art, ihres Umfangs oder wegen des Zustandes des Patienten **ohne** Mitwirkung eines **Fach**anästhesisten nicht oder nur unzulänglich ausgeführt werden können, so haften sie bei Verschulden für jeden Schaden, der dem Patienten **durch** das Fehlen einer ordnungsgemäßen anästhesiologischen Versorgung entsteht (Uhlenbruck aaO).

Ein Übernahmeverschulden kann **auch** darin liegen, dass sich der Krankenhausträger auf eine Operation einlässt, die ohne qualifizierte telemedizinische Unterstützung - die nicht zur Verfügung steht - gar nicht durchgeführt werden kann (Pflüger VersR 1999, 1070, 1074).

(2) Sicherstellung der Versorgung

Die angemessene medizinische **Versorgung** ist (von außergewöhnlichen Notfällen abgesehen, die ein spontanes Eingreifen erforderlich machen und für die auch nicht anderweit organisatorisch vorgesorgt werden kann) **von vorneherein** sicherzustellen (BGHZ 88, 248, 255). Der Krankenhausträger muss dafür **sorgen**, dass die diensttuende ärztliche Besetzung mit den für ihr Fachgebiet zu erwartenden Notfällen und deren Behandlung vertraut und wenigstens in der Lage ist, diejenige Zeitspanne, welche verstreichen wird, bis ein in Rufbereitschaft stehender Facharzt erscheinen kann, ohne Schaden für den Patienten zu überbrücken (OLG Frankfurt MedR 1995, 75, 78: für eine Geburtshilfeklinik bedeutet das, dass stets ein Arzt im Hause sein muss, der mit Intubationsbehandlung von Neugeborenen vertraut ist). Der Krankenhausträger ist (vertraglich und deliktisch) verpflichtet, dafür **Sorge** zu tragen, dass in jedem Falle einer Geburt Mutter und Kind durch einen Arzt betreut werden (wenngleich es nicht unbedingt einen schweren Fehler darstellen mag, wenn eine erfahrene Hebamme die Entbindung selbständig ohne ärztlichen Beistand durchführt, solange keine erkennbaren Anzeichen für eine Risikogeburt vorliegen, OLG Stuttgart VersR 1987, 1252, 1253).

Da auch bei ambulanten Operationen die erforderliche fachärztliche Anästhesie gewährleistet sein muss, ist durch geeignete organisatorische **Vorkehrungen** dafür Sorge zu tragen, dass bei auftretenden Notfällen oder Komplikationen die unverzüglich notwendigen ärztlichen Maßnahmen in kompetenter Weise getroffen werden können (Pelz DRiZ 1998, 473, 475).

Ein **Organisationsverschulden** des Krankenhausträgers kann darin liegen, dass ein im Vergleich zu anderen Präparaten erheblich risikoärmeres Medikament, dessen Existenz und Eigenschaften der Arzt zu kennen hat (bspw. hepatitissicheres Präparat zur Normalisierung der Blutgerinnung) nicht rechtzeitig vor der Operation zur Verfügung steht (BGH VersR 1991, 315, 316); denn die Klinik muss den aktuellen Behandlungsstandard nicht nur in personeller und apparativer, sondern auch in **medikamentöser** Hinsicht gewährleisten (Laufs MedR 1991, 137).

(3) Organisationsverantwortung

Der funktionierende Klinikbetrieb erfordert eine die Arbeitsgänge begleitende angemessene **Organisation**; diese ist dadurch zu gewährleisten, dass ärztliches und nichtärztliches Personal sowie die notwendigen Geräte und Medikamente stets in ausreichendem Umfang **vorgehalten** werden und zur **Verfügung** stehen (Kern MedR 2000, 347 f).

Organisatorische Sorgfaltspflichten des **Krankenhausträgers** haben unter vertrags- wie unter deliktsrechtlichen Aspekten Bedeutung. Das arbeitsteilige Geschehen in der Klinik erfordert eine umsichtige Planung, **Koordination** und **Kontrolle** der betrieblichen Abläufe: **Krankenhausträger** (dieser für die organisatorischen Aufgaben, die der einzelne Arzt nicht oder nur schwerlich erfüllen könnte, Kern aaO, 348) und **Leitende Ärzte** (sie für Einsatzauswahl und Überwachung des nachgeordneten ärztlichen und nichtärztlichen

84

Personals, Kern aaO, 349) stehen dem Patienten gegenüber für eine sachgerechte Organisation ein (HandbuchArztR/Laufs, § 102 Rn. 1). **Ärztliche** Verstöße gegen die zum Schutze des Patienten bestehenden organisatorischen Pflichten auf den Gebieten des Behandlungsablaufs und des Behandlungsstandards stellen sich als **Behandlungsfehler** dar (HandbuchArztR/Laufs aaO, Rn. 3; Giesen, Rn. 147, 148).

Der Organisationszustand hat dem **Standard** des Krankenhauses zu entsprechen: eine Hochschulklinik muss auch auf dem Felde der Organisation regelmäßig höheren Ansprüchen genügen als ein kleines und weniger differenziertes Krankenhaus (OLG Bamberg VersR 1998, 1025, 1026).

Der **Krankenhausträger** hat für einen ordnungsgemäßen **ärztlichen Dienst** Sorge zu tragen und diesen organisatorisch sicherzustellen: zum Schutze der Patienten muss der diese Aufgabe wahrnehmende Träger bspw. dafür Sorge tragen, dass kein durch vorausgegangenen Nachtdienst übermüdeter und deshalb nicht voll einsatzfähiger Arzt zum Operationsdienst eingeteilt wird (BGH NJW 1986, 776, 777); Überwachungslücken in dem für den Patienten kritischen Zeitraum unmittelbar nach Ausleitung der Vollnarkose können ein zum Schadensersatz verpflichtendes Organisationsverschulden des Krankenhausträgers darstellen (BGH AHRS Kza 3010/8).

Bei der Durchführung der Organisation des ärztlichen Dienstes kommt die führende Rolle den **Chefärzten** zu; sie werden entweder selbst und selbständig tätig oder sie delegieren, teilen ein, instruieren und kontrollieren (Deutsch Rn. 248; Franzki, S. 18). Für den **Chefarzt** der Abteilung gilt das Prinzip der „Allzuständigkeit"; das bedeutet, dass es im **fachlichen** Bereich nichts gibt, was außerhalb seiner Kompetenz läge und nichts, was ihn nichts anginge; und dass bei ihm stets die **Endverantwortung** für eine dem Standard des erfahrenen Facharztes entsprechende Behandlung des Patienten liegt (Ulsenheimer Rn. 168); im **operativen** Bereich müssen die anstehenden Aufgaben immer so verteilt werden, dass in jeder Phase ein qualifizierter medizinischer Vollzug gewährleistet ist (Laufs NJW 1994, 1562, 1564).

Der Leitende **Fachanästhesist** hat grundsätzlich alle in seinen Fachbereich anfallenden ärztlichen Krankenhausaufgaben **selbstverantwortlich** wahrzunehmen (wozu neben der Durchführung der eigentlichen Narkose auch die Abstimmung des Operationsprogrammes mit dem Chirurgen gehört). In keinem Falle darf der Narkoseeingriff fachlich nicht ausgebildeten Ärzten oder gar dem nichtärztlichen Hilfspersonal zur selbständigen und **eigen**verantwortlichen Durchführung übertragen werden (Uhlenbruck NJW 1972, 2201, 2203; Gaisbauer VersR 1976, 41, 42); setzt der Narkosearzt auf seinem Fachgebiet einen anderen Arzt ein, so muss **er selbst** bei Zwischenfällen jederzeit eingreifen können (Uhlenbruck aaO, 2204; Staudinger/Schäfer, § 823 Rn. 368).

Der Träger des **Belegkrankenhauses** hat sich im Rahmen seiner Kontroll und Aufsichtspflicht über die Vorgänge auf den Belegstationen zu informieren; er muss u.a. durch organisatorische Maßnahmen **sicherstellen**, dass das Pflegepersonal nicht mit seine Kompetenzen übersteigenden medizinischen Aufgaben des Belegarztes befasst wird; gegen eine entsprechende missständige Handhabung muss der Krankenhausträger in geeigneter Weise einschreiten (BGH NJW 1996, 2429, 2431 zu einem Fall, in dem die Auswertung des CTG und damit die Entscheidung über die aktuelle Hinzuziehung des gynäkologischen Belegarztes der fachlich nicht kompetenten Nachtschwester überlassen worden war).

(4) Facharzt in Aus- oder Weiterbildung

Die **unzureichende** Unterweisung und/oder Überwachung des ärztlichen **Berufsanfängers** (dem zur selbständigen Durchführung ohnehin nur Aufgaben übertragen werden dürfen, denen er gewachsen ist, Laufs NJW 1989, 1521, 1527) oder eines den Eingriff durchführenden Chirurgen, der noch in der **Fachausbildung** steht, stellt im Falle der

Gesundheitsbeschädigung des Patienten einen **Behandlungsfehler** des ausbildenden Arztes und ein **Organisationsverschulden** des zuständigen Arztes sowie des Krankenhausträgers dar. Denn aus der Übernahme seiner Behandlung hat der Patient Anspruch auf eine lückenlos fachkompetente (Steffen MedR 1995, 360), dem **Standard** eines erfahrenen **Facharztes** entsprechende Versorgung: die Gewährleistung dieses Standards obliegt dem **Chefarzt** der Abteilung (vgl. BGH JZ 1987, 877, 879 m. Anm. Giesen; BGH NJW 1988, 2298, 2300; OLG Celle NJW 1982, 706; Kleinewefers VersR 1981, 99, 102). Die auf die **Anfängeroperation** anzuwendenden Sorgfaltsregeln gelten sinngemäß auch für die **Anfängernarkose** (Zweibrücken OLGZ 1988, 470, 474; zu weiteren Nachweisen unter den Stichworten „Anfängeroperation" und „Anfängernarkose" s. Gounalakis NJW 1991, 2945, 2946).

Der **Facharztstandard** muss auch dann gewährleistet sein, wenn der Eingriff konkret durch einen Nichtfacharzt vorgenommen wird (Groß VersR 1996, 657, 664). Wird dem erst in der **Weiterbildung** zum Facharzt stehenden Arzt eine eigenverantwortliche Tätigkeit übertragen, für die er noch nicht ausreichend qualifiziert ist, so darf hierdurch für den Patienten **kein** zusätzliches Risiko entstehen (BGHWarn 1993 Nr. 174); potentielle Gefahren müssen vielmehr durch besondere Vorkehrungen neutralisiert werden (OLG Oldenburg MDR 1998, 47). Der (noch) nicht als Narkosefacharzt anerkannte Arzt kann (noch) nicht als erfahrener Facharzt auf dem Gebiete der Anästhesiologie gelten; zeigt er sich im Einzelfalle überfordert, so wird dem Patienten der geschuldete Standard der ärztlichen Behandlung nicht zuteil (OLG Bamberg AHRS Kza 3010/30 = VersR 1998, 407, 408 - LS).

Der sich noch in der **Ausbildung** befindende Arzt ist **schrittweise** an **Operationen** verschiedener Schwierigkeitsgrade heranzuführen: Operationen höherer Schwierigkeitsstufe dürfen ihm auch unter Kontrolle **erst** übertragen werden, nachdem er (in Sinne einer gewissen Qualifikationsanforderung) einfachere und harmlosere Eingriffe erfolgreich durchgeführt hat (OLG Koblenz NJW 1991, 2967, 2068). Der in der **Facharztausbildung** stehende Assistenzarzt darf **erst** nach Unterweisung und Einarbeitung, nach festgestellter Zuverlässigkeit bei der Durchführung ähnlicher Eingriffe und bei nachgewiesenermaßen erzielten praktischen Fortschritten **selber** operieren (BGHZ 88, 248, 254; BGH NJW 1992, 1560, 1561).

Der sich erst in der **Weiterbildung** zum **Gynäkologen** befindende Assistenzarzt ist, wenn er die eigenverantwortliche Leitung einer **Geburt** übernimmt, dafür verantwortlich, dass für diese Geburt der fachärztliche Behandlungsstandard gewährleistet ist, auf welchen Mutter und Kind einen Anspruch haben. Ist der Assistenzarzt nach seinen Fähigkeiten nicht in der Lage, diesen Standard zu gewährleisten, dann darf er die eigenverantwortliche Leitung der Geburt nur übernehmen, wenn dafür Vorsorge getroffen ist, dass seine Defizite durch die rechtzeitige Unterstützung seitens anderer **ausgeglichen** werden; das setzt eine entsprechende Organisation seines Einsatzes voraus, die in erster Linie Sache des Entscheidungsträgers ist. Der Assistenzarzt darf grundsätzlich darauf vertrauen, dass die für seinen Einsatz und dessen Organisation verantwortlichen Entscheidungsträger auch für den Fall von Komplikationen, mit denen zu rechnen ist und für deren Beherrschung (wie sie wissen müssen) seine Fähigkeiten noch nicht ausreichen, organisatorisch die erforderliche Vorsorge getroffen haben; das gilt nur dann nicht, wenn (für den Assistenzarzt erkennbar) konkrete Umstände hervortreten, die ein solches Vertrauen als nicht gerechtfertigt erscheinen lassen (vgl. BGH MDR 1994, 1088, 1089).

Solange der **angehende** Facharzt für die Operation oder für die Narkose noch nicht die Kenntnis und Erfahrung eines Fachmediziners besitzt, muss ihn ein solcher begleiten; **Begleitung** bedeutet entweder durchgängige unmittelbare Überwachung oder aber wenigstens Rufweite-Präsenz (vorausgesetzt, der Akteur weiß um die spezifischen Risiken und die Strategien zu ihrer Beherrschung, dazu Steffen MedR 1995, 360). Verfügt der in der **Weiterbildung** zum Facharzt für **Anästhesie** stehende Assistenzarzt noch nicht über

86

ausreichende Erfahrungen bezüglich etwaiger Risiken, die sich für eine Intubationsnarkose (der gegenüber anderen Narkosearten ohnehin die größeren Risiken anhaften) aus der intraoperativ notwendigen Umlagerung des Patienten von der sitzenden Position in die Rückenlage ergeben können (weil die Umlagerung auch die Lage des Tubus verändern kann), so darf er - jedenfalls während der Operationsphase - die Narkose **nicht** ohne unmittelbare Aufsicht eines Facharztes führen (BGHWarn 1993 Nr. 174; BGH NJW 1993, 2989, 2991; OLG Zweibrücken VersR 1988, 165: die Intubationsnarkose darf grundsätzlich nur von einem als Facharzt ausgebildeten Anästhesisten oder zumindest nur unter dessen unmittelbarer Aufsicht mit Blick- oder Rufkontakt von einem anderen Arzt vorgenommen werden). Kann die notwendige Begleitung etwa aus technischen Gründen nicht sichergestellt und diesem Mangel auch nicht auf andere Weise abgeholfen werden, so ist auf die Vornahme des Eingriffes durch einen Anfänger ganz zu verzichten (OLG Oldenburg MDR 1998, 47).

Auch der in der **Weiterbildung** zum Arzt für **Anästhesiologie** befindliche Narkosearzt trägt die alleinige Verantwortung für die Eignung der bei der Bluttransfusion verwendeten Blutkonserven (BAG NJW 1998, 1810, 1811 unter Hinweis auf Nr. 3.5.2 der Transfusionsrichtlinien).

Der bei dem operativen Eingriff **assistierende** Assistenzarzt darf grundsätzlich der größeren Erfahrung und Kompetenz des vorgesetzten Oberarztes **vertrauen**; allerdings muss er Bedenken dann äußern, wenn er erkennt, dass dem Oberarzt offenbar ein Irrtum unterlaufen ist oder dies nach Lage der Sache ernsthaft in Betracht kommt (OLG Köln VersR 1996, 712, 713).

Der **Medizinstudent** im **Praktischen Jahr** kann **nicht** selbständig ärztlich tätig werden; er darf - entsprechend seinem Ausbildungsstand - diagnostische und therapeutische Verrichtungen **nur** unter Anleitung, Aufsicht und Verantwortung des ausbildenden Facharztes technisch durchführen (§ 3 Abs. 4 ÄApprO; s. Rieger Rn. 1385): bei ordnungsgemäßer Anleitung und Beaufsichtigung besteht kein wesentlicher Unterschied zu dem approbierten Anfänger (OLG Stuttgart MedR 1996, 81, 82).

EXKURS
Übernahmeverschulden

Dem zum Schadensersatze verpflichtenden „Übernahmeverschulden" liegt die Vorstellung zugrunde, dass jeder, der durch **Vertrag** eine bestimmte Tätigkeit übernimmt, auch **fähig** sein muss, die übernommene Verpflichtung zu erfüllen (vgl. § 276 BGB; hierzu etwa Erman/Battes, § 276 Rn. 23; Löwisch, S. 138). **Schuldhaft** handelt deshalb auch derjenige, der eine Tätigkeit übernimmt bzw. fortführt, von der er weiß oder wissen muss, dass ihm die dafür erforderlichen Kenntnisse oder Fähigkeiten fehlen (BGH JR 1986, 248, 250 mN).

(5) Horizontale Arbeitsteilung

Anders als die „vertikale Arbeitsteilung" (s. oben I. 8.) ist die „**horizontale Arbeitsteilung**" nicht durch Über- und Unterordnung, sondern durch **Gleichrang** und **Weisungsfreiheit** der Beteiligten gekennzeichnet (HandbuchArztR/Laufs, § 101 Rn. 3; Bergmann, S. 45). Sie tritt bei der Zusammenarbeit zwischen dem niedergelassenen Arzt und dem Krankenhaus oder zwischen dem Allgemeinmediziner und dem Spezialarzt (Bergmann, aaO), ferner bei dem interdisziplinären Zusammenwirken verschiedener Fachspezialisten (Laufs Rn. 527) und schließlich auch im Falle der Zusammenarbeit verschiedener Ärzte der gleichen Fachrichtung (BGH NJW 1998, 1802, 1803) auf.

Anknüpfungspunkt für die **Abgrenzung** der einzuhaltenden Kunst- und Sorgfaltsregeln bei der horizontalen medizinischen Arbeitsteilung (Chirurg/Gynäkologe/Urologe - Anästhesist - Röntgenologe/Radiologe - Histologe) ist prinzipiell die dem jeweiligen Arzt zugewiesene Fachzuständigkeit und Aufgabenstellung (vgl. BGHZ 89, 263, 268; OLG Oldenburg MedR 1999, 36; Steffen/Dressler, Rn. 234 mwN). Die beteiligten Ärzte müssen den spezifischen Gefahren der Arbeitsteilung entgegenwirken: zum Schutze des Patienten bedarf es einer **Koordination** der beabsichtigten Maßnahmen, um Risiken auszuschließen, die sich aus der Unverträglichkeit der von den beteiligten Fachrichtungen vorgesehenen Methoden oder Instrumente ergeben können (BGH MDR 1999, 546).

Für die im **Klinikbetrieb** exemplarisch praktizierte Zusammenarbeit von **Anästhesist** und **Chirurg** gelten insoweit folgende Grundsätze (s. auch die Vereinbarung zwischen dem Berufsverband der Deutschen Anästhesisten und dem Berufsverband der Deutschen Chirurgen über die Zusammenarbeit bei der operativen Patientenversorgung, MedR 1983, 21): Der **Chirurg** entscheidet nach eingehender Untersuchung im Einverständnis mit dem Patienten darüber, ob und wann der Eingriff vorgenommen werden soll (BGH MDR 1980, 155, 156). In der präoperativen Phase obliegt die Versorgung des Patienten dem **Anästhesisten**; er ist dafür zuständig, die Narkosefähigkeit des Patienten zu prüfen, das geeignete Betäubungsverfahren (Allgemein-, Regional- oder Lokalanästhesie; Narkotikum; Beatmungssystem etc.) auszuwählen, den Patienten durch sorgfältige Prämedikation hierauf einzustellen und dabei auch diejenigen Medikamente zu verabreichen, die aufgrund des Gesundheitszustandes des Patienten zur Aufrechterhaltung der Vitalfunktionen auch während der Narkose erforderlich sind; endlich hat sich der Anästhesist zur Vermeidung der Aspirationsgefahr auch von einer ausreichenden Nahrungskarenz vor dem Eingriff zu überzeugen (vgl. BGH aaO; BGH VersR 1991, 694, 695; Ulsenheimer Rn. 149). In der intraoperativen Phase ist der **Chirurg** für den operativen Eingriff mit den sich daraus ergebenden Risiken, der **Anästhesist** dagegen für die Narkose einschließlich der Überwachung und Aufrechterhaltung der vitalen Funktionen sowie der schadlosen Lagerung des Patienten zuständig (BGH aaO; OLG Köln VersR 1991, 695, 696; Laufs Rn. 530). Bei dem Frischoperierten ist der Verantwortungsbereich des **Anästhesisten** auf die postnarkotische Phase beschränkt; Nachuntersuchung und –behandlung fallen nur insoweit in seine Kompetenz, als sie unmittelbar mit der Narkose und ihren Nachwirkungen im Zusammenhange stehen (dazu kann auch die Anordnung zählen, welche Medikamente der Patient im Anschluss an die Operation erhalten solle; s. BGH MDR 1980, 156, 157; BGH NJW 1984, 1400, 1401; BGH VersR 1991, 694, 695). Mit der Zurückverlegung auf die normale Krankenstation wird der Patient der fachlichen Obhut des zuständigen **Abteilungschefarztes** und des jeweiligen Stationsarztes überantwortet (BGH VersR 1991, 694, 695).

Auch im Bereiche der „horizontalen Arbeitsteilung" gilt der Grundsatz des **Vertrauens** auf die sachrichtige Wahrnehmung seiner Aufgaben durch den jeweils bei der Behandlung mitwirkenden anderen (s. oben I. 8.): aber nur so lange, als keine ernsthaften Zweifel an der Ordnungsmäßigkeit der Vorarbeit des Kollegen erkennbar sind (BGH NJW 1998, 1802, 1803 mN). Ein Facharzt, der einen Patienten von einem anderen Facharzt derselben oder einer anderen Fachrichtung zur Spezialuntersuchung übernimmt, darf daher im Allgemeinen darauf **vertrauen**, dass der überweisende Arzt den Patienten in seinem Verantwortungsbereich sorgfältig untersucht und behandelt sowie eine zutreffende Indikation zu der erbetenen Leistung gestellt hat; **nur wenn** der hinzugezogene Arzt aufgrund bestimmter Anhaltspunkte Zweifel hieran hat oder haben muss, ist er gehalten, diesen nachzugehen (OLG Oldenburg MedR 1999, 36; Steffen/Dressler, Rn. 236). Der niedergelassene Arzt, den der Patienten zur weiteren Diagnostik in das Krankenhaus überwiesen hat, darf die Ergebnisse der Klinik bei seiner Weiterbehandlung grundsätzlich **zugrunde** legen (Steffen/Dressler, Rn. 237 mN). Jeder der an dem **operativen** Eingriff beteiligten Ärzte darf sich, solange keine offensichtlichen Qualifikationsmängel oder Fehlleistungen erkennbar werden, grundsätzlich darauf **verlassen**, dass der Kollege des anderen Fachgebietes seine Aufgaben beherrsche und sachgerecht sowie mit der gebotenen Sorgfalt erfülle; eine gegenseitige Kontroll- oder Überwachungspflicht besteht insoweit **nicht** (BGH VersR 1991, 694, 695; Ulsenheimer Rn. 144, 145; Franzki, S. 16; ders. MedR 1994, 171, 177; H.P. Westermann NJW 1974, 577, 581). Jedoch muss jeder, der an der „horizontalen Arbeitsteilung" beteiligten Ärzte den spezifischen Gefahren der Fachspezialisierung und Rollenverteilung (begrenzte Erkenntnisse des vorbehandelnden Fachgebietes, Präferenzen des eingeschalteten Spezialisten, mangelnde Übersicht über das Gesamtgeschehen) Rechnung tragen. Für **jede** Behandlungsphase ist daher ein **behandlungsführender** Arzt zu bestellen, der die Interkommunikation, die Koordination sowie die Entscheidung im Falle des Auftretens von positiven Kompetenzkonflikten sichert (vgl. HandbuchArztR/Laufs, § 101 Rn. 9). Für „Über-", oder „Unterbehandlung" des Patienten aufgrund von Versäumnissen in diesem Bereiche **haften** als Gesamtschuldner; **Koordinationsfehler** begründen eine Kausalitätsvermutung, Schadensursachen aus dem Koordinationsbereich führen zu einer Verschuldensvermutung (vgl. Steffen/Dressler, Rn. 240, 241; HandbuchArztR/Laufs aaO).

cc) Organverschulden

„**Verfassungsmäßig berufene Vertreter**" im Sinne der §§ 31, 89 BGB sind nicht nur die Leitenden Krankenhaus-**Chefärzte**, sondern auch die einzelnen Fachabteilungs-Direktoren, die im ärztlichen Bereich weisungsfrei handeln; weiters diejenigen Oberärzte, die in Abwesenheit des Chefarztes zuständigerweise dessen Funktionen wahrnehmen (ihre Stellung ist in diesem Falle rechtlich nicht anders zu beurteilen als die des Chefarztes selber, wenn er anwesend wäre; s. BGH MDR 1972, 37, 38; BGH NJW 1987, 2925; vgl. ferner unten **C. V.**; kein Vertreter in diesem Sinne ist indessen der Stationsarzt, hierzu OLG Bamberg NJW 1959, 816, 817).

Für das Verschulden seiner „Haftungsvertreter" steht der **Krankenhausträger** (im Unterschied zu § 831 BGB, dazu unten **C. VI.**) seinerseits verschuldensunabhängig und **ohne** Exkulpationsmöglichkeit ein (vgl. Deutsch Rn. 248; Laufs Rn. 571; Kern MedR 2000, 347, 350).

EXKURS
Haftungszuweisungsnorm des § 31 BGB

Die Vorschrift des § 31 BGB ist keine haftungsbegründende, sondern eine **haftungszuweisende** Norm, die das Vorliegen eines Haftungsgrundtatbestandes bereits voraussetzt und dessen Erfüllung der juristischen Person **ohne** eine Möglichkeit der Exkulpation zurechnet (BGHZ 99, 298, 302; RGRK/Steffen, § 31 Rn. 1; auf die - zu wenig körperschaftlich organisierte - BGB-Gesellschaft ist die Vorschrift nicht anwendbar, weil deren für sie handelnde Gesellschafter nicht als ihre „Organe" bezeichnet werden können, DCHZ 45, 311, 312). Das zum Schadensersatz verpflichtende Verhalten muss innerhalb des **objektiv** dem verfassungsmäßigen Vertreter (dem „Organ") zustehenden Wirkungsbereiches liegen; es kann in tätigem Handeln oder in einer Unterlassung bestehen. Als Haftungsgrundnormen kommen in Betracht: vorvertragliches Verschulden, positive Vertragsverletzung sowie Delikts- und Gefährdungstatbestände. „Haftungsvertreter" sind alle Personen, denen durch allgemeine Betriebsregelung und Handhabung bedeutsame, wesensmäßige Funktionen zur selbständig-eigenverantwortlichen Erfüllung zugewiesen sind, so dass sie in diesem Sinne die juristische Person „**repräsentieren**" (BGHZ 49, 19, 21). Die Haftung über § 31 BGB lässt das **persönliche** Einstehenmüssen des handelnden Vertreters zur Folge der Erfüllung der Merkmale eines Tatbestandes aus dem Kreise der unerlaubten Handlungen unberührt (RGZ 91, 72, 75 f). Das Verhältnis des § 31 BGB zu der Bestimmung des § 278 BGB ist umstritten: zutreffend erscheint diejenige Auffassung, nach welcher das Verschulden der Organperson bei der Erfüllung einer rechtsgeschäftlichen Verpflichtung gemäß § 278 BGB der juristischen Person zuzurechnen ist (Medicus Rn. 1135; Staudinger/Coing, § 31 Rn. 3; s. ferner RGZ 122, 351, 359 und RGZ 152, 129, 132).

6. Haftungsschuldner

a) Totalvertrag
(s. oben 4. a))

Bei positiver Verletzung des Krankenhausvertrages haftet der **Krankenhausträger** dem Patienten auf Ersatz des hierdurch entstandenen materiellen Schadens (vgl. etwa OLG Karlsruhe VersR 1989, 808, 810). Der Krankenhausträger haftet für Pflichtverletzungen der für ihn tätig werdenden Ärzte, des medizinischen und des technischen Hilfspersonals sowie sonstiger Hilfskräfte, deren er sich zur Erfüllung seiner Vertragspflichten bedient (§ 278 BGB; vgl. BGH NJW 1956, 1106; Rehborn, S. 184, 189; Giesen Jura 1981, 10, 11); die betreffenden Ärzte und Hilfskräfte trifft nur die deliktsrechtliche Einstandspflicht (Laufs Rn. 559 Fn. 12).

Der **Krankenhausträger** muss sich auch schuldhaftes Fehlverhalten des niedergelassenen Konsiliararztes gemäß § 278 BGB zurechnen lassen, **wenn** er diesen in Erfüllung der ihm im Rahmen des totalen Krankenhausaufnahmevertrages obliegenden Behandlungspflicht zugezogen und bezahlt hat (OLG Stuttgart VersR 1992, 55, 56; Giesen Rn. 15 Fn. 58).

b) Aufgespaltener Vertrag
(s. oben 4. b))

Gesamtschuldnerschaft zwischen **Krankenhausträger** und **Arzt** ist hinsichtlich des Versagens von **Hilfspersonen** bei dem gespaltenen Arzt-Krankenhaus-Vertrag oder bei dem Arztzusatzvertrag **nur** anzunehmen, soweit sich die beiderseitigen vertraglichen Pflichten (wie etwa bei der Operationsassistenz oder bei der Durchführung der Anästhesie) **überschneiden** (Musielak JuS 1977, 88, 89 mN). Ansonsten haftet der Klinikträger **nicht** für Fehler des selbstliquidierenden Arztes und dieser **nicht** für Versäumnisse bei der Unterbringung oder bei der Grund- und Funktionspflege (vgl. Laufs Rn. 561; OLG München VersR 1977, 977 - LS: für Fehler des Klinikpersonals im Rahmen der allgemeinen Pflege haftet nicht der Belegarzt, sondern der Krankenhausträger).

c) Zusatzvertrag
(s. oben 4. c))

Im Bereiche des Arztzusatzvertrages schulden der selbstliquidierende **Arzt** und der **Krankenhausträger** dem Patienten gleichermaßen die fehlerfreie Erbringung **aller ärztlichen** Leistungen. Mangels einer ausdrücklich anderweitigen Regelung hat der **Krankenhausträger** daher für Fehlleistungen der bei der Behandlung des Patienten tätig gewordenen Ärzte **neben** dem betroffenen Arzt gesamtschuldnerisch einzustehen, und zwar sowohl vertraglich wie auch gegebenenfalls deliktisch (§§ 31, 89, 276, 278, 823, 831 BGB; vgl. BGH NJW 1985, 2189 ff; Deutsch Rn. 57; Laufs Rn. 564; Weimar, S. 80; Emmerich JuS 1985, 990, 991).

III. Beweislast

Wie bei kaum noch einem anderen Streitmodell kommt im **Arzthaftungsprozess** der Verteilung der **Beweislast** zwischen den Parteien eine verfahrensentscheidende **Bedeutung** zu (Giesen Rn. 353).

Die Beweislast knüpft an diejenige prozessuale Situation an, in der eine entscheidungserhebliche bestrittene Tatsache **nicht** zur Überzeugung des Gerichtes festgestellt werden kann: dann erhebt sich die Frage, zu wessen **Lasten** (im Wege der Nichtanwendung des für eines der konträren Prozessanliegen günstigen Rechtssatzes) die betreffende **Beweislosigkeit** gehen muss (statt anderer: Musielak/Foerste, § 286 Rn. 32; Zimmermann, ZPO, § 286 Rn. 24; Deutsch Rn. 302). Das Problem der Beweislast und ihrer zutreffenden Verteilung zwischen den streitenden Parteien stellt sich nur dann praktisch nicht (mehr), wenn die relevante Sachlage vollständig positiv aufgeklärt worden ist (Bernhardt JR 1966, 322).

1. Grundregeln

a) Darlegung und Beweisführung

Darlegungs- und Beweislast folgen den **gleichen** Verteilungsregeln. Die **Grundmaxime** lautet: jede Partei trägt die Last der Darlegung und des Beweises aller tatsächlichen Voraussetzungen der von ihr geltend gemachten Rechtsgrundlagen und der daraus abgeleiteten Rechtsfolgen (vgl. BGHZ 53, 245, 250; BGH NJW 1995, 49, 50; Jauernig, § 50 IV.).

Auch im Arzthaftungsprozess, in welchem der Patient den Arzt oder den Krankenhausträger klageweise wegen eines Diagnose-, eines Behandlungs- oder eines Aufklärungsfehlers auf Schadensersatz in Anspruch nimmt, hat die **klagende** Partei daher grundsätzlich sämtliche anspruchsbegründenden Tatsachen darzutun und erforderlichenfalls zu beweisen (statt anderer Gottwald Jura 1980, 303, 307).

Darlegungs- und Beweisführungslast des **klagenden** Patienten beziehen sich deshalb auf

- die **objektiv fehlerhafte Behandlung** (auch die Voraussetzungen des „Grob"-Fehlers) einschließlich der Verletzung der Pflicht zur therapeutischen Aufklärung oder zur medizinischen Beratung sowie der Verletzung sonstiger vertraglicher Nebenpflichten,

- die **Ursächlichkeit** einer Fehlbehandlung oder sonstiger Pflichtverletzungen für einen eingetretenen Schaden mitsamt dessen konkretem Umfang

und

- das **Verschulden** des Arztes
  (stdg. Rspr., s. etwa BGH NJW 1988, 2949; OLG Zweibrücken MedR 2000, 233, 235; OLG Saarbrücken MedR 2000, 326, 327 sowie weitere Nachweise bei Giesen Rn. 354 Fn. 3; ferner: Prütting, in: MünchKomm-ZPO, § 286 Rn. 136; Zimmermann, ZPO, § 286 Rn. 32; Musielak/Foerste, § 286, Rn. 39; Baumgärtel Rn. 466, 467; Baumgärtel/Handbuch, § 611 Rn. 40; H.P. Westermann NJW 1974, 577, 583; Franzki DRiZ 1977, 36, 38; Saenger VersR 1991, 743, 745; Baumgärtel JZ 1992, 322, 323; Gaisbauer VersR 1993, 234; Müller DRiZ 2000, 259, 262).

Der Kläger, der zwei ihn **nacheinander** behandelnde Ärzte als Gesamtschuldner in Anspruch nehmen will, muss näher dartun, welche Behandlungsmaßnahmen der **jeweilige** Arzt vorgenommen hat und welche Beschwerden er der jeweiligen Behandlung zuordnet;

oder er muss schlüssig darlegen, aus welchem Grunde ein Arzt für das Verhalten des anderen einzustehen habe (München OLG-Report 1972, S. 6/7).

Die Beweislast für die Bekanntgabe bestimmter Symptome im Rahmen der Anamneseerhebung liegt bei dem **Patienten** (OLG München vom 06.11.1996, zit. nach der Mitteilung b. Rehborn MDR 1999, 1171 m. Fn. 27).

Dem **beklagten Arzt**/der beklagten **Behandlungsseite** obliegen zunächst lediglich Darlegung und Beweis dafür, dass er/sie

* die vertraglich abgesprochene Leistung erbracht (also den fraglichen Eingriff überhaupt vorgenommen, die betreffende medizinische Maßnahme tatsächlich ergriffen) habe bzw.,

dass ihm/ihr

* deren Versäumung nicht zum Verschulden gereiche, weil im konkreten Fall hierdurch die berufsspezifische Sorgfalt nicht verletzt worden sei (vgl. BGH NJW 1981, 2002, 2004; BGH MDR 1999, 675, 676; OLG Saarbrücken MDR 1998, 104, 105; Deutsch Rn. 303; Schlund/Richter-Handbuch, B I. Rn. 16).

Der **Beweis** ist erbracht, wenn das Gericht zu seiner **subjektiven Gewissheit** von der Wahrheit der streitigen Tatsachenbehauptung überzeugt ist (vgl. § 286 ZPO - sog. Strengbeweis).

aa) Keine bloße Misserfolgs-Haftung

Angesichts der komplizierten biologischen und physiologischen Abläufe im menschlichen Körper geht es **einerseits** nicht an, den Arzt alleine schon deswegen haften zu lassen, weil seine Behandlung im Einzelfalle mit einem Misserfolg endete (RGZ 78, 432, 435; BGH LM Nr. 25, Bl. 1 zu § 286 (C) ZPO; E. Schneider Rn. 338).

bb) Waffengleichheit

Im Interesse der „Waffengleichheit" der Parteien vor Gericht sind **andererseits** die Anforderungen an den substantiierten Tatsachen**vortrag** des Patienten (vgl. § 138 Abs. 1 ZPO) zu **reduzieren** (Giesen Rn. 368; Schmidt-Schondorf JR 1996, 268, 269 mwN; s. auch Palandt/Thomas, § 823 Rn. 66, 69). Von ihm als Fachunkundigem kann nicht verlangt werden, dass er sämtliche, der begehrten Entscheidung als rechtserheblich zugrundezulegenden Medizin-Tatsachen (Befunde, durchgeführte bzw. unterlassene Behandlungsmaßnahmen und deren Kausalität für den eingetretenen Gesundheitsschaden) vollständig dartue; wo es um den **medizinischen** Sachverhalt geht, dürfen Lücken im Klagevorbringen dem Patienten nicht angelastet, insbesondere nicht als Zugeständnis (vgl. § 138 Abs. 3 ZPO) des gegnerischen Sachvorbringens gewertet werden (OLG Stuttgart VersR 1991, 229, 230 mN).

Der Patient genügt seiner **Darlegungslast** regelmäßig durch die aus dem eingetretenen Misserfolg der ärztlichen Behandlung im Wege des Rückschlusses hergeleitete Behauptung des Vorliegens bestimmter Versäumnisse oder sonstiger Fehler (vgl. OLG München MDR 1979, 1030; HandbuchArztR/Laufs, § 107 Rn. 11; nach OLG Oldenburg b. Röver MedR 1998, 219 soll der Patient grundsätzlich seine Erkenntnisse aus der Nachbehandlung durch einen anderen Arzt vortragen müssen, sofern durch diese Erkenntnisse ein an sich typisches Sachkundedefizit auf der Patientenseite aufgehoben ist). Erforderlich sind zudem Angaben, die wenigstens die **Möglichkeit** einer haftungsrelevanten Behandlungsbeteiligung des oder der in Anspruch genommenen Arztes/Ärzte zu stützen vermögen (OLG Oldenburg

VersR 1999, 848, 849). Vorhandenen weiteren Aufklärungsmöglichkeiten muss das Gericht von **Amts wegen** nachgehen: praktisch hat der Tatrichter das medizinische Geschehen von Amts wegen aufzuklären (Bergmann, S. 198; Stegers VersR 2000, 419, 420). Von der Amtsbefugnis nach § 144 ZPO, die Begutachtung durch einen **Sachverständigen** anzuordnen, hat das Gericht in erweitertem Umfange Gebrauch zu machen (OLG Stuttgart aaO; Bayerlein, § 11 Rn. 23); insbesondere hat dies für den die anzuwendende ärztliche Sorgfalt bestimmenden jeweiligen medizinischen Behandlungsstandard (s. oben **I. 8.**) zu gelten (Ankermann DRiZ 1991, 23).

Der Grundsatz der „Waffengleichheit" im Arztfehlerprozess erfordert es, dass der beklagte **Arzt** dem klagenden Patienten Aufschluss über sein Vorgehen in dem Umfang gibt, in dem dies ohne weiteres möglich ist. Insoweit hat der Arzt auch den zumutbaren Beweis zu erbringen: dieser Beweispflicht genügt er weithin durch die Vorlage einer ordnungsgemäßen **Dokumentation** (s. unten **2. f**). Die „Waffengleichheit" erfordert es auch, dass die **Beklagtenseite** in zumutbarem Umfang diejenigen Umstände darlegt und notfalls unter Beweis stellt, aus denen sich die allgemeine Vertrauenswürdigkeit der Dokumentationsaufzeichnungen ergibt (BGH NJW 1978, 1681, 1682).

Das Studium der einschlägigen Fachliteratur alleine vermag dem **Richter** im Regelfall die zur Beurteilung medizinischer Fragen erforderliche Sachkunde deswegen nicht zu vermitteln, weil er die für die Anwendung dieses Schrifttums notwendige Sachkompetenz nicht besitzt (BGH VersR 1993, 749, 750). Will der Tatrichter in einer medizinischen Frage gleichwohl seine Beurteilung **ohne** Hinzuziehung eines **Sachverständigen** alleine auf die Erkenntnisse aus der ärztlichen Fachliteratur stützen, so muss er dartun, dass er die für die Auswertung dieses Schrifttums erforderliche medizinische Sachkunde besitze (BGH MDR 1993, 516); die Fähigkeit zur Auswertung medizinischer Literatur setzt ein Basiswissen voraus, das sowohl das zutreffende Verständnis der einschlägigen Fundstellen als gesichert erscheinen lässt, als auch eine kompetente Beantwortung der Fragen nach Aktualität und eventueller Strittigkeit der erschlossenen Ergebnisse verlangt (Scholz, S. 140). Die Nichterhebung des Sachverständigenbeweises bildet jedenfalls einen Verfahrensverstoß im Rahmen des § 286 ZPO, **sofern** die Gründe des Urteils die eigene Sachkunde des Gerichtes nicht deutlich erkennen lassen (OLG Zweibrücken MedR 1999, 272, 274 mN).

Die **Auswahl** des zuzuziehenden **Sachverständigen** erfolgt im Rechtsstreit durch das Prozessgericht (§ 404 Abs. 1 ZPO); das Gericht darf es nicht einem Dritten überlassen, die Person des Gutachters zu bestimmen (hierzu OLG München NJW 1968, 202, 203). Das Gesetz verlangt aber nicht unbedingt, dass der Gutachter in dem Beweisbeschluss namentlich bezeichnet werde; es genügt vielmehr, dass bspw. eine Universitäts-Fachklinik als solche bestimmt wird und es deren Leiter überlassen ist, welchem Mitarbeiter dieser intern die Erstellung des Gutachtens überträgt (OLG Koblenz MedR 1998, 421, 422 unter Hinweis auf BVerwG NJW 1969, 1591; Thomas/Putzo, § 404 Anm. 2 b; **str.**). Gemäß § 407 Abs. 1 ZPO kann praktisch jeder approbierte Arzt zur Erstattung eines Gerichtsgutachtens verpflichtet werden (Bayerlein, § 14 Rn. 18). Der gerichtlich beauftragte Sachverständige muss das Gutachten stets selbst und **eigenverantwortlich** erstatten (vgl. §§ 404, 407 a Abs. 2 ZPO); bedient er sich dabei wissenschaftlicher Hilfskräfte, so hat er deren Arbeitsergebnisse selbst nachzuvollziehen und persönlich zu verantworten (OLG Zweibrücken VersR 2000, 605, 606 f; Thomas/Putzo, § 407 a Rn. 4; Friederichs DRiZ 1971, 312, 313).

Der **Gutachtensauftrag** soll die Beweisfragen präzise formulieren und deren Ziel erkennen lassen (Hennies MED SACH 1998, 37, 38 mN). Der medizinische Sachverständige soll dazu **angehalten** werden, sich ihm als verfehlt oder bedenklich aufdrängende ärztliche Handlungen oder Unterlassungen **auch** außerhalb der förmlich thematisierten Beweistatsachen mitzuteilen (BGH VersR 1982, 168, 169; Gdaniec/Stegers DRiZ 1993, 440, 441); in diesem Sinne ist ein Gutachtensauftrag immer als ein **umfassender** zu verstehen (Janssen/Püschel MedR 1998, 119).

Der **Richter** hat die Ausführungen des medizinischen Sachverständigen von Amts wegen **kritisch** auf Vollständigkeit, Klarheit und Widerspruchsfreiheit zu prüfen und zwar gleichgültig, ob es sich um die einzelnen Erklärungen desselben Gutachters oder um die Darlegungen verschiedener Sachverständiger einschließlich derjenigen von Privatgutachtern handelt (BGH NJW 1994, 1596, 1597; OLG Saarbrücken MedR 1999, 222, 223).

Einem von der Partei vorgelegten ärztlichen **Privatgutachten** muss der Streitrichter die nämliche Aufmerksamkeit widmen wie dem gerichtlich eingeholten (Schlund/Richter-Handbuch, B I. Rn. 55 mN): **widersprüchliche** Gutachten führen nicht schon ohne weiteres zu einer non-liquet-Situation (vgl. Pelz DRiZ 1998, 473, 480); vielmehr hat das Gericht, wenn sich ein sachlicher Widerspruch zu dem gerichtlichen Gutachten ergibt, die verfahrensrechtliche Pflicht, auf eine weitere Aufklärung des Sachverhaltes hinzuwirken (BGH MedR 1998, 840, 841).

Das in einem **strafrechtlichen** Ermittlungsverfahren erstattete Sachverständigengutachten kann grundsätzlich auch im Arzthaftungsprozess Verwendung finden (OLG Oldenburg MedR 1996, 128-LS).

Widersprechen mehrere Sachverständige einander, so muss das Gericht zunächst aufzuklären versuchen, worauf der Widerspruch beruht: die Gutachter können von verschiedenen tatsächlichen Annahmen ausgegangen sein; die Experten können den zu begutachtenden Sachverhalt aber auch unterschiedlich beurteilt haben; erst wenn danach die vorhandenen Widersprüche unauflösbar weiterbestehen, ist der Raum für eine abschließende Beweiswürdigung durch das Tatgericht eröffnet (BGH NJW 1987, 442). Der Einholung eines **Obergutachtens** (weiteren Gutachtens gemäß § 412 Abs. 1 ZPO) bedarf es nur, wenn die vorhandenen Gutachten Mängel aufweisen oder wenn ein anderer Sachverständiger über bessere Erkenntnismöglichkeiten oder über eine überlegene Sachkunde verfügte (BGH NJW 1999, 1778, 1779; Zimmermann, ZPO, § 413 Rn. 1; Müller DRiZ 2000, 259, 271).

Es ist prinzipiell davon auszugehen, dass der Patient Umstände, die bei der sachverständigen Beurteilung zu seinen **Gunsten** hervortreten, auch ohne dahingehende ausdrückliche Erklärung in seinen **Klagsvortrag** mit aufnimmt (BGH VersR 1991, 467, 468 mN). Parteieinwendungen gegen das gerichtlicherseits erholte Sachverständigengutachten geben regelmäßig dazu **Anlass**, die Schlussfolgerungen der gutachterlichen Aussage sorgfältig zu überprüfen (zumal dann, wenn ein zu einem anderen Ergebnis gelangendes Privatgutachten zur Kenntnis gebracht wird); der **Privatgutachter**, der weder sachverständiger Zeuge noch gerichtlich bestellter Sachverständiger ist, muss nicht mündlich gehört werden: es reicht aus, dass sich der gerichtliche Gutachter - zu der Auffassung des Privatgutachters befragt - mit dessen Ansichten auseinandersetzt (BGH NJW 1993, 2989, 2990 mN).

Gemäß § 411 Abs. 3 ZPO kann das Gericht - ohne Anregung oder Antrag einer Partei - von sich aus den Sachverständigen zwecks Erläuterung eines schriftlichen Gutachtens laden und ihn in der **mündlichen Verhandlung** insoweit zur Klärung von Zweifeln oder zur Beseitigung von Unklarheiten befragen. Die Parteien haben ihrerseits nach §§ 397, 402 ZPO grundsätzlich das Recht, die Ladung des Gutachters zu verlangen, um ihm in der mündlichen Verhandlung ergänzende Fragen stellen zu können (Ankermann NJW 1985, 1204). Das Anhörungsrecht bezieht sich jedoch nicht auf solche Punkte, die für die zu treffende Entscheidung unerheblich und nicht auf solche Fragen, die - ohne einen weiteren Erklärungsbedarf - schon eindeutig beantwortet sind (OLG Oldenburg VersR 1998, 636, 637).

Ungeeignet als Beweismittel ist das Gutachten eines mit Erfolg **abgelehnten** Sachverständigen; ein Gleiches gilt, wenn das Gericht von dem Ablehnungsgrund weiß und dennoch sein Urteil auf das Gutachten eines Sachverständigen stützt, den ein Beteiligter bei Kenntnis des Ablehnungsgrundes mit Sicherheit erfolgreich abgelehnt haben würde (BSG NJW 1993, 3022).

cc) Kausalitätsnachweis

Dem **Kläger** obliegt der Beweis für die Schadenskausalität des Eingriffes **auch** dann, wenn er seinen Anspruch auf eine Verletzung der ärztlichen Aufklärungspflicht stützt (Scholz MDR 1996, 649, 654; s. OLG Stuttgart MedR 2000, 35 für die Kausalität bei einem Impfschaden).

Die **haftungsbegründende** Ursächlichkeit eines Behandlungsfehlers für die eingetretene Gesundheitseinbuße ist dann **bewiesen** (vgl. § 286 Abs. 1 ZPO), wenn sie derart hochwahrscheinlich ist, dass Zweifel praktisch schweigen (ohne dass diese auch theoretisch völlig ausgeschlossen sein müssten, vgl. dazu BGHZ 53, 245, 2256; BGH MDR 1994, 303; OLG Köln VersR 1991, 186, 188; Musielak/Stadler, Rn. 268).

Bei der sog. **haftungsausfüllenden** Kausalität erfolgt die Beweisführung nach § 287 ZPO; diese Vorschrift erleichtert dem Geschädigten sowohl die Darlegung als auch die Beweisleistung (Müller NJW 1997, 3049, 3051; s. unten **2. e**; OLG Stuttgart MedR 2000, 35, 36: bei Sekundärschäden beurteilt sich das Beweismaß nach § 287 Abs. 1 ZPO).

dd) Grundsätzliche Nichtanwendung des § 282 BGB und Ausnahmen hiervon

Die **Beweislastumkehrregel** des § 282 BGB (Beweisführungslast des Schuldners für ein fehlendes Vertretenmüssen - nach allgemeiner Auffassung ansonsten in Fällen der positiven Vertragsverletzung entsprechend anzuwenden, sofern die Schadensursache in den Verantwortungs- und Gefahrenbereich des Vertragsschuldners fällt, vgl. hierzu etwa OLG Karlsruhe NJW 1996, 201, StudK-BGB/Lüderitz, § 282 Anm. 3 a und Heinrich, S. 232, 233) ist auf den Arztvertrag im Falle des Behandlungsmisserfolges **nicht**, und zwar weder direkt noch analog, anwendbar (BGH NJW 1980, 1333; Jauernig, § 50 VII. 3.). Der Geschädigte muss daher grundsätzlich trotz der für ihn bestehenden Beweisschwierigkeiten den **Nachweis** erbringen, dass der Arzt den schadensstiftenden Umstand **schuldhaft** herbeigeführt habe (BGH b. Petersen DRiZ 1962, 266; BGH VersR 1969, 310, 311); HandbuchArztR/Laufs, § 107 Rn. 4).

Die Gründe **gegen** die Anwendbarkeit der Regelung des § 282 BGB (kaum je sichere Ergründung und Beherrschung des Ablaufes biologisch-physiologischer Vorgänge im lebendigen Organismus, s. Weimar, S. 58) **entfallen** indessen dort, wo es nicht um den nur begrenzt steuerbaren Kernbereich des ärztlichen Wirkens, sondern um Risiken geht, die von dem Arzt oder dem Träger des Krankenhauses und dem dort tätigen Personal **voll beherrscht** werden können; für voll beherrschbare Nebenpflichtumstände müssen Arzt und Klinikträger ebenso einstehen wie andere Vertragsschuldner auch (BGH VersR 1978, 337, 338; BGH NJW 1981, 2002, 2004; BGH MedR 1991, 139, 140; HandbuchArztR/Laufs, § 109 Rn. 1; Demberg Jura 1987, 337, 338). Die Beweisregel des § 282 BGB gilt im Medizinbetrieb **sinngemäß** daher z.B. für Fehler in Organisation und Koordination des Behandlungsablaufes und -geschehens (vgl. BGH NJW 1993, 2989, 2991; Steffen/Dressler, Rn. 500); weiters im Zusammenhange mit Fragen des funktionstüchtigen Zustandes der eingesetzten medizinischen Gerätschaften (Gottwald Jura 1980, 303, 307), der unverdorbenen Qualität der verwendeten Therapeutika, der Reinheit der benutzten Desinfektionsmittel, der Sterilität der verabreichten Infusionsflüssigkeiten; ferner für die unbemerkt gebliebene Entkoppelung eines Infusionssystems, für die technisch richtige und schadlose Lagerung des Patienten auf dem Operationstisch und deren Beibehaltung während der Operation (es sei denn, dass bei dem Patienten eine ärztlicherseits nicht im

Voraus erkennbare, extrem seltene körperliche Anomalie vorliegt, die ihn für den eingetretenen Schaden anfällig gemacht hat, hierzu BGH NJW 1995, 1618 zu einem Fall der denkbar seltenen Prädisposition für eine Plexusparese, des sog. thoracic-outlet-Syndroms); und für das Zurückbleiben eines corpus alienum im Operationsgebiet sowie für die Risikosphäre des Pflegedienstes, soweit das Pflegepersonal in seinem spezifischen Aufgabenbereich tätig wird, etwa bei ambulant mit dem Patienten vorgenommenen Bewegungs- und Transportmaßnahmen (vgl. zum Ganzen: BGH MedR 1991, 846; BGH MDR 1995, 579, 580; OLG Köln VersR 1991, 695, 696; Steffen/Dressler Rn. 501 ff; Nixdorf VersR 1996, 160, 162, 163; Pelz DRiZ 1998, 473, 481; Müller DRiZ 2000, 259, 262).

Die Beweisregel des § 282 BGB kommt schließlich dann analog zur Anwendung, wenn fest steht, dass die Infizierung einer Operationswunde von Keimen herrührt, die von irgendeinem Mitglied des Operationsteams ausgegangen sind; für die Folgen dieser Infektion muss der **Krankenhausträger** (vertraglich wie deliktisch) einstehen, sofern er sich nicht dahin zu entlasten vermag, dass alle nur möglichen organisatorischen und technischen Hygienevorkehrungen gegen von dem Operationspersonal ausgehende vermeidbare Keimübertragungen getroffen worden waren (BGH VersR 1991, 467, 468); es ist Aufgabe des **Arztes**, die ihn insoweit treffende Verschuldens- (Fehler-)Vermutung zu entkräften (OLG Köln VersR 2000, 974, 975; Steffen/Dressler, Rn. 500).

Die Heranziehung des § 282 BGB erstreckt sich **nicht** auf die Kausalitätsfrage: die eventuelle Unaufklärbarkeit des Ursachenzusammenhanges zwischen Behandlungsfehler und Gesundheitsschaden geht zu Lasten des **Patienten** (Frahm/Nixdorf Rn. 132 mN).

b) Patienteneinverständnis nach Aufklärung

aa) Eingriffsaufklärung

Im Streitfalle ist es Sache des **Arztes**, darzulegen und zu beweisen, dass er die geschuldete Aufklärung geleistet bzw. (beruft er sich hierauf) dass der Patient in der konkreten Situation einer Aufklärung nicht bedurft habe (BGH MDR 1984, 1926 mN; Franzki, S. 47). Der Nachweis bezieht sich thematisch auf das Vorliegen der wirksam (frei von Willensmängeln) erklärten Patienteneinwilligung **nach** voraufgegangener zutreffender, vollständiger und auch rechtzeitiger Aufklärung (vgl. BGH NJW 1990, 2928, 2929; BGH MedR 1995, 20, 22; OLG Stuttgart NJW 1979, 2355, 2356; Zimmermann, ZPO, § 286 Rn. 35; HandbuchArztR/Laufs, § 63 Rn. 3; Giesen Rn. 464; Deutsch/Matthies, S. 61); verbleibende **Zweifel** hinsichtlich der erfolgten zureichenden Aufklärung über einen informationspflichtigen Punkt gehen zu Lasten des **Arztes**.

Bei Standardoperationen, die **nicht** mit erheblichen (möglicherweise nicht beherrschbaren) Risiken verbunden sind, soll der Arzt den ihm obliegenden Beweis prima facie durch den Nachweis führen können, dass sich der Patient wissentlich und willentlich zum Zwecke der Vornahme des Eingriffes in seine Behandlung begeben habe; die Eintragung von Aufklärungszeitpunkt, Aufklärungsperson und Aufklärungsgegenstand in das Krankenblatt soll insoweit als Grundlage für den Beweis des ersten Anscheins dahin ausreichen, dass ein Aufklärungsgespräch stattgefunden habe (vgl. MünchKomm/Mertens, § 823 Rn. 458).

Unterzeichnet der Patient eine **formularmäßige** Einwilligungserklärung (s. oben A. I. 5. b, **cc (5)**), so ist dadurch alleine der Beweis einer ordnungsgemäßen Aufklärung noch nicht geführt; es ist nicht einmal bewiesen, dass der Patient den Text durchgelesen und gegebenenfalls auch verstanden habe. Die Existenz einer von dem Patienten unterschriebenen urkundlichen Einverständniserklärung begründet zwar **formellen** Beweis nach § 416 ZPO (s. OLG Frankfurt VersR 1999, 758, 759); **materiell** kann die Urkunde aber nur als **Indiz** dafür gewertet werden, dass überhaupt ein Aufklärungsgespräch über den Eingriff und dessen mögliche Folgen geführt worden sei (BGH NJW 1985, 1399; BGH MDR 1999, 37, 38; Giesen Rn. 335). Ist die Urkunde über die Einverständniserklärung **nach** ihrer

Unterzeichnung durch den Patienten inhaltlich **abgeändert** worden, so gilt die gesetzliche Beweisregel des § 416 ZPO nicht; vielmehr ist nun aufgrund freier Beweiswürdigung darüber zu befinden, ob und in welchem Umfange der Patient aufgeklärt worden ist (OLG München AHRS Teil II Kza 4650/118; Bergmann, S. 82: nachträglich erforderlich gewordene Änderungen in dem unterschriebenen Einwilligungsformular sind eigens zu datieren und von dem Patienten extra zu unterschreiben, wenn die Beweiskraft der Urkunde erhalten bleiben soll).

Hat der Patient ein Formular **nicht** unterschrieben, so ist darin aber umgekehrt noch **nicht** notwendigerweise ein Indiz dafür zu erblicken, dass die Einwilligung nicht oder nicht wirksam erteilt worden sei (Laufs Rn. 179; Giesen Rn. 336 Fn. 747).

An die Beweisführung des Arztes dürfen insoweit **keine unbillig** scharfen Anforderungen gestellt werden; ist einiger Beweis für ein gewissenhaftes Aufklärungsgespräch erbracht, so sollte dem Arzt im Zweifel geglaubt werden, dass die Aufklärung auch in der gebotenen Weise geschehen ist (unter Umständen kommt die von Amts wegen vorzunehmende Parteivernehmung des Arztes in Betracht, um letzte Unsicherheiten auszuräumen, BGH NJW 1985, 1399 mN). Im Übrigen **gilt**: schriftliche Aufzeichnungen im Krankenblatt über die Durchführung des Aufklärungsgespräches und seinen wesentlichen Inhalt sind nützlich und sehr zu empfehlen; liegen sie im Einzelfalle nicht vor, so hat dieser Umstand aber nicht etwa ohne weiteres zur Folge, dass der Arzt für die behauptete Aufklärung beweisfällig bliebe; andererseits reichen von dem Patienten unterzeichnete Merkblätter oder Formulare zum Nachweis der erfolgten Aufklärung nicht aus, weil es entscheidend allein auf das vertrauensvolle **Gespräch** zwischen Arzt und Patient anzukommen hat (BGH aaO); es kann insoweit jedoch genügen, dass sich der Aufklärungsarzt **zeugenschaftlich** an das Aufklärungsgespräch und dessen Umstände erinnert (s. auch Bergmann, S. 230), eine bei diesem Gespräch gefertigte Skizze über die vorgesehene operative Schnittführung bspw. vorlegen und Angaben darüber machen kann, wie er im Allgemeinen die Aufklärung durchzuführen pflege (Hinweise auf Operationsrisiken und mögliche Folgebelastungen; s. dazu auch BGH MedR 1995, 20). Hat der Arzt als Zeuge keine konkrete Erinnerung mehr an das Aufklärungsgespräch, dann kann es zur Überzeugungsbildung des Gerichtes genügen, wenn er in nachvollziehbarer und in sich stimmiger Weise das übliche Vorgehen bei einem Aufklärungsgespräch vor einem Eingriff der fraglichen Art schildert und zugleich bekräftigt, er sei sich gänzlich sicher, dass dieses Programm immer eingehalten worden sei (OLG Karlsruhe NJW 1998, 1800).

bb) Therapeutische Aufklärung

In dem Bereich der **Therapeutischen Aufklärung** (s. oben I. 8. b, dd, (4)), die Gegenstand der ärztlichen Behandlungspflicht ist, gilt etwas **anderes**: hier obliegt dem klagenden **Patienten** die Last des Beweises für das Unterlassen der Aufklärung (bspw. der dringlichen Empfehlung, sich in ein Krankenhaus einweisen zu lassen; OLG Celle VersR 1985, 346; MünchKomm/Mertens, § 823 Rn. 458 Fn. 1377; oder des ärztlichen Hinweises nach Durchführung einer Sterilisation mittels Durchtrennens der Samenleiter, dass eine sog. Rekanalisation nicht ausgeschlossen sei und deswegen regelmäßige Kontrolluntersuchungen notwendig sind, OLG Oldenburg b. Röver MedR 1998, 219).

cc) Hypothetische Einwilligung

Erfasst der Parteivortrag des Arztes in Erwiderung auf die auf ein Aufklärungsversäumnis gestützte Klage die Frage der hypothetischen Einwilligung ohnehin nicht, so besteht für den klagenden Patienten auch keine Veranlassung, einen plausiblen Entscheidungskonflikt für den Fall einer ordnungsgemäßen Aufklärung darzutun (BGH NJW 1994, 2414, 2415).

Wendet die hierfür darlegungspflichtige (OLG Koblenz MDR 1999, 871) Behandlungsseite jedoch substantiiert **ein**, der Patient **würde** sich auch bei ordnungsgemäß erteilter Aufklärung zu dem vorgenommenen Eingriff/der durchgeführten Maßnahme entschlossen (sich also „aufklärungsrichtig" verhalten) haben, so ist diese Verteidigung grundsätzlich **beachtlich.** Der **Patient** muss bei einer derartigen Prozesssituation nunmehr seinerseits dartun, dass und warum er bei gehörig umfassender und rechtzeitiger Aufklärung seinerzeit nach seinen persönlichen Verhältnissen und aus seiner Sicht (es kommt nicht darauf an, was aus ärztlicher Sicht erforderlich und sinnvoll gewesen wäre und wie sich ein „vernünftiger" Patient entschieden hätte; abzustellen ist vielmehr auf die persönliche Entscheidungssituation des konkreten Patienten, die auch durch die Art des Eingriffes beeinflusst sein konnte, BGH NJW 1998, 2734; Schlund VersR 1991, 815) ernsthaft vor einem echten **Entscheidungskonflikt** gestanden haben würde, der die jetzt behauptete Ablehnung (wobei es nicht einmal notwendig sein soll, dass der Patient überhaupt erkläre, wie er sich tatsächlich entschieden haben würde, s. Pelz DRiZ 1998, 473, 478; krit. Geigel/Schlegelmilch, 14. Kap. Rn. 219) der betreffenden Behandlungsmaßnahme für den **damaligen** Zeitpunkt nachvollziehbar **plausibel** und verständlich erscheinen lässt (vgl. BGHZ 90, 103, 111 f; BGH NJW 1998, 2734; Funke S. 90: der Patient muss seinen Entscheidungskonflikt nicht beweisen, sondern nur plausibel darlegen; Wertenbruch MedR 1995, 306, 309; Jauernig aaO; nach BGH VersR 1991, 315, 316 und 812, 814 kann und soll der Patient nur einsichtig machen, dass ihn die vollständige Aufklärung über das Für und Wider des ärztlichen Eingriffes ernsthaft vor die Frage gestellt haben würde, ob er zustimmen solle oder nicht, wobei im Prozess seine Erklärung genügen kann, er hätte sich „unter Umständen" oder „wohl" gegen die Maßnahme ausgesprochen; OLG München vom 11.12.1997, zit. nach der Mitteilung b. Rehborn MDR 1999, 1172 m. Fn. 43: es reicht aus, wenn der klagende Patient einen Entscheidungskonflikt darlegt; von ihm können keine genauen Angaben darüber verlangt werden, wie er sich wirklich verhalten hätte, ob er zugestimmt haben würde oder nicht; Rehborn MDR 2000, 1107: der Patient muss nicht die Tatsache darlegen, dass er nicht eingewilligt hätte).

Erfolgt die Aufklärung **verspätet**, so legt es schon die Lebenserfahrung nahe, dass die Entscheidungsfreiheit des Patienten im Hinblick auf den vorliegenden psychischen und den herrschenden organisatorischen Druck eingeschränkt war; eines näher substantiierten Vortrages, dass und weshalb der Patient durch die Aufklärung in einen Entscheidungskonflikt geraten sei, bedarf es in diesem Falle nicht mehr (BGH MDR 1995, 159, 160; BGH NJW 1995, 2410, 2411; Hoppe NJW 1998, 782, 784: der Entscheidungskonflikt wird aufgrund der verspäteten Aufklärung praktisch vermutet).

Behauptet der Patient, er hätte dem operierenden Arzt die Einwilligung verweigert, wenn er über ein bestimmtes Behandlungsrisiko aufgeklärt worden wäre, diesfalls vielmehr den Eingriff von einem **anderen** Arzt in einem **anderen** Krankenhaus vornehmen lassen, so muss er auch insoweit **plausibel**-nachvollziehbare Gesichtspunkte dartun, die einen für das Selbstbestimmungsrecht relevanten echten Entscheidungskonflikt aufzeigen (OLG Köln VersR 1991, 100, 101).

Stellt der Patient zur Überzeugung des Gerichtes eine **Plausibilität** in dem oben dargestellten Sinne her, so ist der **Arzt** nunmehr gehalten nachzuweisen, dass der in der gebotenen Weise aufgeklärte Patient in den betreffenden Eingriff/in die betreffende Maßnahme - wie geplant - eingewilligt haben würde (BGHZ 90, 103, 111 f; BGH NJW 1990, 2928, 2929; BGH NJW 1994, 2414, 2415; OLG Jena MDR 1998, 536, 537; RGRK/Steffen, § 823 Rn. 527); an den Nachweis der diesbezüglichen Behauptung des Arztes sind grundsätzlich **strenge** Anforderungen zu stellen (sie sind dann besonders hoch, wenn der Patient den Eingriff zunächst abgelehnt und sich hierzu erst bereit gefunden hat, nachdem der Arzt auf ihn eingewirkt hatte, BGH MDR 1984, 1089).

Um eine sichere Beurteilung der hypothetischen Entscheidungssituation zu ermöglichen, wird das Prozessgericht den klagenden Patienten regelmäßig gemäß § 141 ZPO **persönlich anzuhören** haben (BGH NJW 1990, 2928, 2929; BGH MDR 1995, 160; Laufs NJW 1999, 1758, 1765).

c) Hypothetischer Krankheitsverlauf

Rechtlich **erheblich** ist ferner der Einwand des beklagten Arztes, der Patient wäre auch ohne den nicht durch seine Einwilligung gedeckten (kunstgerecht durchgeführten) Eingriff wegen Fortschreitens seiner Erkrankung nach einer bestimmten Zeit in **denselben** Zustand geraten. Steht ein solcher hypothetischer Verlauf fest (was der **Arzt** zu beweisen hat und woran hohe Beweisanforderungen zu stellen sind), dann **beschränkt** sich die Schadensersatzpflicht auf denjenigen Zeitraum, in welchem der Schaden durch den eigenmächtigen Eingriff **früher** eingetreten ist (s. dazu Nüßgens Rn. 151; ders., in: Hauß-Festschr., S. 289; Laufs NJW 1979, 1230, 1233; ferner Erman/Kuckuk, vor § 249 Rn. 83; weiters aus der Rechtsprechung: BGHWarn 1987 Nr. 298: bei Vorhandensein einer Schadensanlage ist die Schadensersatzpflicht auf diejenigen Nachteile beschränkt, die durch den früheren Schadenseintritt bedingt sind; und OLG Frankfurt NJW 1984, 1409, 1411: bestand bei Eintritt des schädigenden Ereignisses eine der geschädigten Person innewohnende Schadensanlage, die ohne die Schädigungshandlung später zu dem gleichen Schaden geführt hätte, so beschränkt sich die Ersatzpflicht auf die durch den früheren Schadenseintritt bedingten Nachteile).

Auch jeder andere **hypothetische** Kausalverlauf, den die **Behandlungsseite** für sich in Anspruch nimmt, steht zu **ihrer** vollen Beweislast (Geiß/Greiner, B-Rn. 230; BGH NJW 1972, 1515, 1517 mN: für den Einwand der überholenden Ursächlichkeit trägt der Schädiger die volle Beweislast).

d) Straffreier Schwangerschaftsabbruch

Im Schadensersatzprozess nach misslungenem Schwangerschaftsabbruch prüft das Zivilgericht ohne Bindung an die Beurteilung der in dem Beratungsverfahren vor dem Eingriff beteiligten Institutionen und Personen, ob die Voraussetzungen der Indikationsstellung vorgelegen haben (wobei allerdings die „ärztliche Erkenntnis" als Beurteilungsquelle nur beschränkt nachprüfbar ist, vgl. oben **I. 5. c, jj**).

Dem beklagten **Arzt** obliegt die Darlegungs- und Beweislast dafür, dass - behauptet er dies nunmehr - die Voraussetzungen für einen straffreien Unterbrechungseingriff nicht vorgelegen hätten, sofern sich die Schwangere dem vorgeschriebenen Beratungsverfahren (§ 219 StGB) unterzogen hatte; ist die Abbruchindikation ärztlich attestiert worden, so spricht die Vermutung für das tatsächliche Vorliegen der gesetzlichen Voraussetzungen einer straffreien Unterbrechung (vgl. BGHZ 95, 199, 204, 207 f).

2. Beweiserleichterungen

Zur Überwindung regelmäßig bestehender erheblicher Nachweisschwierigkeiten für den geschädigten Patienten und damit zur Herstellung einer ausgewogenen beweisrechtlichen Lage der Streitparteien ist es geboten, dem **Kläger** Beweiserleichterungen zu gewähren (vgl. BVerfG NJW 1979, 1925, 1926; Funke, S. 90, 91; Musielak, § 7 II., III.; ders. JuS 1983, 609, 611; s. ferner Laufs NJW 1987, 1449, 1453); die Erleichterungen können den Bereich der **Kausalität** oder denjenigen des **Verschuldens** betreffen (Giesen Rn. 361).

Der **zahnärztliche** Patient ist allerdings nicht von dem vollen Nachweis entbunden, dass der eingetretene Gesundheitsschaden auf einer gegebenenfalls durchgeführten Amalgam-Behandlung beruhe; ihm kommen insoweit weder Beweiserleichterungen noch gar eine Umkehr der Beweislast zugute (OLG Frankfurt AHRS Kza 4800/15).

Beweiserleichterungen hinsichtlich des Kausalitätsnachweises bei groben Behandlungs- oder Organisationsfehlern, bei Verstößen gegen die ärztliche Befunderhebung oder bei unzulänglicher ärztlicher Dokumentation stellen **keine** Sanktionen gegen den Arzt bzw. gegen den Krankenhausträger, sondern nur einen **Ausgleich** dafür dar, dass das Spektrum der für die Schädigung in Betracht kommenden Ursachen gerade durch diese Mängel besonders verbreitert und verschoben worden ist (OLG Oldenburg NJW 1991, 2355, 2356).

Die Grundsätze über Beweiserleichterungen hinsichtlich der **Kausalität** gelten auch für die Haftung aus einem Fehlverhalten des Krankenhauspflegepersonals (BGH NJW 1971, 241, 243).

a) Typischer Geschehensablauf

Unter besonderen Umständen kommen dem Kläger hinsichtlich der **Kausalität** eines Behandlungsfehlers oder des **schuldhaften** Verhaltens des Arztes die Grundsätze des sog. **Anscheinsbeweises** („Beweis des ersten Anscheines" - „prima facie Beweises") zustatten. Voraussetzung ist, dass ein Sachverhalt feststeht, der nach gesicherter medizinischer Erfahrung auf eine bestimmte **Typik** des Geschehensablaufes hinweist (s. hierzu BGHWarn 1988 Nr. 166; OLG Bremen VersR 1977, 378; OLG Nürnberg MedR 1995, 323, 324; Uhlenbruck NJW 1965, 1057, 1058; Franzki DRiZ 1977, 36; Deutsch NJW 1978, 1657, 1658; weitere Nachweise b. Bockelmann, in: Festschrift für Hans-Heinrich Jescheck zum 70. Geburtstag 1985, S. 693, 697); **z.B.** spricht der Anscheinsbeweis dafür, dass **der** (zu keiner HIV-gefährdeten Risikogruppe zählende und auch durch die Art seiner Lebensführung keiner gesteigerten HIV-Infektionsgefahr ausgesetzte) Patient, der nach der Versorgung mit einer feststehendermaßen HIV-kontaminierten Blutkonserve an AIDS erkrankt, vor der Bluttransfusion noch nicht HIV-infiziert war, und ihm also das Virus erst mit der Transfusion übertragen worden ist; erkrankt auch der Ehegatte des Blutempfängers an AIDS, so spricht der Beweis des ersten Anscheines weiters dafür, dass er von dem Blutempfänger angesteckt worden ist (vgl. BGH VersR 1991, 816, 817; OLG Düsseldorf VersR 1998, 103, 104; OLG Koblenz NJW-RR 1998, 167, 168 zu HIV-Infektion eines Bluterkranken, der mit Blutprodukten behandelt worden ist; s. auch unten **C. VII.**).

Auch in anderen Fällen hat die Rechtsprechung bei **Infektionen** den „prima facie-Beweis" angewendet (vgl. OLG Köln NJW 1985, 1402 für die Ansteckung zahlreicher Patienten eines Zahnarztes mit Hepatitis-B, der selbst infektiös im Sinne eines Dauerausscheiders des betreffenden Erregers war; Deutsch VersR 1997, 905, 906).

Auch ein ärztliches **Verschulden** (Außerachtlassung der erforderlichen Sorgfalt) ist nach „prima-facie"-Grundsätzen **bspw.** bewiesen, wenn eine Arterienklemme in der Operationswunde zurückgelassen wird, wenn sogleich nach der Injektion eine Lähmung auftritt (s. die Nachweise bei Stück JuS 1996, 153, 156) oder wenn die Kontraindikation bei einem Arzneimittel missachtet wird (Deutsch VersR 1991, 189; s. auch unten *EXKURS* Anscheinsbeweis).

Im **Allgemeinen** spielt der Anscheinsbeweis in der Praxis des Arzthaftungsprozesses aber eine eher untergeordnete Rolle, weil im Bereiche der Heilkunde nicht selten die Möglichkeit eines gerade untypischen Verlaufes gegeben ist (vgl. Schmid NJW 1994, 757, 761). An der erforderlichen Typik **fehlt** es jedenfalls dann, wenn verschiedene Geschehensabläufe mit lediglich unterschiedlichen Wahrscheinlichkeitsgraden denkbar sind (Winkler-Wilfurth MedR 1995, 325 mN).

So ist der Eintritt der Schwangerschaft im zeitlichen Anschluss an eine Tubensterilisation **kein** Ereignis, welches per Anschein ein haftungsbegründendes ärztliches Fehlverhalten indiziiert; denn auch bei kunstgerechtem Vorgehen des Arztes können natürliche Prozesse zu einer Regeneration des Tubengewebes und damit zu einem objektiven Versagen des

Sterilisationseingriffes führen (OLG Düsseldorf VersR 1985, 457, 458; OLG Saarbrücken MDR 1998, 104, 106). Selbst bei peinlich genauer Beachtung der bei einer intraartikulären Injektion einzuhaltenden sterilen Kautelen kann es zu einer Infektion kommen, weil der bakterielle Erreger infolge des unerlässlichen Durchstechens der oberen Hautschicht in das Gelenk eingeschleppt worden ist; eine solche Infektion beweist deshalb nicht per Anschein einen Verstoß gegen die einschlägigen Vorsichtsmaßregeln (OLG Düsseldorf NJW-RR 1998, 170, 171).

Die Grundsätze des Anscheinsbeweises können auch dann **nicht** eingreifen, wenn für die fragliche Gesundheitsbeschädigung **mehrere** Ursachen in Betracht kommen, ohne dass für einen bestimmten Geschehensablauf die größere Wahrscheinlichkeit als für einen anderen spräche (Franzki aaO; OLG Nürnberg aaO: das Auftreten eines frühkindlichen Gehirnschadens nach einer Keuchhustenimpfung ist nicht typisch für einen Impfschadensfall, weil die nicht ganz entfernt liegende Möglichkeit besteht, dass es überhaupt keine Impfschadensfälle nach Keuchhustenimpfung gibt). In all diesen Fällen muss der Geschädigte beweisen, dass gerade derjenige Umstand schadenskausal geworden ist, auf welchen er den Ersatzanspruch stützt (E. Schneider Rn. 339).

EXKURS

Anscheinsbeweis

Der Anscheinsbeweis (der eine Form der mittelbaren Beweisführung darstellt, OLG Celle NJW-RR 1997, 1457) ist dadurch gekennzeichnet, dass anhand von Erfahrungssätzen, die sich auf typische Geschehensabläufe stützen, von feststehenden Umständen auf bestimmte rechtserhebliche Tatsachen geschlossen wird (A. Blomeyer, § 72 II.). Es kann nicht nur von einem feststehenden Ereignis auf den Zusammenhang mit einem eingetretenen Erfolg, sondern auch umgekehrt von einem eingetretenen Erfolg auf ein bestimmtes Ereignis als Ursache geschlossen werden (BGH NJW 1956, 1638-LS). Mittels des Anscheinsbeweises wird nicht etwa die Beweislast geändert, vielmehr wird regelrechter **Beweis** erbracht. Der Beweis ist allerdings dann **entkräftet**, wenn solche von dem in Anspruch Genommenen vorgetragenen konkreten Umstände ihrerseits dargetan und bewiesen sind, die in ernsthafter und tatsächlich bestimmter Weise auf einen **anderen** als den typischen Geschehensablauf hinweisen (BGHZ 6, 169, 171; BGH VRS 22, 256, 258; E. Schneider DRiZ 1966, 281, 282). Umstände, die nach medizinischer Erfahrung auf ein **Verschulden** des behandelnden Arztes hindeuten, können **bspw.** sein: die Entstehung eines apallischen Syndroms als Folge unzureichender Beatmung des Patienten in der postoperativen Phase; das Zurücklassen von Fremdkörpern in der Operationswunde (OLG Köln VersR 1990, 1244-LS; **anders** aber im Falle des OLG Oldenburg MedR 1995, 326, 327: das Belassen der bei der Nahtlegung während des Wundverschlusses am Ende der Operation abgebrochenen Nadelspitze in einem Weichteilsbereich, in dem der Fremdkörper keine Komplikationen verursachen kann, ist möglicherweise als intraoperative Entscheidung medizinisch vertretbar und stellt sodann keinen Behandlungsfehler dar; nach LG Heidelberg b. Röver MedR 1998, 175 ist das Zurücklassen eines Metallclips im Bauchraum anlässlich einer Gallenblasenoperation nicht behandlungsfehlerhaft, weil das Verbleiben des Clips im Körper keinerlei negative gesundheitliche Folgen habe); das Auftreten von Röntgenverbrennungen bei Anwendung eines Thermokauters; endogene Verbrennungen bei Anwendung eines Hochfrequenzchirurgiegerätes; mehrfache Uterusperforation bei Handhabung eines medizinischen Instrumentes; die sofort einsetzende Lähmung des Beines nach einer Injektion in das Gesäß zur Bekämpfung des Ischiasschmerzes; die Feststellung einer manifesten Nervschädigung nach injektionsbedingt persistierendem Schmerz; das Anpunktieren der Gallenblase bei Durchführung einer perkutanen Leberbiopsie und andere iatrogene Verletzungen (s. zum Ganzen: BGH NJW 1956, 1638, 1639; BGH VersR 1961, 1118, 1119; BGH b. Petersen DRiZ 1962, 264, 267; OLG Bremen VersR 1976, 1178; OLG Düsseldorf AHRS-Kza 6410/53; OLG Saarbrücken VersR 1991, 1290, 1291; Perret, S. 192; Deutsch Rn. 305 ff); weitere Bspe. bei Gräfin von Strachwitz-Helmstatt, in: Ehlers/Broglie, Kap. 6 Rn. 99). Anscheinsweise steht auch fest, dass die Hebamme die erforderliche gynäkologische Untersuchung auf den Geburtsfortschritt hin unterlassen oder mangelhaft durchgeführt hat, wenn nach der Verabreichung eines Einlaufes eine Sturzgeburt in das Toilettenbecken stattfindet (OLG Braunschweig VersR 1987, 76).

b) Produktfehler

Im Bereiche der verschuldensunabhängigen Herstellerhaftung (§§ 1 Abs. 1, 2, 3, 4, 8, 10 PHG) für fehlerhafte Produkte (prinzipiell gleich welcher Art, Schell, S. 202) regelt § 1 Abs. 4 PHG die Beweislast entsprechend den allgemein gültigen Grundsätzen: der **Geschädigte** hat alle anspruchsbegründenden Voraussetzungen sowie die Herstellereigenschaft des in Anspruch Genommenen darzulegen und zu beweisen; der **Hersteller** muss gegebenenfalls die Voraussetzungen eines Haftungsausschlusstatbestandes (§ 1 Abs. 2, Abs. 3 PHG) dartun und beweisen.

Als zulassungspflichtige Arzneimittel fallen **Blutkonserven** nicht unter das Produkthaftungsgesetz (§ 15 Abs. 1 PHG); sie unterliegen vielmehr dem produkthaftungsrechtlichen Spezialtatbestand des § 84 AMG (Eichholz NJW 1991, 732 ff). Überhaupt geht für den Großteil der Arzneimittel das **AMG** dem PHG vor; nur für homöopathische Arzneien haben die Bestimmungen des PHG Geltung (Deutsch VersR 1997, 905, 908). Die Bestimmung des § 84 AMG begründet unter bestimmten Voraussetzungen eine Gefährdungshaftung des pharmazeutischen Unternehmers für gesundheitliche Schäden, die bei bestimmungsgemäßem Gebrauch eines Arzneimittels verursacht werden.

Die **deliktische** Verschuldenshaftung des Produzenten aus § 823 Abs. 1 BGB zufolge der Verletzung einer Verkehrspflicht bzw. § 823 Abs. 2 BGB in Verbindung mit der Verletzung eines Schutzgesetzes (in Frage kommen u.a. AMG, MedGV und MPG, vgl. Palandt/Thomas, § 823 Rn. 202, 203) ist **neben** der Gefährdungshaftung nach dem Produkthaftungsgesetz weiterhin anwendbar (§ 15 Abs. 3 PHG).

Fehler, Schaden und Ursächlichkeit des Fehlers für den eingetretenen Schaden hat der **Geschädigte** zu beweisen; ausnahmsweise kann sich für die Frage der Fehlerhaftigkeit des Produktes im Zeitpunkte des Inverkehrbringens durch den Hersteller die Beweislast umkehren (s. Palandt/Thomas, § 823 Rn. 219 mN). Dem **Hersteller** obliegt der Beweis, dass ihn an dem schadensverursachenden Produktfehler kein Verschulden trifft (s. näher Palandt/Thomas, § 823 Rn. 220 mN).

Bei der Verwendung einer HIV-verseuchten **Blutkonserve** muss der Krankenhausträger den Nachweis dafür führen, dass ein schadensursächlicher Pflichtenverstoß seinerseits bei der Gewinnung der Konserve nicht vorgelegen habe (BGH VersR 1991, 816, 819).

c) Organisationsfehler

Beweiserleichterungen für den **Kausalitätsnachweis** kommen ausnahmsweise auch bei Organisationsfehlern (organisatorischen Mängeln) in Betracht. Der Verstoß des Krankenhausträgers gegen eine ihm obliegende Organisationspflicht kann sich im Einzelfall als **grober** Fehler darstellen, wenn hierdurch (wie bei einem groben Arztfehler) das Spektrum der Schadensursachen in einer Weise verbreitert oder verschoben worden ist, dass von dem Patienten billigerweise die Beweisführung nicht mehr verlangt werden kann. Entscheidend ist zum einen, ob das Versäumnis derart schwerwiegend war, dass es dem

Träger des Krankenhauses schlechterdings nicht unterlaufen durfte; und zum anderen, ob dadurch die Aufklärung des Sachverhaltes für den Patienten unzumutbar erschwert worden ist (vgl. BGH LM Nr. 155 Bl. 2 Rs zu § 823 (Aa) BGB; BGH NJW 1996, 2429, 2431; OLG Stuttgart VersR 2000, 1108, 1109; s. auch Deutsch Rn. 317).

Im Bereiche der sog. **Anfängeroperation** (s. oben **II. 5. b, bb (4)**) kommen Beweiserleichterungen nur in den Fällen des **fehlerhaften** Einsatzes eines Arztes in der Aus- oder Weiterbildung in Betracht (BGH MDR 1998, 535). Darlegungs- und Beweislast dafür, dass ein Misslingen der Operation oder das Auftreten einer Komplikation **nicht** auf mangelnder Erfahrung und Übung des noch nicht ausreichend qualifizierten Operateurs beruhe, tragen der **Klinikträger** und die für die Operationsübertragung verantwortlichen **Ärzte**; der Behandlungsfehler liegt in solchen Fällen in der selbständigen Übertragung auf den noch nicht qualifizierten Anfänger und gegebenenfalls auch in der Übernahme der Behandlungsaufgabe durch diesen (vgl. BGHZ 88, 248, 256; BGH VersR 1992, 745, 746; Musielak/Foerste, § 286 Rn. 39; Gounalakis NJW 1991, 2945, 2946). Die Besetzung der geburtshilflichen Abteilung im nächtlichen Bereitschaftsdienst mit einer Assistenzärztin im zweiten Weiterbildungsjahr muss keinen Fehler darstellen, wenn bei unerwarteten Problemfällen gewährleistet ist, dass sofort ein erfahrener Facharzt hinzugezogen wird, der sich unverzüglich einfinden kann (BGH MDR 1998, 535).

d) Verstöße gegen die
   Pflicht zur Befunderhebung und -sicherung

Erhebt der Arzt keine oder keine ausreichenden Diagnose- und/oder Kontrollbefunde zum Behandlungsgeschehen und erlangt er deshalb keinen oder keinen rechtzeitigen Aufschluss über die medizinische Natur oder die Entwicklung des Krankheitsbildes, so setzt er aufgrund des ungeklärten Sachverhaltes den Patienten in einem späteren Haftungsrechtsstreit den typischen prozessualen **Risiken** des mangelnden Beweises aus. Mit dem materiellrechtlichen Verstoß gegen die berufliche Pflicht zur Befundstatuierung verbinden sich daher mögliche **beweisrechtliche** Konsequenzen **zugunsten** des Patienten und zu **Lasten** des Arztes (vgl. Giesen Rn. 427; Laufs Rn. 608).

Es gilt der **Grundsatz**, dass ein Verstoß gegen die Pflicht zur Erhebung und Sicherung medizinisch gebotener Befunde im Wege der **Beweiserleichterung** für den Patienten den **Schluss** auf ein reaktionspflichtiges positives Befundergebnis erlaubt, **wenn** ein solches hinreichend wahrscheinlich ist (BGH b. Röver MedR 1999, 320). Dem Patienten helfen also bei dem Nachweis der **Ursächlichkeit** verschiedene **Graduierungen** an Beweiserleichterungen. Liegt im Einzelfall eine **grobe** Verabsäumung medizinisch zweifelsfrei gebotener oder naheliegender Befundungen vor, so kann hinsichtlich des **Kausalverlaufes** zum Nachteil des Arztes die volle Beweislast**umkehr** in Betracht kommen (BGHZ 99, 391, 396 f, 399; BGH VersR 1989, 80; OLG Saarbrücken MDR 1998, 469: Beweislastumkehr zu Lasten des Zahnarztes, der es verabsäumt, sich nach dem Einsatz von Implantaten durch eine Röntgenkontrolle über die Passgenauigkeit zu vergewissern).

Die Reichweite der Beweiserleichterungen kann im Übrigen aber für derartige Situationen **nicht** generell schematisch festgelegt werden. Da sich der Behandlungsvorgang als eine Abfolge von Feststellungs-, Entschließungs-, Maßnahmen- und Wirkungsabschnitten (unterlassene Befunderhebung - fiktiver Befund - fiktive, aber unterlassene Behandlungsmaßnahme - schädlicher Erfolg) darstellt, ist zu fragen, bis zu welchem Glied dieser Reihe die Beweiserleichterungen im Einzelfalle zu gelten haben; die Antwort hängt davon ab, wie weit ein Ursachenzusammenhang überhaupt - und wenn wie - wahrscheinlich ist und in welchem Ausmaß die von dem Arzt verursachte Aufklärungsschwierigkeit Auswirkungen zeitigt (vgl. ausführlich Nixdorf VersR 1996, 160 ff).

Orientierung geben insoweit die **Leitsätze** der Entscheidungen BGHZ 132, 47 und BGH LM Nr. 181 zu § 823 (Aa) BGB:

- Ein Verstoß gegen die Pflicht zur Erhebung und Sicherung medizinischer Befunde und zur ordnungsgemäßen Aufbewahrung der Befundträger lässt im Wege der Beweiserleichterung für den Patienten zwar auf ein reaktionspflichtiges positives Befundergebnis schließen, **wenn** ein solches hinreichend wahrscheinlich ist; **jedoch** nicht auch auf eine Ursächlichkeit der unterlassenen Befundauswertung für einen von dem Patienten erlittenen Gesundheitsschaden.

- Für die **Kausalitätsfrage** kann der Verstoß gegen die Befunderhebungs- oder Sicherungspflicht (z.B. Verlust eines Original-EKG als Befundträger) **nur** dann beweiserleichternde Bedeutung gewinnen, wenn unter den konkreten Umständen zugleich auf einen **groben** Behandlungsfehler geschlossen werden muss, was wiederum dann der Fall ist, **wenn** sich - gegebenenfalls unter Würdigung zusätzlicher medizinischer Anhalte - ein so deutlicher und gravierender Befund als hinreichend wahrscheinlich ergibt, dass sich dessen Verkennung als fundamental oder die Nichtreaktion auf ihn als grob fehlerhaft darstellen müsste.

Klarstellend weist ferner BGH MDR 1999, 265, 266 nochmals auf folgendes hin: es ist **nicht** erforderlich, dass schon der Verstoß gegen die Befunderhebungspflicht für sich alleine genommen einen groben Behandlungsfehler beinhalten müsste; vielmehr hat das Gericht mit sachverständiger Hilfe zu **prüfen**, **ob** die Unterlassung der Befunderhebung fehlerhaft war und **ob** die Verkennung desjenigen Befundes, der sich mit hinreichender Wahrscheinlichkeit ergeben haben würde, einen groben Fehler dargestellt hätte.

Muss **bereits** die Unterlassung der Befunderhebung als **grober** ärztlicher Fehler beurteilt werden (wie es der Fall sein kann, wenn die Befundung aus medizinischen Gründen zweifelsfrei geboten war), so greifen im Hinblick auf den groben Fehler **auch** für die Kausalitätsfrage die Regeln über Beweiserleichterungen ein, die generell im Falle grob behandlungsfehlerhaften Verhaltens anzuwenden sind (BGH NJW 1998, 1780, 1781; BGH MDR 1999, 229, 230).

e) Schwere („grobe") Behandlungsfehler

Wegen seiner besonderen Schadensträchtigkeit verbreitert oder verschiebt jeder **schwere** Behandlungsfehler potentiell das Spektrum der für einen Misserfolg in Betracht kommenden **Ursachen**. Hat der Arzt daher schuldhaft einen groben Behandlungsfehler begangen, der **geeignet** ist, einen Schaden derjenigen Art herbeizuführen, wie er tatsächlich eingetreten ist, so erscheint es angemessen, dass der **Arzt** (und nicht der Patient) das Risiko der nicht vollen Aufklärbarkeit des haftungsbegründend ursächlichen Verlaufes zu tragen hat (vgl. RGZ 171, 168, 171; BGH NJW 1968, 1185; BGH NJW 1998, 814, 815; Zimmermann, ZPO, § 286 Rn. 34; Nüßgens, in: Hauß-Festschr. S. 295, 298; Kötz Rn. 258; Baumgärtel Rn. 468; Gottwald Jura 1980, 303, 308); das ist **auch** dann der Fall, wenn der Fehler des Arztes den Schaden nicht abgrenzbar alleine, sondern nur zusammen mit einer anderen Ursache (z.B. der besonderen Befindlichkeit des Patienten aufgrund einer bestehenden Vorschädigung) herbeigeführt hat (BGH NJW 1997, 796, 797).

Einer bestimmten erhöhten Wahrscheinlichkeit bedarf es insoweit grundsätzlich **nicht** (BGHZ 85, 212, 216 ff; OLG Stuttgart VersR 2000, 1108, 1110; **anders** Musielak/Stadler, Rn. 267 ff: die Feststellung der „Eignung" des Behandlungsfehlers zur Herbeiführung des konkret eingetretenen Schadens setzt einen auf medizinisch-empirischer Grundlage gewonnenen Befund voraus, der bereits eine Aussage über die Verursachungswahrscheinlichkeit impliziert, so dass die Kausalität jedenfalls praktisch als festgestellt gelten kann); allerdings kann es bei der sachgerechten Verteilung der Beweislast **nicht** ganz ohne Bedeutung bleiben, wenn andererseits eine kausale Verknüpfung mit dem Schaden in hohem Maße sogar unwahrscheinlich erscheint (BGH MedR 1995, 70, 71).

Der **Arzt** muss also bei festgestellten groben Verstößen gegen die Regeln der medizinischen Sachgerechtigkeit den Nachweis erbringen, dass der Schaden **auch ohne** seinen schweren Fehler eingetreten wäre: **er** ist beweispflichtig für die fehlende Kausalität (Deutsch Rn. 314; Zöller/Greger, vor § 284 Rn. 20a: Baumgärtel/Wittmann JA 1979, 113, 115; Müller NJW 1997, 3049, 3052). Diesen im Einzelfalle möglichen Beweis hinweggedacht, lässt sich deshalb konstatieren: für die Begründung der Arzthaftung infolge eines groben Behandlungsfehlers reicht es grundsätzlich aus, dass der grobe Verstoß des Arztes **generell** geeignet ist, den konkret geltend gemachten Gesundheitsschaden hervorzurufen (BGHZ 85, 212, 216, 217; BGH NJW 1988, 2949, 2950; OLG Köln VersR 1991, 186, 189); der Vorwurf der Leichtfertigkeit ist **nicht** Voraussetzung für die Beweislastumkehr (BGH LM Nr. 15 Bl. 3 zu § 823 (Aa) BGB).

Nur **ausnahmsweise** ist trotz der Bejahung eines groben Behandlungsfehlers die Beweislastumkehr ausgeschlossen: nämlich dann, wenn es **gänzlich** unwahrscheinlich erscheint, dass der konkrete Fehler zu dem Schadenseintritt beigetragen habe (BGH LM Nr. 161.4 zu § 823 (Aa) BGB; Steffen/Dressler, Rn. 520 mwN). Ist ein grober Fehler zur Herbeiführung eines Gesundheitsschadens geeignet, so kommt eine **Einschränkung** der hieraus resultierenden Beweislastumkehr unter dem Gesichtspunkte einer **Vorschädigung** des Patienten nur dann in Betracht, wenn - was zur Beweislast der Behandlungsseite steht - eine solche Vorschädigung festgestellt ist **und** gegenüber einer durch den groben Fehler bewirkten Mehrschädigung **abgegrenzt** werden kann (BGH NJW 2000, 2737, 2740; steht fest, dass der eingetretene Schaden allenfalls zu einem bestimmten abgrenzbaren **Anteil** - sog. Teilkausalität - auf den festgestellten ärztlichen Grobfehler zurückgeht, so muss nun der **Patient** beweisen, dass die geltend gemachten Aufwendungen ohne den Fehler entweder gar nicht oder jedenfalls nur in einem geringeren Umfange als es dem Komplementäranteil entspricht, entstanden sein würden (OLG Hamm VersR 1996, 1371, 1372; Müller aaO, 3052, 3053: solche Fälle können z.B. bei Geburtsvorgängen im Hinblick auf prä- und perinatale Schädigungen auftreten).

Die Beweisbelastung des Arztes rechtfertigt sich im Übrigen **nur** hinsichtlich der unmittelbar haftungsbegründenden gesundheitsbeschädigenden „**Primärverletzung**"; für weitere „sekundäre" Folgen (haftungsausfüllende Kausalität - Kausalbeziehung zwischen der Rechtsgutsverletzung und dem daraus entstehenden Schadensausmaß) sind regelmäßig **keine** zusätzlichen Beweisschwierigkeiten gegeben, die es erforderlich erscheinen ließen, den fehlerhaft behandelnden Arzt die Beweisführungslast zu überbürden (BGH NJW 1978, 1683, 1684; BGH NJW 1988, 2303, 2304; BGH VersR 1993, 969, 970: insoweit kommt für die Schadensermittlung die Anwendung der Grundsätze des § 287 ZPO in Betracht; s. ferner auch OLG München VersR 1993, 607).

Eine Beweislastumkehr für die Kausalitätsfrage kann auch bei groben ärztlichen **Organisationsfehlern** (also solchen, die aus objektiv ärztlicher Sicht nicht mehr verständlich sind) eintreten (BGH VersR 1994, 562, 563 mN; vgl. dazu oben c). Die Grundsätze der Rechtsprechung zur Beweislastumkehr hinsichtlich der Kausalität eines groben ärztlichen Behandlungsfehlers gelten zugunsten des Patienten **entsprechend** auch bezüglich der Haftung des **Krankenhausträgers** aus einem groben Verhalten des **Pflegepersonals** (BGH AHRS Kza 6575/3 zu einem Fall, in welchem der Patient durch das Zusammentreffen von Missständen und Versäumnissen im Bereich der stationären Pflege einer sich alsbald realisierenden gesteigerten Infektionsgefahr ausgesetzt war, die das Maß des in einer Krankenanstalt Unvermeidlichen erheblich überschritt).

aa) Beweisführungslast und Beweisführungserleichterungen
auf Patientenseite

Für die Feststellung des groben Behandlung**sfehlers** trägt der **Kläger** die Beweislast (s. oben 1. a); es sei denn, der beklagte Arzt vereitelt oder erschwert dem Kläger die

Beweisführung durch nicht ordnungsgemäße ärztliche Dokumentation oder durch pflichtwidrige Unterlassung ärztlich indizierter Erhebungen: dann kommen zugunsten des Geschädigten Beweiserleichterungen bis hin zur Beweislastumkehr in Betracht (hierzu Franzki DRiZ 1977, 36, 38; Baumgärtel/Wittmann JA 1979, 115, 118; s. oben **d** sowie unten **f)**.

bb) Alleinige Ursächlichkeit eines nicht schwerwiegenden Verstoßes

Für Beweislastentlastungserwägungen zugunsten des Patienten ist **kein** Raum, wenn feststeht, dass allenfalls ein nicht schwerwiegender Verstoß gegen weitere ärztliche Sorgfaltspflichtspflichten, nicht jedoch die dem Arzt zum groben Fehler gereichende Verkennung eines Risikoschadens ursächlich geworden sein kann (BGH NJW 1981, 2513, 2514).

cc) Definition des Grobfehlers

Grob ist der Behandlungsfehler (zu dessen Wesen es auch gehört, dass er die Aufklärung des Behandlungsverlaufes in besonderer Weise erschwert, BGH MedR 1995, 70, 71 mN) nur, **wenn** der Arzt eindeutig gegen bewährte ärztliche Behandlungsregeln oder gegen gesicherte medizinische Erkenntnisse verstoßen und einen Fehler begangen hat, der als nicht mehr „verständlich" erscheinen kann, weil das fragliche Tun oder Lassen des Arztes aus objektiv-medizinischer Sicht und bei Anlegung eines professionellen Maßstabes schlechterdings **nicht passieren** durfte; immer kommt es auf die **Gesamt**betrachtung der tatsächlichen Umstände der konkreten Fallsituation an (vgl. hierzu BGH NJW 1996, 2426; BGH VersR 1998, 585; OLG Hamm VersR 1990, 975, 976; OLG Köln VersR 1991, 186, 188; OLG München VersR 1991, 1288, 1289; Baumgärtel Rn. 472; Müller DRiZ 2000, 259, 266).

dd) Eindeutiger Kunstregel-Verstoß

Der grobe Behandlungsfehler hebt nicht auf einen bestimmten Grad subjektiver Fahrlässigkeit ab; **entscheidend** ist vielmehr, dass das ärztliche Vorgehen **eindeutig gegen** bewährte therapeutische Regeln oder **gegen** gesicherte fachliche Erkenntnisse verstoßen hat (BGH MDR 1992, 561; OLG Stuttgart VersR 1994, 313, 314; Deutsch Rn. 200).

In Betracht kommen unter anderem: das **Unterlassen** medizinisch zweifelsfrei gebotener Befunderhebungen und -sicherungen ohne vertretbaren Grund (BGH MedR 1995, 70, 71; OLG Köln VersR 1992, 1003, 1004), das grundlose **Nichtanwenden** einer Standardmethode bei der Bekämpfung bekannter Risiken (OLG Köln NJW-RR 1991, 800, 802: auch eine ganze Reihe von an sich nicht qualifizierten Einzelbehandlungsfehlern kann **zusammengenommen** ein grob fehlerhaftes Behandlungsverhalten erweisen; BGH NJW 2000, 2737, 2739: eine **Häufung** von Fehlern kann im Ergebnis das ärztliche Verhalten insgesamt als grob fehlerhaft erscheinen lassen) sowie die Unterlassung selbstverständlich gebotener Behandlungsschritte (etwa Kontrollmessungen oder prophylaktische Maßnahmen, s. hiezu BGH NJW 1983, 2080, 2082; OLG Köln AHRS Kza 6570/4).

Die Schwelle, von der ab ein **Diagnoseirrtum** als schwerer Verstoß gegen die Regeln der ärztlichen Kunst zu beurteilen ist, muss hoch gesetzt werden (OLG Düsseldorf VersR 1984, 446, 448). Diagnosefehler (unterlassene, falsche oder unzureichende Diagnosestellungen, s. oben **8. a, bb (3)**) in diesem Sinne liegen nur dann vor, **wenn** es sich konkret um einen **fundamental-elementaren** Irrtum handelt (BGH VersR 1981, 1033, 1034; BGH MedR 1995, 70, 71; OLG Düsseldorf aaO; OLG Zweibrücken MedR 2000, 537, 539; Heilmann NJW 1990, 1515; vgl. ferner BGH NJW 1988, 2303, 2304 zu einem Verstoß gegen elementare Behandlungsregeln durch Verabsäumung weiterer - infolge eines Laborbefundes veranlasster - Maßnahmen; OLG Oldenburg NJW-RR 1997, 1117: stellt der Arzt die Verdachtsdiagnose Meningitis nicht, obgleich sie sich aufgrund spezifischer Symptome bei einem schon mehrere Tage hoch fiebernden Kleinkind aufdrängt, so liegt ein fundamentaler Diagnoseirrtum vor). Diagnosefehler sind auch dann als **grob** zu bewerten, wenn eine weitere Diagnostik unterbleibt, deren Durchführung sich aufdrängt; grob fehlerhaft kann eine Fehldiagnose ferner dann sein, wenn der Arzt auf ihr beharrt und sie nicht überprüft, obwohl der weitere Behandlungsverlauf zu einer Überprüfung zwingt (LG Augsburg MedR 1998, 471, 473). Wird die nächstliegende diagnostische Erwägung durch eine Reihe folgerichtig sich ineinander fügender Umstände scheinbar abgesichert, so kann es jedenfalls **nicht** als „grob" fehlerhaft gewertet werden, wenn der Arzt eine fernerliegende differentialdiagnostische Möglichkeit nicht ins Auge fasst (OLG Frankfurt NJW-RR 1994, 21, 22). Hat der Chirurg technisch mangelhafte **Röntgenbilder** einer schädelverletzten Person falsch gedeutet, so liegt nicht ohne weiteres ein schwerer Fehler vor (OLG München NJW 1992, 2369-LS); ein schwerwiegender Diagnosefehler ist allerdings gegeben, wenn die in der Röntgenabteilung des Krankenhauses tätigen Ärzte bei der Auswertung derselben den auf der Röntgenaufnahme erkennbaren Stauchungsbruch des Schultergelenks übersehen (OLG Hamm VersR 1983, 884). Die Fehlinterpretation von Röntgenbildern kann Fehler bei der Diagnosestellung bedingen; die korrekte Auswertung von Röntgenaufnahmen gilt aber als schwierig, sofern nicht im Einzelfalle bspw. klare Frakturlinien zu erkennen sind (OLG Düsseldorf VersR 1984, 446, 448). Ist auf den gefertigten Röntgenbildern eine objektiv vorliegende Fraktur nicht zu erkennen, so liegt kein Behandlungsfehler vor, wenn das Nichtvorliegen einer knöchernen Verletzung attestiert wird (OLG Stuttgart VersR 1989, 198, 199 für den Durchgangsarzt).

Ein Indiz **gegen** die Grobheit des Behandlungsfehlers ist es, dass und wenn ein objektiv vorhandener, im konkreten Behandlungsfalle aber nicht festgestellter Krankheitsbefund **häufig** übersehen wird (OLG Hamm VersR 1990, 975, 976).

ee) Rechtsbegriff

Der grobe Behandlungsfehler ist ein **Rechtsbegriff**. Über die Antwort auf die Frage, ob der Behandlungsfehler als „grob" einzustufen ist, hat daher letztlich nicht der den medizinischen Sachverhalt aufbereitende ärztliche Gutachter zu befinden; vielmehr handelt es sich um eine **juristische** Wertung, die das sachverständig beratene Gericht aufgrund der ihm vermittelten medizinischen Tatsachen kraft seiner rechtlichen Kompetenz vorzunehmen hat (BGH NJW 1988, 1513, 1514; BGH MDR 1994, 303; BGH NJW 1996, 2428: die Beurteilung muss sich aus der medizinischen Bewertung des Behandlungsgeschehens durch den Sachverständigen ergeben; BGH MDR 1998, 655: der Richter darf die durch den medizinischen Sachverständigen vorgenommene Würdigung bei der anzustellenden Gesamtbetrachtung nicht außer Acht lassen; BGH NJW 2000, 2737, 2739: die abschließende Beurteilung des ärztlichen Verhaltens im Sinne eines „groben" Fehlers obliegt dem Tatrichter, wobei allerdings dessen juristische Gewichtung des ärztlichen Vorgehens durch die von dem Sachverständigen mitgeteilten medizinischen Fakten in vollem Umfange getragen sein muss; OLG Zweibrücken MedR 1999, 272, 273: die Wertung des Tatrichters muss in dem Gutachten des medizinischen Sachverständigen eine hinreichende Grundlage finden; Bergmann, S. 188: das Gericht ist für seine Beurteilung auf die Ermittlung des Behandlungsgeschehens und dessen Einordnung in den ärztlichen Standard durch den medizinischen Sachverständigen angewiesen). Nimmt der Sachverständige selbst eine ausdrückliche Bewertung des Fehlers als „grob" oder „nicht grob" vor, so ist der Richter an diese Qualifizierung zwar nicht gebunden; will er jedoch von der Beurteilung des Sachverständigen abweichen, muss er dies in nachvollziehbarer Weise begründen (Müller NJW 1997, 3049, 3053 mN; s. auch OLG Braunschweig VersR 2000, 454, 455).

ff) Beispiele

Als **grober** Behandlungsfehler ist es **bspw.** gewertet worden, dass/wenn

* ohne gesicherte eigene Diagnose bei nach wie vor unverändertem Beschwerdebild die rektale Untersuchung des Patienten zum Ausschlusse eines Karzinoms unterlassen und stattdessen wiederum und weiterhin mit Hämorrhoidalmitteln behandelt wird (OLG Düsseldorf VersR 1979, 723, 724);

* der Arzt die von dem Patienten einige Tage nach der Behandlung der Vorfußprellung mit Zeheninfraktion geklagten Wadenschmerzen des betroffenen Beines als „Muskelkater" deutet, was schlechthin unvertretbar ist, weil und wenn das Beschwerdebild als Spannungsschmerz der Wade erkannt werden muss, welcher wiederum das klinische Kardinalsymptom für die Frühdiagnostik einer bestehenden tiefen Venenthrombose mit größter Gefahr für eine Lungenembolie darstellt, eine Verdachtsdiagnose, die unbedingt Kontrolluntersuchung und Abklärung mittels Phlebographie erfordert (OLG Hamm VersR 1993, 190, 191);

* im Anschluss an eine Steinextraktion eine Gewebeentfernung mit Teilresektion der Prostata vorgenommen wird (OLG Hamm VersR 1988, 1181);

* bei eindeutiger Indikation zur Geburtsbeendigung durch Vakuumextraktion diese aber erst eine Stunde später vorgenommen wird (OLG Oldenburg VersR 1993, 753);

* der eine Fachpraxis betreibende Arzt eine hochsterile Maßnahmen erfordernde Kniegelenkspunktion vornimmt, dabei aber einerseits keine sterilen Handschuhe trägt, andererseits es auch unterlässt, eine über die sog. hygienische Desinfektion hinausgehende chirurgische Handdesinfektion durchzuführen (OLG Schleswig MDR 1989, 1099;

* von dem geschuldeten Hygienestandard dadurch abgewichen wird, dass der Arzt im Verlaufe einer Kniegelenkspunktion bei liegender Kanüle entgegen den Leitlinien der Deutschen Gesellschaft für Orthopädie und Traumatologie aus dem Jahre 1985 keine sterilen Handschuhe trägt, wenn er einen Spritzenwechsel vornimmt (OLG Düsseldorf VersR 2000, 1019, 1020 f);

* der Arzt trotz entsprechender Hinweise aus der Krankengeschichte des Patienten in ein Gebiet hinein infiltriert und operiert, ohne zuvor abzuklären, dass dort kein bakterieller Entzündungsprozess ablaufe (OLG Oldenburg VersR 1991, 184);

* die Durchführung einer Ultraschalldiagnostik (Mehrlingsschwangerschaft, Steißgeburtslage) bei der Aufnahme einer Risiko-Hochschwangeren in die Klinik verabsäumt wird (BGH MedR 1991, 334);

* ein aus ärztlicher Sicht als „alarmierend" zu bezeichnender Befund (Geschwulst in der Halsregion) nicht durch Wiedereinbestellung des Patienten und weitere differentialdiagnostische Erhebungen abgeklärt wird (OLG Stuttgart VersR 1991, 821);

* dem an einer Insuffizienz der Nebennierenrinde leidenden Patienten, der seinen Notfallausweis vorlegt, in welchem das Leiden bezeichnet und vermerkt ist, dass im Falle der Erkrankung oder des Unfalles der Corticoidmangel auszugleichen sei, weder vor noch während der Operation das substituierende Cortisol verabreicht wird (BGH VersR 1991, 694, 695);

* bei gleichzeitig fehlender anderweit schlüssiger Krankheitserkennung bei dem bewusstlosen Patienten die als diagnostische Maßnahme erforderliche Blutuntersuchung

(sog. „dicker Tropfen") zum Ausschluss beziehungsweise zur Bestätigung eines gegebenen Verdachtes auf Malaria-Infektion („malaria tropica") unterlassen wird (OLG Bamberg VersR 1993, 1019, 1020);

- der Geburtshilfearzt telefonisch die Anweisung erteilt, wehenfördernde Mittel einzusetzen, ohne dass in der konkreten Situation eine Überwachung durch Cardiotokograph möglich ist (OLG Frankfurt NJW-RR 1991, 1373);

- der geburtshelfende Arzt beim Auftreten von Austrittsschwierigkeiten zufolge erschwerter Schulterentwicklung den gebotenen Scheiden-Damm-Schnitt unterlässt, ohne dass für dieses Unterlassen ein nachvollziehbarer Grund ersichtlich wäre (OLG Oldenburg VersR 1993, 1235);

- der Chefarzt bei einer postoperativen Visite zwei Tage nach dem (von dem allgemeinchirurgischen Assistenzarzt vorgenommenen) Eingriff die fehlerhafte – weil den Grundprinzipien der Handchirurgie widersprechende – Ruhigstellung des Fingergrundgelenkes in Streckstellung (anstatt in Beugestellung) nicht sogleich im Wege der Überwachung und Kontrolle korrigiert (OLG Oldenburg MDR 1995, 160);

- es versäumt wird, bei einem Frühgeborenen, dem inspiratorisch Sauerstoff zugeführt worden ist, wegen der damit verbundenen erhöhten Gefahr der ablatio retinae in geeigneter Weise die dringend gebotene Untersuchung der Augennetzhaut zu veranlassen (OLG Hamm VersR 1996, 756, 757);

- in der Frühgeborenenstation einer Universitätsklinik nicht dafür Sorge getragen wird (als Behandlungsfehler zu qualifizierender Organisationsfehler), dass die Eltern von zu entlassenden frühgeborenen Zwillingen schriftlich darauf hingewiesen werden, dass bei einem der Kinder unverzüglich eine augenärztliche Kontrolle auf Behandlung von retrolentaler Fibroplasie zur Verhinderung einer Erblindung stattfinden muss (OLG Köln VersR 1996, 856-LS);

- der Arzt sich über erprobte Diagnoseverfahren der Schulmedizin hinwegsetzt, ohne dass im konkreten Falle eine Entscheidung gegen die anerkannten Regeln der ärztlichen Wissenschaft vertretbar wäre (OLG Koblenz NJW 1996, 1600, 1601);

- der zuständige Anästhesist während des chirurgischen Eingriffes den von Atemstörungen betroffenen Patienten vor Behebung dieser Störungen nur im Interesse der Erfüllung eines aufgestellten Ablaufprogrammes verlässt, um weitere Narkosen einzuleiten, selbst wenn er die Überwachung des Patienten in der Zeit seiner Abwesenheit einem erfahrenen Narkosepfleger überlässt (OLG Düsseldorf AHRS Kza 6575/7);

- bei Vorliegen der einschlägig-spezifischen Symptome einer Meningitis die umgehend erforderliche Krankenhauseinweisung des Patienten unterlassen wird (OLG Oldenburg NJW-RR 1997, 1117; s. auch OLG Stuttgart NJW-RR 1997, 1114, 1115);

- bei der Leistenbruchoperation eines Säuglings ohne triftige Gründe entgegen dem gültigen kinderchirurgischen Standard davon abgesehen wird, einen gleichzeitig bestehenden Hodenhochstand ebenfalls operativ zu korrigieren (OLG München NJW-RR 1997, 600);

- bei postoperativer Immobilisation des Patienten eine medikamentöse Thromboseprophylaxe unterlassen wird (Bergmann/Kienzle VersR 1999, 282, 283 f; s. auch OLG Düsseldorf AHRS Kza 1876/49);

- bei der Überkronung von Zähnen der allgemeine Grundsatz missachtet worden ist, dass die beschliffene Zahnsubstanz von der künstlichen Krone wieder vollständig abgedeckt werden muss (OLG Stuttgart VersR 1999, 1017, 1018);

- ein operativer Eingriff trotz strikter medizinischer Kontraindikation vorgenommen wird (OLG Köln NJW-RR 1999, 968 für einen Fall der Durchtrennung des nervus tibialis zur Behandlung der von einem Tarsalttunnelsyndrom ausgehenden Schmerzsymptomatik);

- die wegen vorhandener Hinweise auf eine bestehende Sauerstoffunterversorgung des Kindes indizierte Kaiserschnittentbindung oder die aus sonstigen Gründen gebotene Notsectio pflichtwidrig verzögert und daher verspätet vorgenommen worden sind (OLG Frankfurt VersR 1996, 584, 585; OLG Stuttgart VersR 2000, 1108, 1110 mwN).

EXKURS
Beweislastumkehr

Unter Beweislastumkehr versteht man die aus Gründen der Billigkeit eintretende Verlagerung der subjektiven Beweisführungs- bzw. der objektiven Feststellungs-Last von der nach allgemeinen Beweislastregeln an sich beweispflichtigen bzw. feststellungsbelasteten Partei auf deren **Gegner** (vgl. Musielak, S. 132 ff; Schwalm, S. 554). Legitimationskriterium für eine „Umkehr" der Beweislast ist letztlich der Gedanke der Unzumutbarkeit der subjektiven Beweisbelastung der Klagepartei für bestimmte Einzelelemente der in Anspruch genommenen Haftungsnorm im konkreten Falle (A. Blomeyer, § 73 II. 2 b).

f) Dokumentation

Die Pflicht zur ärztlichen Dokumentation des Krankheitsverlaufes und des Behandlungsgeschehens (Niederlegung der Krankendaten sowie des gewählten ärztlichen Vorgehens und der getroffenen medizinischen Maßnahmen durch Fertigung entsprechender Aufzeichnungen) ist nicht allein therapie-, sie ist wesentlich auch nachvollzugs- und damit **beweisbezogen** (BGH VersR 1978, 1022, 1023; Scholz, S. 84; Peter NJW 1988, 751; s. oben I. 5. d)).

Im Grundsatz kann und soll der Tatrichter einer vertrauenswürdigen ärztlichen Dokumentation **bis** zum Beweise der Unrichtigkeit oder der mangelnden Verlässlichkeit **Glauben** schenken (BGH AHRS Kza 6450/6 = NJW 1978, 1681, 1682). Daraus folgt, dass bei der Beurteilung der Frage, ob ärztliches Handeln lege artis gewesen ist, **zunächst** der dokumentierte Behandlungsverlauf zugrunde gelegt werden muss; das gilt auch für die in der Behandlungskarte des niedergelassenen Arztes aufgezeichnete Dokumentation - es sei denn, diese erwiese sich als dürftig und unvollständig (OLG Köln MDR 1995, 52, 53 mN).

Die in der Krankenakte befindlichen mechanischen Aufzeichnungen eines von der Krankenhaus**verwaltung** erstellten Datenblattes stellen in diesem Zusammenhange allenfalls **ein** Indiz unter mehreren dar; sie müssen auf ihre Zuverlässigkeit überprüft werden (BGH NJW 1998, 2736, 2737).

aa) Verfügbarkeit der Krankenunterlagen

Die **Behandlungsseite** muss dafür Sorge tragen, dass jederzeit Klarheit über den Verbleib der Krankenunterlagen besteht. Eine **digitale** Dokumentation muss fälschungssicher bleiben: Unbefugten muss ein Zugriff verschlossen, für Berechtigte muss der Zugriff gewährleistet sein (Laufs NJW 1998, 1758 mN); sind die nötigen Sicherungs- und Schutzmaßnahmen ergriffen worden, dann wird auch der EDV-Dokumentation derjenige Beweiswert zuzumessen sein, der bei den mechanischen Aufzeichnungen anerkannt ist (Rehborn MDR 2000, 1110).

Stehen die Unterlagen im Einzelfalle nicht zur Verfügung, so wird **vermutet**, dass Arzt bzw. Krankenhausträger diesen Umstand zu verantworten haben; sofern der Patient hierdurch mit seiner Behauptung, es liege ein Behandlungsfehler vor, in Beweisnot gerät, können ihm Beweiserleichterungen zugute kommen (BGH b. Schulte MedR 1996, 127).

bb) Dokumentationspflichtige Tatsachen

Die Dokumentationspflicht bezieht sich auf die **medizinische** Seite des Behandlungsverhältnisses: von den anamnestischen über die diagnostischen bis hin zu den therapeutischen und posttherapeutischen Elementen.

Operationsbericht und **Narkoseprotokoll** sind nur die wichtigsten Dokumentationen im Arzthaftungsprozess (BGH VersR 1981, 462, 463). Dokumentationspflichtig sind darüber hinaus aber alle für die Heilbehandlung **wesentlichen** medizinischen Fakten (Details nur insoweit, als sie für das Verständnis notwendig sind), und zwar in einer für den Fachmann hinreichend klaren Form (BGH MDR 1989, 626, 627).

Diese **Fakten** beziehen sich auf: Anamnese, Befunde und Laboruntersuchungen, Röntgenaufnahmen, EKG- und EEG-Aufzeichnungen, die Ergebnisse der diagnostischen Bemühungen (einschließlich etwaiger subjektiver Eindrücke wie z.b. „Verdacht auf"), die Tatsache der erfolgten Aufklärung (oder der erklärte Verzicht auf eine solche, Schaffer VersR 1993, 1458, 1462), medizinische Grunddaten wie Temperatur, Blutdruck und andere erhobene Dauerdaten („Verlaufsbogen"), Behandlungsmaßnahmen und Behandlungsentwicklung, Gegenstand sowie Ablauf der Operation („Operationsbericht"), Art und Verlauf der Anästhesie („Narkoseprotokoll" mitsamt der Darstellung der Lagerung des Patienten während des Eingriffes), Art, Umfang und Häufigkeit der Arzneimittelverordnung und endlich - im Falle der besonderen Pflegebedürftigkeit (BGH NJW 1986, 2365-LS: besteht bei den Krankenhauspatienten die ernste Gefahr eines Dekubitus, so ist sowohl diese Gefahrenlage als auch die ärztlich angeordneten Vorbeugungsmaßnahmen zu dokumentieren) - auch die angewendeten Pflegemaßnahmen (vgl. zum Ganzen: Deutsch Rn. 355; Steffen/Dressler Rn. 458 ff; Rieger Rn. 571, der sich für eine extensive Ausgestaltung der Dokumentationspflicht ausspricht; ferner Laufs NJW 1988, 1505); dokumentationspflichtig sind bezüglich des Operationsgeschehens auch die konkreten Verhältnisse in dem Zeitpunkt, in welchem der von dem Arzt in Facharztausbildung begonnene Eingriff von dem mitanwesenden Oberarzt übernommen und zu Ende geführt wird (OLG Düsseldorf VersR 1991, 1138, 1139: die Dokumentationspflicht trifft in diesem Falle jeden der beiden Ärzte gleichermaßen); zuletzt müssen auch wichtige ärztliche Beratungshinweise (z.B. über die Notwendigkeit und Dringlichkeit einer Untersuchung zur Abklärung einer Verdachtsdiagnose, Kern MedR 1998, 26), Hinweise auf entstandene Gefahrenlagen sowie Belehrungen und Verhaltensanweisungen an den Patienten zur Sicherung des Therapieerfolges aufgezeichnet werden (hierzu OLG Köln VersR 1992, 1231, 1232; OLG Koblenz MedR 2000, 37, 40; Laufs Rn. 455).

Unter Haftungsaspekten durchaus **ratsam**, aus medizinischen Rücksichten jedoch nicht zwingend dokumentationspflichtig ist die Weigerung des - auf einen entsprechenden Verdacht hingewiesenen - Patienten, einen HIV-Antikörpertest vornehmen zu lassen; die unterlassene Dokumentation führt daher **nicht** zu Beweiserleichterungen für den Patienten (OLG Düsseldorf MedR 1996, 79, 80 m. Anm. Kern).

Die ordnungsmäßige Dokumentation muss regelmäßig in unmittelbarem **zeitlichen Zusammenhang** mit dem Eingriff und/oder der sonstigen Behandlungsmaßnahme erfolgen (OLG Koblenz NJW 1995, 1624, 1625 mN); sie ist nicht etwa beliebig nachholbar (HandbuchArzt/Uhlenbruck, § 59 Rn. 12; zu weitgehend insoweit BGH NJW 1984, 1408, 1409), wenngleich Nachtragungen in der Dokumentation auch nicht grundsätzlich unzulässig sind (Rehborn MDR 2000, 1107). Lediglich bei einfachen und klaren

Krankheitsbildern mit ebenso unkomplizierten Eingriffen oder Behandlungen mag der Arzt als befugt angesehen werden, mit einer gewissen zeitlichen Verzögerung noch nachträglich aus dem Gedächtnis heraus eine ordnungsgemäße Dokumentation zu erstellen (HandbuchArztR/Uhlenbruck aaO; Wasserburg NJW 1980, 617, 619).

Von der Frage einer materiell-rechtlichen Obliegenheit zur Anlegung und Führung der Dokumentation (s. oben **A. I. 5.** d) ist die **prozessuale** Verpflichtung des Arztes zur Vorlage der vorhandenen Dokumentationsunterlagen zu unterscheiden (§§ 422, 423 ZPO; vgl. Baumgärtel/Handbuch, § 823 Anhang C II. Rn. 55; Stürner NJW 1979, 1225, 1227 f; ferner BGH NJW 1963, 389, 390 bezüglich Röntgenaufnahmen).

cc) Dokumentative Unzulänglichkeiten

Die mögliche Haftung aus Dokumentationsversäumnissen stellt eine Besonderheit der ärztlichen Berufsgruppe gegenüber anderen Berufsgruppen dar (Bergmann, S. 12). Dokumentationsmängel bilden als solche aber noch **keinen** eigenständigen Anspruchsgrund (BGH MDR 1988, 1045; OLG München NJW 1992, 2973; Mehrhoff NJW 1990, 1524; Pelz DRiZ 1998, 473, 480).

Ist die Dokumentation lückenhaft oder sonst unzulänglich und wird deswegen für den Patienten im Falle einer Schädigung die Aufklärung des Sachverhaltes unzumutbar **erschwert**, so kann ihm freilich billigerweise nicht die volle Beweislast für den behaupteten Behandlungsfehler obliegen; vielmehr kommen zu seinen Gunsten **Beweiserleichterungen** in Betracht (vgl. BGHZ 72, 132, 136, 139; BGH MDR 1986, 836, 837; Walter, S. 264). Konkret gehen diese Erleichterungen regelmäßig dahin, dass der beklagte **Arzt** die (in dem jeweiligen Einzelfalle näher zu definierende) **indizielle** Wirkung der fehlenden oder sonst ungenügenden Dokumentation zu **ent**kräften hat (BGH MDR 1986 aaO; BGH NJW 1987, 762, 763; Deutsch/Matthies, S. 50, 51).

Dem Arzt steht es frei, die Lücken der Dokumentation im Prozess nachträglich durch **andere** Beweismittel zu beheben (Schmid NJW 1994, 767, 772; Pelz aaO).

Zu beachten ist, dass eine Dokumentation, die medizinisch **nicht** erforderlich ist, auch nicht aus Rechtsgründen zu geschehen hat, so dass aus dem Unterbleiben derartiger Aufzeichnungen **keine** beweisrechtlichen Folgerungen gezogen werden können (BGHWarn 1989 Nr. 23).

Eine diesbezüglich fehlende Dokumentation ist dann kein zwingendes Indiz für die Unterlassung der gebotenen **Aufklärung**, wenn nach der Übung der betreffenden Klinik insoweit dokumentarische Aufzeichnungen nicht gefertigt werden: mangels einer Dokumentation kann das Aufklärungsgespräch auch auf **andere** Weise (z.B. durch Zeugenbekundungen) nachgewiesen werden (OLG München VersR 1991, 189, 190-LS). Bei Zweifeln an einer dokumentationsgerechten Aufklärung hat das Gericht in aller Regel denjenigen Arzt zu hören bzw. zu vernehmen, der die Aufklärung vorgenommen habe (OLG Oldenburg VersR 1998, 854, 855). Für den forensischen Nachweis der Patientenaufklärung stets **un**zureichend ist die von dem Patienten unterzeichnete formularmäßige Aufklärungsbestätigung **alleine**: sie beweist weder, dass der Patient den Inhalt des Schriftstückes gelesen und verstanden, noch belegt sie, dass er ein zutreffendes Bild über seinen ganz konkreten Behandlungsfall und dessen individuelle Besonderheiten und Risiken gewonnen habe (Steffen/Dressler Rn. 437 mN; s. oben **I. 8. b, cc (5)**).

Die Nichtdokumentation einer ärztlichen Maßnahme kann ihr tatsächliches Unterbliebensein **vermuten** lassen. Voraussetzung hiefür ist jedoch, dass die Aufzeichnung der Maßnahme geboten war, um Ärzte und Pflegekräfte für ihre künftig zu treffenden Entscheidungen hinreichend darüber zu informieren, wie die Krankheit bisher verlaufen und behandelt worden ist (BGHWarn 1993 Nr. 98; BGH VersR 1995, 706, 707). Mit der genannten

Vermutung steht aber noch **nicht** fest, dass die Unterlassung einen Behandlungsfehler darstelle oder dass die Unterlassung für den behaupteten Gesundheitsschaden ursächlich geworden sei (Schmid aaO, 772); mit Blick auf den Dokumentationsmangel als solchen sind vielmehr Beweiserleichterungen hinsichtlich der Ursächlichkeitsfrage unmittelbar noch **nicht** verbunden (OLG München NJW-RR 1997, 600). Für den Nachweis des **Kausalzusammenhanges** zwischen einem Behandlungsfehler und der eingetretenen Gesundheitseinbuße gewinnt der Dokumentationsmangel **erst** und nur dann mittelbare Bedeutung, wenn der wegen des Fehlens der gebotenen Aufzeichnung **indizierte** Behandlungsfehler als **grob** zu werten ist oder sich als Verstoß gegen eine **wichtige** Befundsicherungspflicht darstellt, so dass auf dieser Grundlage dem Patienten auch insoweit Erleichterungen für den Ursächlichkeitsbeweis zuzubilligen sind (BGH MDR 1989, 626, 627; OLG München NJW 1992, 2973; OLG Köln b. Schulte MedR 1994, 150: stellt der Geburtshelfer die zu einer geburtstraumatischen Lähmung führende komplikatorische Schulterentwicklung des Neugeborenen nicht detailliert dar, so bedingt dieser Dokumentationsmangel eine Beweislastumkehr für sachgerechtes Vorgehen zu Ungunsten des beklagten Arztes oder Krankenhausträgers; Mehrhoff aaO: je unwahrscheinlicher ein Ursachenzusammenhang ist, desto geringer wirken sich Dokumentationsversäumnisse bei der Gesamtbetrachtung der Kausalitätsfrage aus).

g) Arbeitszeitverstöße

Nur die **Chefärzte** sind von der Anwendung des am 01.07.1994 in Kraft getretenen Arbeitszeitgesetzes (ArbZG BGBl. 1994 I, S. 1171) **aus**genommen; auf die nachgeordneten Ärzte sowie auf das Pflegepersonal treffen die Schutzregelungen dieses Gesetzes über Höchstarbeitszeiten, Ruhepausen und Ruhezeiten indessen zu (§§ 18 Abs. 1 Nr. 1, 26 ArbZG; vgl. dazu Zmarzlik/Anzinger, § 18 Rn. 10, 12; Wagener ZaeFQ 2000, 854 ff).

Die Vorschriften des Arbeitszeitgesetzes sind **keine** Schutznormen im Sinne von § 823 Abs. 2 BGB zugunsten des Krankenhauspatienten (Teichner MedR 1999, 255, 256). Verstöße gegen die Bestimmungen der §§ 3 ff ArbZG über die Höchstarbeitszeiten sind jedoch grundsätzlich dazu geeignet, eventuelle Fehlleistungen zu begünstigen, sofern sie zu einer Überarbeitung und/oder Übermüdung des einzelnen Krankenhausmitarbeiters geführt haben. Da die (das etwaige Komplikationsrisiko potentiell erhöhende) Verletzung der einschlägigen Vorgaben des Arbeitszeitgesetzes einerseits vermeidbar ist und andererseits in den Verantwortungsbereich der Behandlungsseite fällt, können in der Frage der Kausalität Beweiserleichterungen für den geschädigten Patienten in Betracht kommen (Teichner aaO, 257). Im Übrigen können die Schutznormen des ArbZGes aber jedenfalls insofern **mittelbare** Bedeutung für den Patienten des Krankenhauses erlangen, als Verstöße gegen die Arbeitszeitregelungen im Einzelfalle aus **Organisationsverschulden** Haftungsansprüche des Patienten zu begründen vermögen (vgl. HandbuchArztR/Genzel, § 90 Rn. 40 c; Frahm/Nixdorf Rn. 83; DGH MDR 1986, 306: der Krankenhausträger ist zum Schutze des Patienten verpflichtet, durch geeignete Organisationsmaßnahmen sicherzustellen, dass keine durch einen anstrengenden Nachtdienst übermüdeten Ärzte zur Operation eingeteilt werden).

EXKURS
Beweisvereitelung

Hinter dem Stichwort „Beweisvereitelung" steht die Frage, mit welchen rechtlichen Mitteln der vom **Gegner** der beweisführungsbelasteten Partei - durch prozessuales oder vorprozessuales Verhalten (Matthies JZ 1986, 959, 961) - **schuldhaft** (wobei bereits einfache Fahrlässigkeit in Bezug auf die Vereitelung der Beweisfunktion eines Gegenstandes ausreicht, vgl. Thomas/Putzo, § 286 Rn. 17; Musielak/Foerste, § 286 Rn. 62; weitere Nachweise b. BGH VersR 1994, 563) herbeigeführten Beweisnot gesteuert werden kann. Die Zivilprozessordnung enthält keine allgemeine Regelung der Rechtsfolgen beweisvereitelnden Verhaltens

(BGH NJW 1986, 59, 60). Die Vielzahl möglicher Fallgestaltungen steht einer generell-einheitlichen Lösung auch entgegen. Diese ist vielmehr in jedem **Einzelfall** im Rahmen der freien richterlichen Würdigung der Verhandlungs- und Beweisergebnisse zu finden (Musielak, S. 139, 140; Musielak/Stadler, Rn. 188, 189). In Anlehnung an die Bestimmungen der §§ 242 BGB, 427, 431 Abs. 3, 484 ZPO ist in der Rechtsprechung folgender **Leitsatz** aufgestellt worden: diejenige Prozesspartei, die selbst die Unmöglichkeit des Beweises für das Sachvorbringen des Gegners zu vertreten hat, kann sich **nicht** mit Erfolg auf dessen Beweisfälligkeit berufen (München OLGZ 1977, 79, 83; auch OLG Hamm VersR 1993, 102, 104 hinsichtlich des von dem Arzt verschuldeten Aufklärungshindernisses; ähnl. E. Schneider Rn. 111; ders. MDR 1969, 4, 5, wo ausgeführt wird, dass der beweisbelasteten Partei zufolge der Beweisvereitelung kein Rechtsverlust erwachsen dürfe und sie daher so zu behandeln sei, als habe sie den ihr obliegenden Beweis erbracht). Indessen wird gegenüber der Formulierung jeglicher Art von „Beweisregeln" eine gewisse Zurückhaltung geboten sein (Musielak/Stadler Rn. 188). In der **Judikatur** findet sich ein breiteres Spektum möglicher Antworten auf beweisvereitelndes Tun oder Unterlassen; dieses reicht von bloßen - dem Gegner des Beweisführers - in der Sache selbst nachteiligen Schlüssen (vgl. BGH VersR 1964, 945, 946) bis hin zur Umkehr der Beweisführungslast (BGH NJW 1972, 1520, 1521: Befreiung der ansonsten beweispflichtigen Partei von der Beweislast; BGH BB 1977, 866, 867: Beweismittelvernichtung führt zur Beweislastumkehr). **Hauptbeispiele** von „Beweisvereitelungen" sind: Vernichtung einer dem Gegner günstigen Urkunde, Nichtentbindung von der beruflichen Verschwiegenheitspflicht (hierzu Laufs Rn. 617 mN), Verheimlichung der Adresse eines Zeugen, Verweigerung einer zumutbaren medizinischen Untersuchung, Verweigerung des Zutrittes durch Gericht oder Gutachter zur Inaugenscheinnahme, Ausnutzung des sog. Amtsgeheimnisses und ähnliches (vgl. Zimmermann, ZPO, § 286 Rn. 33; Musielak/Stadler Rn. 183; E. Schneider Rn. 112).

B. AUFTRAGSLOSE GESCHÄFTSFÜHRUNG

I. Geschäftsbesorgung

Kommt zwischen dem Arzt bzw. dem Krankenhausträger und dem Patienten ein Behandlungsvertrag **nicht** zustande oder ist der ärztliche Behandlungsvertrag im Einzelfalle unwirksam, so bestimmen sich die Rechtsbeziehungen der Beteiligten nach den Regeln über die Geschäftsführung ohne Auftrag - **GoA** - (HandbuchArztR/Uhlenbruck, § 45 Rn. 19; Laufs Rn. 125); aus der berechtigten GoA (die Geschäftsführung entspricht dem Interesse und dem wirklichen oder mutmaßlichen Willen des Geschäftsherrn) entsteht ein gesetzliches **Schuldverhältnis** (§§ 677, 683 BGB).

Ein Geschäft, welches im Sinne der GoA ohne spezielle rechtsgeschäftliche oder gesetzliche Berechtigung bzw. Verpflichtung besorgt werden kann, stellt **auch** die medizinische Hilfeleistung und Versorgung durch einen Arzt dar (vgl. BGHZ 38, 302, 304; OLG Köln NJW 1965, 350; Staudinger/Wittmann, Vorbem. zu §§ 677 - 687 Rn. 20).

Das Bemühen um die Heilung des Behandelten ist immer auch dessen eigenes **Geschäft** (RGRK/Steffen, vor § 677 Rn. 28; Beitzke MDR 1951, 262). Der Arzt behandelt den Patienten in erster Linie in **dessen** Interesse; hinsichtlich eines versorgten unfallverletzten Kindes führen Arzt und Krankenhausträger das Geschäft aber auch für den verantwortlichen Sorgeberechtigten (§§ 1626, 1631 BGB), dem die Herbeiführung der Heilbehandlung obliegt (OLG Köln aaO).

Zieht der behandelnde Arzt ohne Zustimmung des Patienten einen **Konsiliarius** (s. oben **A. I. 3. c**) hinzu, so entsteht eine vertragsähnliche Beziehung nach den Grundsätzen der GoA, sofern die Zuziehung dem wirklichen oder dem mutmaßlichen Willen des Patienten entspricht (Laufs Rn. 98).

II. Privilegierender Haftungsmaßstab

Wird der Arzt im Notfall (Unglücksereignis, plötzlicher Eintritt einer schwerwiegenden Erkrankung, überraschende Wende des Krankheitsverlaufes zum Schlimmeren hin) ohne vertragliche Grundlage zwecks Abwehr einer unmittelbar-aktuell drohenden Schadensgefahr tätig, so haftet er gemäß § 680 BGB abweichend von der Regel des § 276 BGB **nur** für Vorsatz und grobe Fahrlässigkeit (Deutsch Rn. 386; Deutsch/Matthies, S. 16).

Das Privilegium des § 680 BGB kommt **auch** dem professionellen Nothelfer zugute (a.A. wegen des Anspruches auf die übliche Honorierung: Luig, S. 228 und Laufs Rn. 125; nach Frahm/Nixdorf Rn. 61 kann der begrenzte Haftungsmaßstab gemäß § 680 BGB grundsätzlich nicht in den ärztlichen Bereich übernommen werden); bei diesem werden allerdings die Anforderungen an die anzuwendende Sorgfalt berufsspezifisch **strenger** sein müssen als dies bei dem helfend einspringenden Laien der Fall sein kann (MünchKomm/Seiler, § 680 Rn. 6; Lippert NJW 1982, 2089, 2093).

Die Vorschrift des § 680 BGB installiert **keinen** Rechtfertigungsgrund (RGRK/Steffen, § 680 Rn. 12). Auf die fehlende Einwilligung des Patienten kommt es in der Notfallsituation (eine solche stellt auch der Selbsttötungsversuch dar, weil der Suizidwille gegenüber der rettenden Hilfeleistung grundsätzlich unbeachtlich ist, vgl. BGHSt 6, 147, 152, 153; BGH MDR 1984, 858, 859; BayObLG NJW 1973, 565: solange er lebt, ist auch bei dem Suizidenten nach den Regeln der ärztlichen Kunst zu verfahren) aber nicht an; der eigenmächtige Heileingriff rechtfertigt sich unter Umständen nämlich aus dem Gesichtspunkte des Notstandes (s. § 34 StGB), im Übrigen jedoch als berechtigte Geschäftsführung ohne Auftrag (Giesen Jura 1961, 16; Kern NJW 1994, 753, 756).

EXKURS
Haftungsprivileg nach § 680 BGB

Der Bestimmung des § 680 BGB liegt der **Gedanke** zugrunde, dass das helfende Eingreifen Dritter in Augenblicken dringender Gefahr im allgemeinen Interesse erwünscht ist und ein Sichvergreifen in den Mitteln der Hilfe wegen der durch die Gefahr erforderlichen Schnelligkeit der Entschließung, die ein ruhiges überlegenes Abwägen ausschließt, nur zu leicht passieren kann (BGH LM Nr. 14, Bl. 2 zu § 677 BGB). Unter den Voraussetzungen des § 680 BGB ist sowohl die Haftung aus Übernahme- (§ 678 BGB) als auch diejenige aus Durchführungsverschulden (§§ 276, 677 BGB) wie auch schließlich die Haftung aus unerlaubter Handlung (§§ 823 ff BGB) auf Vorsatz und Grobfahrlässigkeit **beschränkt**. Fällt dem Nothelfer mithin bei der Übernahme oder bei der Durchführung der Geschäftsbesorgung oder hinsichtlich einer im Rahmen der Geschäftsbesorgung objektiv verwirklichten unerlaubten Handlung nur einfache („gewöhnliche") Fahrlässigkeit zur Last, so ist er **haftungsfrei** (vgl. BGH JZ 1972, 163; Hauß in Anm. zu BGH LM Nr. 1 zu § 680 BGB; LG München I NJW 1978, 48; Erman/Ehmann, § 680 Rn. 1; Dietrich JZ 1974, 535, 536). Soweit die übernommene Geschäftsbesorgung in den Kreis der **beruflichen** Tätigkeit des Geschäftsführers fällt und diese Tätigkeit regelmäßig nur gegen Entgelt geleistet wird, hat der Geschäftsführer (über den Aufwendungsersatz nach §§ 670, 683 BGB hinaus) auch im Rahmen der Geschäftsführung ohne Auftrag Anspruch auf die übliche **Vergütung** der von ihm erbrachten Leistung (BGH NJW 1971, 609, 612; StudK-BGB/Beuthin, § 683 Anm. 6: der hilfebedürftige Geschäftsherr kann nicht erwarten, dass ihm berufliche Dienstleistungen, die er sich sonst nur gegen Entgelt hätte verschaffen können, kostenlos erbracht werden).

C. DELIKT

Eine schuldrechtliche Sonderbeziehung kann nicht lediglich durch Rechtsgeschäft, sie kann auch durch die Verwirklichung gesetzlich umschriebener **Tatbestandsmerkmale** begründet werden. Ein gesetzliches Schuldverhältnis dieser Art resultiert unter anderem aus der **„unerlaubten Handlung"**, dem **„Delikt"** (§§ 823 ff BGB): darunter versteht man ein rechtsgutverletzendes schuldhaftes Verhalten, das eine Schadensersatzverpflichtung auslöst (statt anderer Kötz Rn. 5, 6).

I. Anknüpfungspunkte, Verhältnis zu den Ansprüchen aus Vertrag, Garantenstellung und Einzelbereiche

1. Anknüpfungspunkte

Anknüpfungspunkte der **deliktischen** Haftung des Arztes sind (nicht anders als bei der Inanspruchnahme aus Vertrag):

- **Behandlungsfehler**
  (inklusive dem Nichtergreifen gebotener ärztlicher Maßnahmen, eventuell in Verbindung mit einer lückenhaften Dokumentation; vgl. dazu OLG München NJW 1992, 2973: der Arzt ist dem Patienten zwar auch deliktisch zur Dokumentation des Behandlungsgeschehens verpflichtet; Dokumentationsversäumnisse bilden allerdings keinen selbständigen Anknüpfungspunkt für eine Haftung; s. oben **A. III. 2. f, cc**).

und

- **ärztliche Eigenmacht**
  (vgl. Deutsch Rn. 176; Luig, S. 244; MünchKomm/Mertens, § 823 Rn. 348 ff; Giesen Jura 1981, 14).

Für **eigenes** Behandlungsverschulden haftet **jeder**, der an der Behandlungsaufgabe beteiligt ist, aus unerlaubter Handlung **persönlich** (Geiß/Greiner, A-Rn. 58; Schlund/Richter-Handbuch, B I. Rn. 6).

Den **Behandlungsfehler** kann der Arzt entweder **vorsätzlich** oder **fahrlässig** begehen; um ein vorhandenes **Aufklärungsmanko** kann der Arzt positiv oder in Kauf nehmend **wissen**, er kann es aber auch **sorgfaltswidrig** verkennen. Vorsätzlichkeit spielt in der Praxis des Arzthaftpflichtrechtes allerdings kaum eine Rolle (Funke, S. 74; vgl. oben **A. I. 8.**; s. aber Deutsch Rn. 222: eine vorsätzliche Körperverletzung liegt vor, wenn der Zahnarzt der unsinnigen selbstgestellten Laiendiagnose des Patienten folgend wunschgemäß alle Zähne extrahiert; „Risikovorsatz" ist im Übrigen nicht identisch mit Verletzungsvorsatz, hierzu Bockelmann, S. 70).

Deliktische Schuldner können sein: der behandelnde Arzt, der Krankenhausträger und die medizinischen Hilfspersonen (dem Pflegepersonal des Krankenhauses obliegt die sachgerechte pflegerische Betreuung des Patienten aufgrund innegehabter Garantenstellung auch deliktisch, s. BGH MDR 1991, 845, 846).

Auch im Bereich der ärztlichen Haftung ist **deliktischer Täter** nicht nur derjenige, der den anderen unmittelbar an Körper oder Gesundheit verletzt, sondern **auch** derjenige, der die Verletzung nur **mittelbar** verursacht hat (BGH NJW 1980, 1905, 1907 hinsichtlich des die

Aufklärung für die angeratene Operation übernehmenden, die Operation selbst aber nicht durchführenden Arztes). Ersatzberechtigt können auch **Dritte** sein, die nur mittelbar durch den ärztlichen Fehler geschädigt sind, sofern der Behandlungsfehler - bspw. über eine Ansteckungskette - auch eine Verletzung ihres Integritätsinteresses zur Folge hat; vorausgesetzt ist hierbei aber, dass der Arzt bei Begehung des haftungsbegründenden Fehlers auch die Integritätinteressen des Dritten zu wahren hatte, was **nur** der Fall sein kann, **wenn** schon im Zeitpunkt der deliktischen Handlung oder Unterlassung des Arztes eine faktisch-personale Sonderbeziehung zwischen dem Patienten und dem Dritten bestanden hat, die bei wertender Betrachtung die Einbeziehung des Dritten in den Schutzbereich der Haftungsnorm rechtfertigt (vgl. OLG Düsseldorf MDR 1994, 44; HandbuchArztR/Laufs, § 103 Rn. 21; s. ferner BGH NJW 1971, 1883, 1885 f).

2. Anspruchskonkurrenz

Zu den gegebenenfalls **vertraglichen** stehen die **deliktischen** Schadensersatzansprüche des Patienten in echter **Anspruchskonkurrenz** (vgl. Luig, S. 244; MünchKomm/Mertens, § 823 Rn. 349). Ansprüche aus Vertrag oder aus Delikt können auch mit solchem nach dem PHG konkurrieren (§ 15 PHG; s. Honsell JuS 1995, 211, 214).

EXKURS
Anspruchskonkurrenz

Anspruchskonkurrenz liegt vor, wenn einem Berechtigten **mehrere** selbständige Ansprüche auf **dieselbe** Leistung (z.B. Schadensersatzansprüche sowohl aus Vertrag wie auch aus Delikt) zustehen, die alle erlöschen, sofern auch nur einer von ihnen erfüllt wird (Jauernig/Jauernig, § 194 Rn. 5). Jeder der Ansprüche ist nach Voraussetzungen, Inhalt und Durchsetzbarkeit (Verjährung) materiell **selbständig** zu beurteilen (BGH DB 1976, 1422); die Einrede der Verjährung dringt daher erst nach Ablauf der längstgeltenden Verjährungsfrist durch (Jauernig/Jauernig, aaO). Im Falle des Schadensersatzspruches entscheidet der Geschädigte frei darüber, auf welche Anspruchsgrundlage er seine Forderung stützen will (bei einer Häufung im Prozess werden diese Grundlagen zu „Gründen" - vgl. § 253 Abs. 2 Nr. 2 ZPO - des auf die einheitliche Leistung gerichteten Klagebegehrens, s. dazu A. Blomeyer, § 42 IV. 1.); der Anspruchsteller ist nicht gehindert, auf die eine Haftungsgrundlage zurückzugreifen, sofern die Voraussetzungen der anderen nicht - mehr - erfüllt sind (BGH WM 1977, 79, 80).

3. Garantenstellung und Sorgfaltspflicht

Mit der **tatsächlichen Übernahme** der Behandlungsaufgabe oder mit der – eine Vertrauenssituation erzeugenden – festen **Zusicherung** der Behandlungsübernahme zu einem bestimmten Zeitpunkt steht der Arzt als Inhaber einer **Garantenposition** für sein Tun und Lassen auch deliktsrechtlich ein (vgl. BGH NJW 1989, 767, 768; Laufs Rn. 132; Ulsenheimer Rn. 34; Bruns JR 1980, 297; Arzt JA 1980, 652, 653; Tag MedR 1999, 289; Otto Jura 1999, 434, 438: **Beschützergaran**tenstellung des Arztes gegenüber dem Patienten). Der angestellte **Krankenhausarzt** hat gegenüber dem Krankenhauspatienten dann eine deliktsrechtliche **Garantenposition** inne, wenn er die Behandlung praktisch selbst in die Hand genommen (BGH NJW 1979, 1258) oder wenn er kraft organisatorischer Weisung zum Dienst eingeteilt ist und den Dienst angetreten hat (BGH VersR 2000, 1107). **Garanten** sind ferner der **Aufnahmearzt** eines Krankenhauses im Verhältnis zu den mit dem Krankenwagen eingelieferten Patienten sowie **alle** in dem Krankenhaus tätigen Ärzte gegenüber **ihren** jeweiligen stationären bzw. ambulanten Patienten (HandbuchArztR/Ulsenheimer, § 141 Rn. 2 mN). Selbst der Arzt, der dem Patienten nur zu

118

einer Operation rät und ihn im Rahmen eines Aufklärungsgespräches sodann über Art, Umfang und mögliche Risiken des angeratenen Eingriffes informiert, begründet damit seine eigene **Garantenstellung** gegenüber dem sich ihm insoweit anvertrauenden Patienten (BGH VersR 1981, 456, 457). Die Einstandspflicht des **Garanten** entspricht im Übrigen auch der behandlungsvertraglichen Aufklärungspflicht (BGH NJW 1990, 2929, 2930).

Der **Chefarzt** des Krankenhauses oder einer Fachabteilung des Krankenhauses, der den Patienten **visitiert**, übernimmt von diesem Zeitpunkt an auch die Verantwortung für die weitere Behandlung (BGH JZ 1987, 877, 878).

Der **Kliniker** ist als solcher im Verhältnis zu dem **externen** Publikum **nicht** Inhaber einer Garantenstellung; der aufnehmende Arzt füllt jedoch in demjenigen Augenblick eine Garantiefunktion aus, in welchem der Patient als **Notfall** in das Krankenhaus verbracht wird (Laufs Rn. 139).

Die sachgerechte **pflegerische** Betreuung des Patienten obliegt dem Krankenhaus**träger** und dem Pflegepersonal aufgrund der **Garantenstellung** für die übernommene Behandlungsaufgabe auch deliktisch (BGH NJW 1991, 2960, 2961 mN).

Der behandelnde Arzt **schuldet** (nicht anders als aus Vertrag) auch deliktisch ein sach- und kunstgerechtes ärztliches **Bemühen**; die aus dem Behandlungsvertrag abzuleitenden Sorgfaltsanforderungen und die dem Arzt aufgrund seiner Garantenstellung deliktisch obliegenden Sorgfaltspflichten sind insoweit inhaltlich **identisch** (BGHWarn 1988 Rn. 230; Palandt/Thomas, § 823 Rn. 66). Deliktsdogmatisch handelt es sich bei den ärztlichen Pflichten gegenüber dem Patienten um berufliche Verkehrpflichten (Erman/Schiemann, § 823 Rn. 131).

Da Diagnose und Therapie ganz der gesundheitlichen Integrität des Patienten gelten, ist deren **Schutz** von Hause aus als Deliktsmaterie zu begreifen; die Nicht- oder Schlechterfüllung des vertraglichen Heilbehandlungsauftrages verletzt daher grundsätzlich **auch delikts**rechtlich begründete Pflichten (Laufs MedR 1995, 11, 14 mN).

EXKURS
Garantieposition

Unter Garantieposition sind in den Fällen des sog. unechten Unterlassungsdeliktes (Verwirklichung des Tatbestandes eines Begehungsdeliktes durch pflichtwidriges Untätigbleiben, s. § 13 Abs. 1 StGB) die eine rechtliche Pflicht zur Abwendung des Unrechtserfolges (Erfolg in diesem Sinne ist auch jede Tätigkeit als handelnde Einwirkung auf ein geschütztes Rechtsgut, vgl. dazu BayObLGSt 1978, 128, 132) auslösenden **Umstände** zu verstehen, die jeweils als ungeschriebene Tatbestandsmerkmale fungieren. Die besondere Rechtspflicht kann sich aus dem Gesetz (z.B. aus der Bestimmung des § 1353 Abs. 1 BGB), aus einem Vertrag (z.B. der Übernahme der Behandlung des Patienten durch den Arzt), aus der freiwilligen Leistung der faktischen Fürsorge (z.B. innerhalb einer bestehenden Hausgemeinschaft) oder etwa aus vorausgegangenem pflichtwidrigen Gefährdungsverhalten (sog. Ingerenz, vgl. dazu BGH NStZ-RR 2000, 329, 330; z.B. durch die übermäßige Abgabe von alkoholischen Getränken seitens des Gastronomen an den Kraftfahrer-Gast, der dadurch fahrunsicher wird, gleichwohl aber sein Auto noch selber lenken will) ergeben. Voraussetzung einer relevanten Garantenstellung ist, dass das positive Tun entweder für jedermann oder kraft ausdrücklicher gesetzlicher Bestimmung wenigstens für bestimmte Pflichtenträger pönalisiert ist (OLG Zweibrücken MDR 1995, 516 mN).

4. Einzelbereiche

a) Bereitschaftsarzt

Der in dringenden Erkrankungsfällen zur Übernahme der Behandlung und Leistung medizinischer Hilfe verpflichtete **Bereitschaftsarzt** (s. oben **A. I. 1.**) muss vermöge seiner Garantenstellung deliktisch für pflichtwidriges Unterlassen ebenso einstehen wie für tätiges Handeln (BGHSt 7, 211, 212; AG Jever NJW 1991, 760; Laufs Rn. 136). Der zu einem **psychisch** verwirrten Patienten gerufene Allgemeinarzt im **Bereitschaftsdienst** muss unter Umständen auf akute Selbstgefährdungsanzeichen achten und gegebenenfalls durch Veranlassung der ständigen Beaufsichtigung oder der Einweisung in eine Fachklinik Vorkehrung gegen einen Suizidversuch des Patienten treffen (BGH NJW 1998, 814, 815; s. ferner OLG Hamm VersR 1991, 1026, 1027 für einen Fall der Versorgung eines akuten Psychoseschubs durch den Notarzt).

b) Arzt für besondere Anlässe

Aus besonderem Anlass oder für bestimmte Begebenheiten können Ärzte einem begrenzten **Personenkreis** gegenüber zu erhöhter gesundheitlicher Obsorge verpflichtet sein: Bade-, Schiffs- oder Werksärzte nehmen insoweit eine Garantenstellung ein (Laufs Rn. 139).

c) Konsiliararzt
(vgl. oben **A. I. 3. c)**)

Für Schäden, die ihre Ursachen in einem verschuldet fehlerhaften **Konsilium** haben, haftet der Konsiliararzt deliktisch selbständig; den zuziehenden behandelnden Arzt kann daneben (§§ 823, 840 BGB) die Haftung aus eigenem Auswahlverschulden treffen (vgl. OLG Stuttgart VersR 1992, 55, 56; E.-M. Schmid, S. 104).

Ratschläge des zugezogenen Konsiliarius entbinden den behandelnden Arzt im Übrigen zwar nicht prinzipiell von jeder Pflicht zur eigenverantwortlichen medizinischen Prüfung (vgl. Palandt/Thomas, § 823 Rn. 70); sofern und soweit sich aber keine Bedenken gegen das medizinische Vorgehen des Konsiliararztes aufdrängen (müssen), darf der behandelnde Arzt auf die Richtigkeit der von dem hinzugezogenen Facharzt erhobenen Befunde vertrauen (OLG Düsseldorf NJW-RR 1996, 669, 670).

d) Schutz des Krankenhauspatienten

Die Eröffnung des Krankenhausbetriebes erlegt dem Träger die Pflicht (§ 823 Abs. 1 BGB) auf, zum Schutze der Sicherheit des Patienten **Vorkehrungen** zu treffen; das bezieht sich auch auf die Verhinderung von Kontaktaufnahmen seitens unbefugter Personen (BGH NJW 1976, 1145). Ein Delikt liegt vor, wenn sich ein Patient gerade wegen seiner **psychischen** Erkrankung und seiner Selbstmordgefährdung in stationäre Behandlung begeben hat, dem Träger des Krankenhauses oder dem Krankenhausarzt jedoch organisatorische Versäumnisse unterlaufen, die dazu führen, dass der Patient schließlich doch Suizid begehen kann und tatsächlich begeht (OLG Celle AHRS Kza 3060/13). Patienten, deren Bewusstsein getrübt ist, müssen grundsätzlich vor Selbstgefährdungen und -verletzungen geschützt werden (geeignete Sicherungsmaßnahmen sind - je nach Situation - etwa: Sitzwache vor dem Bett, Anbringung eines Bettgitters, Fixierung des Patienten); das gilt nicht nur für psychisch Kranke in psychiatrischen Kliniken (vgl. OLG Frankfurt VersR 1993, 751; zu den Grenzen der Sicherungspflicht bei erkannter Suizidneigung s. OLG Koblenz MedR 2000, 136 ff), sondern in gleicher Weise **auch** für die allgemeinen Krankenhäuser (OLG Koblenz MedR 1998, 421, 422 für einen alkoholabhängigen Patienten; LG Heidelberg NJW 1998, 2747 mwN).

e) Pflegepersonen

Da die Pflegepersonen im pflegerischen Bereich primär **selbstverantwortlich** zeichnen (vgl. oben *EXKURS* „Pflegedienst", **A. II. 4.**), darf der Arzt grundsätzlich (sofern nicht besondere Umstände die Annahme des Gegenteiles nahelegen) auf das sorgfältige, umsichtige und gewissenhafte Vorgehen der Pflegekräfte vertrauen.

Der im Rahmen der **vertikalen** Arbeitsteilung (Prinzip der fachlichen Über- und Unterordnung - Chefarzt - Oberarzt - Assistenzarzt - nichtärztliches Personal, Nüßgens Rn. 221; Steffen/Dressler, Rn. 223; s. auch oben **A. I. 8.**) weisungsbefugte Arzt muss sich aber von der Sachkunde und der Zuverlässigkeit seiner Mitarbeiter überzeugen; gegen eventuelle Standard- oder Instruktionsmängel muss er Vorsorge treffen, allerwenigstens müssen regelmäßige Stichproben-Überprüfungen vorgenommen werden (vgl. HandbuchArztR/Ulsenheimer, § 140 Rn. 23 mN; s. auch Wilhelm Jura 1985, 183, 185 f).

Eigenmächtige Maßnahmen der Pflegeperson sind pflichtwidrig und können zur Schadensersatzhaftung führen (vgl. OLG Köln VersR 1993, 1487, 1488 zu einem Fall der Fixierung des Patienten ohne Unterrichtung und Zuziehung des diensthabenden Arztes). In der **postoperativen** Pflege muss bei plötzlichen Veränderungen der Vitalwerte (Tachykardie, Hyper- oder Hypotonie, Atemprobleme, Unruhe, Bewusstseinstrübungen u.a.) der Arzt gerufen werden; diese und andere Zeichen (wie Blutungen aus Wunden oder Drainagen, Nachlassen der Urinproduktion etc.) bedürfen der sofortigen medizinischen Intervention (Juchli, S. 1043).

f) Hebamme/Entbindungspfleger

Abgesehen von Notfällen sind (außer Ärztinnen und Ärzten) zur Leistung von Geburtshilfe **nur** Personen mit der Erlaubnis zur Führung der Berufsbezeichnung „Hebamme" oder „Entbindungspfleger" berechtigt (§ 4 Abs. 1 S. 1 HebG; Krankenschwestern sind nicht befugt, Geburtshilfemaßnahmen auszuführen, OLG München VersR 1994, 1113).

Die für die Arzthaftung entwickelten Sorgfaltsgrundsätze gelten entsprechend **auch** für die Hebamme und den Entbindungspfleger: ihnen obliegen Schutzpflichten bezüglich des Lebens und der Gesundheit von Mutter und Kind (OLG Braunschweig VersR 1987, 76, 77). Die Kompetenz der Hebamme zur selbständigen Betreuung der Geburt reicht von vorneherein **nur** bis zum Auftreten besonderer Komplikationen (BGH VersR 1995, 706, 708; Steffen/Dressler Rn. 26).

Unter besonderen Umständen kann die Hebamme auch **neben** dem Arzt dem bei der Geburt beschädigten Kinde **schadensersatzpflichtig** sein. Als Hilfskraft darf sich die Hebamme zwar grundsätzlich auf die Anweisungen des geburtshilfeverantwortlichen Arztes verlassen, ohne diese hinterfragen zu müssen; anders kann es aber sein, wenn der Arzt die Patientin überhaupt noch nicht gesehen hatte und telefonische Anweisungen erteilt, die nach dem zu verlangenden oder vorhandenen Fachwissen der Hebamme gegen die Regeln der ärztlichen Kunst verstoßen: in einem solchen Falle darf die Hebamme die Anordnungen nicht kritiklos vollziehen; wenigstens muss sie dem Arzt entsprechende Vorhalte machen (OLG Frankfurt VersR 1991, 929, 930).

II.   Rechtsgutverletzung

Jeder äußere **Eingriff** in die Integrität der körperlichen Befindlichkeit (ohne dass es sich hierbei um eine tiefgreifende Veränderung handeln müsste) begründet eine tatbestandsmäßige **Körperverletzung** (BGH NJW 1980, 1452, 1453; Soergel/Zeuner, § 823 Rn. 16; Palandt/Thomas, § 823 Rn. 4); als tatbestandsmäßige

Gesundheitsverletzung versteht sich jede medizinisch relevante **Störung** der körperlichen Lebensvorgänge (ohne dass diese auch mit Schmerzempfindungen verbunden sein müsste; vgl. dazu BGH MDR 1953, 219; BGH NJW 1998, 833, 835; OLG Koblenz NJW 1988, 2959, 2960; OLG Oldenburg MedR 1995, 326, 327; OLG Celle NJW-RR 1997, 1456, 1457: die Übertragung des Hepatitis-C-Virus stellt selbst dann eine Gesundheitsverletzung dar, wenn die Infektion bislang klinisch „stumm" geblieben ist, sofern nur mit dem Ausbruch der durch die Infektion verursachten Krankheit jedenfalls möglicherweise gerechnet werden muss; Jung JuS 1992, 131, 132: Hervorrufung oder Steigerung eines krankhaften, d.h. von dem normalen Funktionsbild nachteilig abweichenden körperlichen Zustandes).

Auch die **Intensivierung** (Steigerung bzw. Verschlimmerung) oder die **Perpetuierung** (Verlängerung) schon vorhandener Schmerzzustände oder der bereits existierenden pathologischen Verfassung eines Menschen stellt sich gegebenenfalls als eine **eigene** Tatbestandserfüllung dar (vgl. BGH NJW 1960, 2253; BGH NJW 2000, 1506, 1508; Schröder NJW 1971, 1173).

Das Verletzungsverhalten kann im Übrigen in einem positiven **Tun** oder in einem rechtspflichtwidrigen **Unterlassen** bestehen.

1. Heileingriff

Heileingriff ist grundsätzlich **nur** der ärztlich **indizierte** Eingriff (BGH NJW 1978, 1206); **kontra**indizierte Eingriffe stellen einen als Körperverletzung zu qualifizierenden Behandlungsfehler dar (OLG Düsseldorf AHRS Kza 2420/2).

Gleichviel, ob er medikamentöser (applikativ oder verschreibungsweise), strahlentherapeutischer, operativer, anästhetischer (bspw. im Wege der Periduralanästhesie; s. dazu oben **A. I. 8. b, dd (3) (h)**) oder sonstiger Art ist, stellt aber **auch** der indizierte Eingriff eine **tatbestandsmäßige** Körper-/Gesundheitsverletzung dar (§§ 823 Abs. 1 BGB, 823 Abs. 2 BGB iVm 223, 229 StGB; **stdg. Rspr.**, vgl. u.a. RGSt 25, 375, 377 ff; BGHSt 11, 111, 112; BGHZ 29, 176, 179; BGHZ 61, 118, 123; BGH NJW 1994, 1422; BGH NStZ 1996, 34, 35; OLG Stuttgart NJW 1979, 2355, 2356; vgl. auch Kötz, Rn. 95, 96; zutreffend heißt es in StudK-BGB/Medicus, § 823 Anm. II. 1. A.: der Zweck des Eingriffes ist für die Bejahung der Tatbestandsmäßigkeit ohne Belang; s. ferner Deutsch NJW 1980, 1305, 1306; **a. A.** jedoch etwa Eb. Schmidt, S. 72 ff; Bockelmann, Strafrecht, S. 66 ff; Ulsenheimer Rn. 56; Rehborn, S. 234; Schmidhäuser JuS 1980, 243; M.-K. Meyer, GA 1998, S. 415, 419 ff: der ordnungsgemäß vorgenommene ärztliche Heileingriff ist keine tatbestandliche Körperverletzung).

Ohnehin **keinen** Heileingriff stellt die Entnahme von Organen einer lebenden Person als solche dar (s. § 8 TPG; dazu Edelmann VersR 1999, 1065, 1067).

Auch **zahnärztliche** Eingriffe stellen tatbestandsmäßige Körperverletzungen dar: ebenso wie alle anderen ärztlichen Eingriffe bedürfen **auch** sie zu ihrer Rechtfertigung daher der wirksamen Einwilligung, die regelmäßig stillschweigend dadurch erteilt wird, dass der Patient sich der Behandlung unterzieht; bei nicht unerheblichen Risiken kann die Einwilligung aber nur dann wirksam erteilt werden, wenn der Patient entsprechend aufgeklärt worden ist (Deutsch Rn. 226).

Strafrechtlich (vgl. §§ 223, 229 StGB, § 823 Abs. 2 BGB) wird die Körperverletzung als (körperliche Misshandlung oder) Gesundheitsbeschädigung definiert; Voraussetzung ist stets eine **mehr** als nur unerhebliche Beeinträchtigung der körperlichen Unversehrtheit, so dass banale Infektionen (dazu Deutsch VersR 1997, 905), leichte Kopfschmerzen, vorübergehende Einschlafschwierigkeiten, kürzerfristige eingriffsbedingte Schmerzempfindungen oder auch ein mehrtägiger Bluthochdruck ohne subjektiv spürbare

122

Belastungen noch keine tatbestandsmäßige Gesundheitsbeschädigung bedeuten (vgl. HandbuchArztR/Ulsenheimer, § 139 Rn. 14, 15; Samson NJW 1978, 1182, 1184). Eine tatbestandsmäßige Körperverletzung stellen **hingegen** bspw. die stundenlange Steigerung oder Nichtlinderung von erheblichen Schmerzen zufolge pflichtwidriger Untätigkeit des ärztlichen Garanten dar (BGH NJW 1995, 3194; Tröndle NStZ 1999, 462, 463 mN). Die Einwirkung von **Röntgenstrahlen** bedingt (selbst in geringer Dosis) somatisch fassbare nachteilige Veränderungen der Körperbeschaffenheit (auch wenn klinisch erkennbare Schäden nicht oder nicht sogleich wahrnehmbar sind); ob die Herbeiführung dieser pathologischen Verfassung mehr als nur eine unerhebliche Beeinträchtigung der Gesundheit darstellt, unterliegt normativer Bewertung: einmalige, kurzzeitige oder nur gelegentlich wiederholte ordnungsgemäße Anwendungen von Röntgenstrahlen werden regelmäßig nicht als Körperverletzung zu beurteilen sein (s. etwa LG München I NStZ 1982, 470); anders verhält es sich aber, wenn die Zerstörung der Zellstrukturen durch Röntgenstrahlen die Gefahr des Eintrittes von Langzeitschäden nicht nur unwesentlich erhöht (eine Frage, die mit sachverständiger Hilfe zu beantworten ist; vgl. dazu BGH NJW 1998, 833, 835, 836). Auch die Behandlung mit **Gammastrahlen** in therapeutisch wirksamer (etwa zur Tumorvernichtung ausreichenden) Dosis stellt - angesichts der regelmäßigen Nebenwirkungen und der möglichen Dauerfolgen für das bestrahlte Gewebe - einen erheblichen Eingriff in die körperliche Unversehrtheit des Patienten dar (BGH NJW 1998, 1802, 1803); über die tatsächlich aufgenommene Dosis ionisierender Strahlen kann eine Chromosomenanalyse Aufschluss geben („biologische Dosimetrie"; Petersen MED SACH 1998, 178, 179).

Die in dem Referentenentwurf eines Sechsten Gesetzes zur Reform des Strafrechts vorgesehenen Sondertatbestände der „Eigenmächtigen" und der „Fehlerhaften Heilbehandlung" sind nicht Rechtswirklichkeit geworden (s. BGBl. 1998, Teil I, S. 164, 175 f). Es wird der Auffassung zuzustimmen sein, dass es einer Pönalisierung schon der bloßen Verletzung des Selbstbestimmungsrechtes des Patienten (s. dazu bereits den Tagungsbericht von Wolff in JZ 1961, 513) nicht allein deswegen bedürfe, damit die ärztliche Tätigkeit nicht auf der technischen Ebene der Tatbestandsmäßigkeit als Körperverletzung angesehen werden müsse (vgl. Deutsch, Arztrecht und Arzneimittelrecht, 1. Aufl., 1983, Rn. 187).

EXKURS
Arztinstrumente keine gefährlichen
Werkzeuge gemäß § 224 StGB

Das Skalpell in der Hand des Chirurgen, die Extraktionszange in der Hand des Zahnarztes, die Punktionskanüle und die Injektionsspritze in der Hand des approbierten Mediziners sind bei bestimmungsgemäßer Anwendung **keine** gefährlichen Werkzeuge im Sinne des Straftatbestandes der gefährlichen Körperverletzung nach § 224 StGB (hierzu BGH NJW 1978, 1206; Solbach/Solbach JA 1987, 299). Wer die Einwilligung des Patienten zu einem angeblichen Heileingriff dadurch erschleicht, dass er sich **unberechtigt** als zugelassener Heilkundiger ausgibt, begeht mit der Verabreichung der Spritze jedoch eine gefährliche Körperverletzung nach § 224 StGB, gleichviel, ob er im Einzelfall Kenntnisse der Heilkunde besitzt oder nicht (BGH NStZ 1987, 174). Medizinisch **nicht** indizierte **Röntgen**aufnahmen verwirklichen zwar nicht den Straftatbestand des Freisetzens ionisierender Strahlen nach § 311b StGB; sie können aber im Einzelfall den Tatbestand der gefährlichen Körperverletzung gemäß § 224 StGB erfüllen (BGH NJW 1998, 833, 835; Laufs NJW 1998, 1756).

Der Arzt verursacht einen **rechtswidrigen** (s. § 228 StGB) Körperverletzungserfolg, wenn er einen Eingriff mit **bleibendem** Gesundheits**schaden auf Wunsch** des Patienten zwar nach gehöriger Aufklärung über die Folgen und Nebenwirkungen, jedoch **ohne** medizinische Indikation vornimmt (vgl. HandbuchArztR/Ulsenheimer, § 139 Rn. 39 mN; s. auch Lenckner JuS 1968, 304, 308; ferner OLG Saarbrücken MedR 2000, 326: der medizinisch **nicht** indizierte Eingriff ist als Körperverletzung im Sinne des § 823 Abs. 1 BGB zu bewerten; s. oben nach **1.**).

Therapeutisch **sinnloses** Vorgehen ist kein Heileingriff; gegenteilige Vorstellungen und Wünsche auch des aufgeklärten Patienten ändern daran nichts, es sei denn, der Patient wünscht den Eingriff nicht zu Heilungs- sondern zu **anderen** Zwecken: dann gelten die allgemeinen Regeln über die Sittenwidrigkeit oder -gemäßheit (hierzu Horn JuS 1979, 29, 31).

a) Suchtförderung

Auch das Verschreiben von **suchtfördernden** Arzneimitteln kann durch Bewirken einer Gesundheitsbeschädigung den Tatbestand der Körperverletzung erfüllen; entsprechendes gilt für die Perpetuierung der Sucht durch die medizinisch unbegründete Verordnung solcher Mittel (OLG Frankfurt NStZ 1988, 25, 26).

Trotz wirksamer Aufklärung (was eine Unterrichtung über die Folgen des Wirkstoffes für die Gesundheit und über die Gefahren einer Abhängigkeit voraussetzt) ist die Körperverletzung in diesem Falle **rechtswidrig**, wenn die Tat **gegen** die guten Sitten verstößt (vgl. § 228 StGB); das ist bei Gesundheitsschäden, die durch das Verordnen von Betäubungsmitteln verursacht werden, dann der Fall, wenn die Anwendung des suchtpotentiellen Stoffes nach den anerkannten Regeln der ärztlichen Wissenschaft nicht begründet ist und auch der verschreibende Arzt selbst sie nicht aus medizinischen Gründen für notwendig erachtet (RGSt 77, 17, 20 f; s. auch OLG Frankfurt NStZ 1991, 235, 236; HandbuchArztR/Ulsenheimer, § 139 Rn. 39: der Arzt, der medizinisch nicht begründete Suchtmittel einem seit Jahren tablettenabhängigen Patienten verschreibt und dadurch dessen Medikamentsucht stabilisiert, verwirklicht eine rechtswidrige Körperverletzung; s. **aber** auch BayObLG NJW 1995, 797, 798: der Arzt, der dem zu eigenverantwortlichen Verhalten noch fähigen - zu den maßgeblichen Kriterien s. OLG München NJW 1987, 2940, 2942; Dölling GA 1984, 71, 78, 79 und weitere Nachweise b. Frisch NStZ 1992, 1, 3 Fn. 28: §§ 20 StGB, 3 JGG analog - heroinsüchtigen Patienten nach Belehrung über die möglichen Gefahren unter Abweichung von der Schulmedizin über eine gewisse Zeitspanne hinweg verschreibungsfähige Suchtersatzmittel - im Fall: Dihydrocodein - im Rahmen einer **Substitutionsbehandlung** (s. oben **A. I. 8. a, bb (10)**) mit dem Ziele einer anschließenden Langzeittherapie zur Beseitigung der Heroinabhängigkeit verordnet, wendet grundsätzlich eine vertretbare Heilmaßnahme an und verwirklicht daher **nicht** eine ihm zurechenbare Gesundheitsbeschädigung - es sei denn, das Krankheitsbild hat sich verschlechtert oder es hätte sich durch andere Behandlungsmethoden mit an Sicherheit grenzender Wahrscheinlichkeit früher gebessert -; in diesem Sinne auch Körner, BtMG-AMG, 4. Aufl., Anhang AMG, Rn. 31; s. ferner OLG Zweibrücken MedR 1995, 331, 332 zu einem Fall der Medikamentenabhängigkeit; referierend Ulsenheimer Rn. 392e, 392f).

Eine **Betäubungsmittel-**Verschreibung ist ärztlich dann begründet, wenn das Mittel nach den anerkannten Regeln der medizinischen Wissenschaft als Heilmittel für das Leiden des Patienten geeignet ist; der Arzt muss aber prüfen, ob nicht auch eine andere, den Patienten weniger gefährdende Heilmaßnahme in Betracht kommt; ergibt diese Prüfung, dass der Heilzweck auf andere Weise erreicht werden kann, muss der Arzt gemäß seiner beruflichen Pflicht, bei all seinem Wirken Gefährdungen von dem Patienten möglichst abzuwenden, von der Anwendung eines Betäubungsmittels absehen (BGHSt 29, 6, 9 mN; zu § 13 Abs. 1 BtMG s. BGH NJW 1991, 2359: der Wortlaut der Norm erlaubt die Auslegung, dass auch eine **sozialmedizinische** Indikation zur Verschreibung genüge; ein unerlaubtes Verschreiben von Betäubungsmitteln liegt nicht schon alleine deshalb vor, weil der Arzt durch die Verordnung einer Ersatzdroge gegen die Regeln der Schulmedizin verstößt, wie überhaupt die Verfahren der Schulmedizin nicht ohne weiteres mit den Regeln der ärztlichen Kunst gleichzusetzen sind; s. hierzu auch Eser ZStW Bd. 97, S. 1,

124

12: die Regeln der ärztlichen Kunst sind nicht schlechthin identisch mit den Verfahren der Schulmedizin).

Im **Widerspruch** zu den Regeln der ärztlichen Kunst steht eine Dauermedikation mit suchtfördernden Arzneien oder Betäubungsmitteln aber bei einem **nicht** drogenabhängigen Patienten; lässt sich eine Verschlechterung des gesundheitlichen Zustandes des Betroffenen nachweisen, so erfüllt eine solche Verschreibungspraxis den Tatbestand der Körperverletzung (Körner aaO, AMG, Teil 6 Rn. 5).

b) Doping

Doping hat nichts mit einer Heilmaßnahme zu tun: es ist das Verabreichen (oder der Gebrauch) von körperfremden Stoffen bzw. abnorm wirkenden physiologischen Substanzen an (oder durch) Sportler zwecks **künstlicher** Steigerung der athletischen Leistungsfähigkeit (s. auch die Definition des Begriffes „Doping im Sport" in Art. 2 des Übereinkommens gegen Doping vom 16. Oktober 1989, BGBl. 1994, Teil II, S. 336). Bei gegebener Tatherrschaft erfüllt der dopende **Arzt** den Tatbestand der **Körperverletzung**, sofern durch die Zuführung der entsprechenden Mittel und Stoffe über Neben- oder Folgewirkungen (zumindest zeitweise bestehende) erhebliche Gesundheitsschäden eintreten (Linck NJW 1987, 2545, 2549; Tröndle/Fischer, § 228 Rn. 7a; s. auch BGH NJW 2000, 1506, 1507: somatisch fassbare Veränderungen von Hormonhaushalt und Fettstoffwechsel; gemäß §§ 6a Abs. 1, Abs. 2, 95 Abs. 1 Nr. 2a, 4 AMG ist es seit dem 11.09.1998 bei Strafe verboten, Arzneimittel, die Stoffe der im Anhang des Übereinkommens gegen Doping aufgeführten Gruppen von Dopingwirkstoffen enthalten, zu Dopingzwecken - also zu anderen Zwecken als der Behandlung von Krankheiten - zu verschreiben oder bei anderen anzuwenden, BGBl. I 1998, S. 2649, 2655 iVm BGBl. Teil II 1994, S. 350, 351). **Trotz** bestehenden Einverständnisses des hinreichend aufgeklärten Sportlers ist die Körperverletzung **rechtswidrig**, weil Doping einen Sittenverstoß darstellt (Tröndle/Fischer aaO; Jung JuS 1992, 131, 133; Ulsenheimer Rn. 234a). Der unter Verletzung des Dopingverbotes durchgeführte ärztliche Eingriff begründet deshalb den deliktischen Schadensersatzanspruch (§§ 823 Abs. 1 BGB, 823 Abs. 2 BGB, 223, 224, 229, 230 StGB, 95 AMG; vgl. Derleder/Deppe JZ 1992, 116, 119; s. auch oben **A. I. 5. c, bb**); ein Mitverschulden des Athleten (§ 254 BGB) wird im Einzelfall zu berücksichtigen sein (Turner NJW 1992, 720).

c) Transplantation

Unter einer Transplantation versteht man die **Übertragung** (Ex- und Implantation) von Geweben oder Organen von lebenden oder soeben verstorbenen Personen auf einen kranken Menschen zu therapeutischen Zwecken.

Für den Lebendspender ist der **Explantationseingriff** - mangels medizinischer Indikation - gerade keine Heilmaßnahme (BVerfG MedR 2000, 30, 31): das freiwillige Einverständnis des Spenders rechtfertigt den Eingriff; infolge der bestehenden altruistischen Motivation ist die Organspende sittlich nicht missbilligenswert, solange der Spender nicht zum „Krüppel" gemacht wird (vgl. HandbuchArztR/Ulsenheimer, § 142 Rn. 25, 29, 30).

Für den Empfänger stellt die **Implantation** hingegen einen Heileingriff dar (Laufs Rn. 176, 177).

Die Entnahme von Organen (vgl. § 1 Abs. 1 TPG) einer **lebenden** Person („Lebendorganspende" - s. auch oben A. I. 8. a, bb (4)) ist nur zulässig, wenn der Spender volljährig und einwilligungsfähig ist, seine Einwilligung nach einer inhaltlich genau vorgeschriebenen Aufklärung erteilt hat, nach ärztlicher Beurteilung als Spender geeignet ist, die Organentnahme ihn nicht gesundheitlich schwer beeinträchtigt, die Übertragung des Organes der Erhaltung des Lebens, der Heilung oder der Linderung von Beschwerden

125

dient, der Eingriff durch einen Arzt vorgenommen wird und im Zeitpunkte der Organentnahme ein geeignetes Organ eines toten Spenders nicht zur Verfügung steht; die Entnahme von Organen, die sich nicht wieder bilden können (nicht regenerierungsfähige Organe sind z.B. Nieren, Lungenlappen und Teile der Bauchspeicheldrüse, s. Walter FamRZ 1998, 201, 203), ist darüber hinaus nur zulässig zum Zwecke der Übertragung auf Verwandte ersten oder zweiten Grades, auf Ehegatten, Verlobte oder andere Personen, die dem Spender in besonderer persönlicher Verbundenheit offenkundig nahestehen; schließlich muss unter anderem die nach Landesrecht zuständige Kommission gutachtlich die Freiwilligkeit der Organspende und den Ausschluss eines Organhandels bestätigt zu haben (vgl. zum Ganzen die Regelungen in § 8 Absätze 1 bis 3 TPG; hierzu Ulsenheimer Rn. 302).

Die Gewebs- oder Organentnahme von **Verstorbenen** (s. dazu näher die Bestimmungen der §§ 3 bis 6 TPG) setzt die Feststellung des **Hirntodes** voraus: der Tod des Menschen ist der sog. Hirntod (statt anderer Joerden NStZ 1993, 268 ff; Taupitz JuS 1997, 203, 207; Deutsch NJW 1998, 777, 778; **abl.** Tröndle/Fischer, § 168 Rn. 4d, 4e und vor § 211 Rn. 3 ff); dieser bedeutet den vollständigen und irreversiblen Zusammenbruch der gesamten Funktionen des Gehirns bei noch aufrecht erhaltener Kreislauffunktion im übrigen Körper (wegen der Hirntodkriterien des Wissenschaftlichen Beirates und der Bundesärztekammer s. HandbuchArztR/Uhlenbruck, § 131 Rn. 4). Das Transplantat muss physiologisch **vital** erhalten sein; deshalb erfolgt die Explantation, solange der Kreislauf des Spenders noch funktioniert (Deutsch Rn. 503; Rüping GA 1978, 129, 134). Herz, Niere, Leber, Lunge, Bauchspeicheldrüse und Darm sind sog. vermittlungspflichtige Organe: ihre Übertragung ist nur zulässig, wenn sie durch eine Vermittlungsstelle unter Beachtung bestimmter Regularien vermittelt worden sind (s. §§ 9, 12 TPG).

d) Ärztliche Eigenmacht

In den Tatbestand der Körper- bzw. Gesundheits**verletzung** ist auch das **eigenmächtige** ärztliche Behandlungsvorgehen einzureihen. Die Eigenmacht verletzt nicht nur die Selbstbestimmungsfreiheit des Patienten (so Grünwald, S. 137, 138); sie erfüllt darüber hinaus wegen der Körperbezogenheit der Selbstbestimmungsbefugnis einen Eingriff in die **körperliche** Integrität bzw. in die Unversehrtheit der inneren Funktionsvorgänge (Deutsch NJW 1965, 1985, 1989; Laufs/Reiling NJW 1994, 775: körperbezogene Dispositionsbefugnis; vgl. ferner MünchKomm/Mertens, § 823 Rn. 419, 453; SK-StGB/Horn, § 223 a.F. Rn. 36, § 226 a.F. Rn. 12; Gottwald Jura 1980, 303, 310: auch ohne Nachweis eines Behandlungsfehlers ist deshalb der unglückliche Ausgang einer Operation als schuldhaft verursacht anzusehen).

Der nichtoperierende Arzt, der seinem Patienten zur Operation rät und ihn im Verlaufe des Beratungsgespräches über Art und Umfang sowie über die möglichen Risiken des Eingriffes **aufklärt, übernimmt** damit einen Teil der Behandlung des Patienten; das begründet (wie auch sonst die Übernahme der ärztlichen Behandlung) seine Garantenstellung gegenüber dem sich ihm anvertrauenden Patienten (vgl. oben I. 3.). Von diesem hat er unter Einsatz des Wissens und seiner Fähigkeiten im Rahmen der Behandlung gesundheitliche Gefahren abzuwehren; **übernimmt** er die ärztliche Aufklärung vor der Operation, so ist der Arzt mitverantwortlich dafür, dass die Einwilligung des Patienten wirksam ist; **verletzt** er insoweit schuldhaft seine ärztliche Pflicht, so begeht auch **er** - wenn andere Ärzte daraufhin ohne wirksame Einwilligung operieren - tatbestandsmäßig die rechtswidrige Körperverletzung (BGH NJW 1980, 1905, 1907).

2. Aufklärungsorganisation

Die ordnungsgemäße Aufklärung muss auch **organisatorisch** abgesichert sein (OLG Bamberg VersR 1998, 1026 mN); die Organisationsverantwortung für den Aufklärungsbetrieb tragen der **Klinikbetreiber** und die **Leitenden Ärzte** nebeneinander

126

(vgl. BGH JA 1992, 152, 154; Nüßgens Rn. 86): durch Dienstanweisungen, Richtlinien, Instruktionen sowie entsprechende Kontroll- und Überwachungsmaßnahmen ist **Vorsorge** dafür zu treffen, dass dem Patienten stets durch einen seinerseits „aufgeklärten" Arzt und zur rechten Zeit die nötigen Informationen zuteil werden (Wertenbruch MedR 1995, 306, 310; Kern MedR 2000, 347, 350).

Ist eine ausreichende Aufklärung des Patienten organisatorisch nicht gewährleistet, weil es der Krankenhausträger an den nötigen Anweisungen, Informationen und Kontrollen hat **fehlen** lassen, so haftet der Träger - jedenfalls - deliktsrechtlich (vgl. HandbuchArztR/Laufs, § 66 Rn. 2 mN).

EXKURS
Organisationsverschulden

Das Rechtsinstitut des Organisationsverschuldens soll vorhandene Lücken des überkommenen Deliktsrechtes schließen (HandbuchArztR/Laufs, § 97 Rn. 12); es repräsentiert einen Unterfall der allgemeinen **Verkehrssicherungspflichtverletzung**. Im Sinne einer eigenständigen Schadensabwendungsverpflichtung setzt das Einstehen für ein Organisationsverschulden daher die **Nichtbeachtung** einer existierenden **Organisationspflicht** voraus. Für den Betrieb eines Krankenhauses heißt das: der Krankenhausträger ist gehalten, entsprechend den für die Träger sonstiger Großbetriebe mit komplexer Organisation bestehenden Verpflichtungen den Ablauf der Betriebsvorgänge sowie die Tätigkeiten des ärztlichen und des nichtärztlichen Personals durch geeignete organisatorische Vorkehrungen so zu steuern und zu überwachen, dass eine Schädigung der Patienten tunlichst vermieden werde (vgl. § 823 BGB; statt anderer Kötz Rn. 292; Jauernig/Teichmann, § 823 Rn. 32; ausführlich Kern MedR 2000, 347 ff).

3. Behandlungsunterlagen

Es gehört zu den **Organisationsaufgaben** des Krankenhausträgers, diejenigen Unterlagen, die Auskunft über das Behandlungsgeschehen geben, zu sichern. Müssen die **Behandlungsunterlagen** an eine andere Stelle herausgegeben werden, dann ist es Aufgabe des Trägers der Klinik zu dokumentieren, wann die Unterlagen an welche Stelle zu welchem Zwecke weitergegeben worden sind; nach einer angemessenen Zeit muss ferner dafür Sorge getragen werden, dass die Rückverfügung der Objekte erfolge, was wiederum dokumentiert werden muss; gelangen die Unterlagen schließlich wieder zurück, so ist auch dieser Umstand zu vermerken (vgl. zum Ganzen NJW 1996, 780, 781).

4. Rechtfertigung

Der tatbestandsmäßige Eingriff ist **rechtmäßig**, wenn die Voraussetzungen eines **Unrechtsausschließungs**grundes vorliegen.

a) Drei Gründe

Die **Rechtfertigung** kann sich ergeben aus:

- wirksam (ausdrücklich oder konkludent) erklärten, nicht widerrufenen **Einwilligung** des Patienten bzw. seines gesetzlichen Vertreters oder des bestellten Betreuers (s. oben **A. I. 7. b, cc, (2), (b)**) in die konkrete Behandlungsmaßnahme nach vorausgegangener mangelfreier Aufklärung (vgl. u.a. BGHZ 29, 33, 36, 37; Weimar, S. 52, 53);

- die wirksam erteilte Einwilligung gilt für den Eingriff generell (Rehborn, S. 257), die Verweigerung des Einverständnisses erfasst die angeratenen ärztlichen Maßnahmen insgesamt (BGH NJW 1984, 1396); die Einwilligung des Patienten **beschränkt** sich aber per se auf die nach dem Stande der medizinischen Wissenschaft **sachgerecht** durchgeführte Heilbehandlung und deren unvermeidliche Nachteilsfolgen; sie erstreckt sich **nicht** auf Kunstfehler und deren Auswirkungen (s. dazu RGSt 77, 17, 21; BGH VersR 1961, 448, 450; BGH NJW 1998, 1802, 1803; OLG Köln MedR 1987, 194; Schaffer VersR 1993, 1458, 1464; Laufs NJW 1999, 1758, 1765; wegen der besonderen Fragen der Einwilligung in Explantation und Implantation bei Lebend- bzw. Totenspende s. im Näheren etwa Guntz, in: Creifelds, S. 1297, 1298); **unwirksam** ist nach der Auffassung des Bundesgerichtshofes (NJW 1978, 1206) die nach der laienhaften Vorstellung des Patienten für einen Heileingriff erklärte Einwilligung, **wenn** das sodann praktizierte ärztliche Vorgehen mangels medizinischer Indikation (s. oben **A. I. 5. c, aa**) gar keine Heilmaßnahme bedeutet: indessen lässt der Indikationsmangel grundsätzlich (freilich nur in den Grenzen des § 228 StGB) die Wirksamkeit der erteilten Zustimmung unberührt, **wenn** dem Patienten die fehlende medizinische Indikation bewusst ist (vgl. Rogall NJW 1978, 2344, 2345 und Bichlmeier JZ 1980, 53, 55; Eser, in: Schönke/Schröder, § 223 Rn. 39, 50; die Einwilligung ist Rechtfertigungsgrund und nicht nur Rechtfertigungsschranke, Rogall aaO; **a. A.** Kern/Laufs, S. 9 und Ehlers, S. 227: den Rechtfertigungsgrund bildet die medizinische Indikation); die auf gehöriger Aufklärung beruhende Zustimmung des Patienten rechtfertigt den Eingriff regelmäßig **auch** dann, wenn sich die zunächst als immerhin vertretbar anzusehende Behandlung aus späterer fachlicher Sicht als schon im Ansatz verfehlt erweisen sollte (BGH NJW 1978, 587, 588);

- das Institut der **Vorsorgevollmacht** (vgl. oben **A. I. 8. d, dd (2) (b))** gemäß §§ 1896 Abs. 2 S. 2, 1904 Abs. 2 BGB (eine mögliche Alternative zu der Patientenverfügung, vgl. dazu im Anschluss unten) gewährleistet die Ausübung des Selbstbestimmungsrechtes dadurch, dass der spätere Patient für den Fall des Verlustes seiner Einwilligungsfähigkeit vorweg einen **Dritten** ermächtigt, für den Arzt **bindend** die Zustimmung zu bestimmten medizinischen Maßnahmen zu erteilen oder aber zu versagen (Palandt/Diederichsen, Einf. v. § 1896 Rn. 8, § 1896 Rn. 21; Uhlenbruck NJW 1996, 1583, 1584); eine Vorsorgevollmacht, die ärztlich-medizinische Maßnahmen betrifft, muss zu ihrer Wirksamkeit **schriftlich** erteilt werden und die gemeinten Maßnahmen **ausdrücklich** benennen (§§ 1904 Abs. 2, 1966 Abs. 5 BGB; vgl. LG Hamburg DNotZ 2000, 220, 221 m. Anm. Langenfeld, 224: die einzelnen Befugnisse des Bevollmächtigten sind im Sinne einer Exemplifizierung vollständig auszuführen); der Bevollmächtigte bedarf in demselben Umfange wie ein Betreuer (s. oben **A. I. 8. b, cc (2) (b))** zur Einwilligung in die vorbezeichneten Maßnahmen der Genehmigung des Vormundschaftsgerichtes (Grziwotz MDR 1998, 1445, 1452; Baumann/Hartmann DNotZ 2000, 594, 601);

- den Grundsätzen der **mutmaßlichen Einwilligung** (diese ist von einer bloß „vermuteten" Einwilligung zu unterscheiden, bei welcher der Arzt irrig annimmt, der Patient habe seine Einwilligung tatsächlich bereits erteilt, s. Geppert JZ 1988, 1028):

- die mutmaßliche Einwilligung stellt einen **eigenständigen**, jedoch **subsidiären** Rechtfertigungsgrund dar; auf ihn darf **nur** zurückgegriffen werden, wenn die autonome Entscheidung des Betroffenen nicht oder nicht rechtzeitig eingeholt werden kann (statt anderer Solbach JA 1993, 216; Bender NJW 1999, 2706, 2708 Fn. 26 mwN); liegt diese Voraussetzung vor, so besitzt der mutmaßliche Wille die **gleiche** Rechtsqualität wie der ausdrücklich oder schlüssig erklärte (Kutzer ZRP 1997, 117, 118; Hennies MedR 1999, 341); die Zulässigkeit ärztlichen Handelns auf der Grundlage mutmaßlicher Einwilligung des Patienten ist **nicht** auf die Fälle vitaler Indikation beschränkt; ärztliche Eingriffe, in die der Patient zwar nicht ausdrücklich oder konkludent eingewilligt hat, die aber seinem mutmaßlichen Willen entsprechen, dürfen vielmehr nicht nur zur Beseitigung einer gegenwärtigen Lebensgefahr vorgenommen werden: der mutmaßliche Wille des Patienten ist **auch** - aber immer nur - dann heranzuziehen, wenn der Eingriff oder die sonstige ärztliche Maßnahme unaufschiebbar erscheinen und die normalerweise erforderliche Aufklärung deshalb nicht mehr rechtzeitig erfolgen kann (z.B. weil mit dem bewusstlos in das Krankenhaus eingelieferten Patienten kein Kontakt aufgenommen oder weil ein gesetzlicher Vertreter des Betroffenen nicht mehr befragt werden kann, vgl. OLG Bamberg VersR 1998, 1025, 1026); der mutmaßliche Wille ist ferner dann zu berücksichtigen, wenn der Arzt konkret und unvorhergesehen **intraoperativ** vor der Frage steht, ob er einen mit Zustimmung des Patienten begonnenen Eingriff erweitern oder ihn abbrechen und den Patienten dem ernstlichen Risiko einer neuen, unter Umständen mit größeren Gefahren verbundenen, jedenfalls aber weitere körperliche und seelische Belastungen mit sich bringenden Operation aussetzen soll (sog. akute Indikation; hierzu Müller-Dietz JuS 1989, 280, 281, 283 mN); der **Inhalt** des mutmaßlichen Willens ist nach den objektiven Patienteninteressen zu ermitteln: persönliche Umstände des Betroffenen, erkennbare individuelle Bedürfnisse und Wertvorstellungen sind maßgebend; liegen **keine** Anhaltspunkte dafür vor, dass sich der Patient anders entschieden haben würde, so wird davon auszugehen sein, dass sein hypothetischer Wille mit dem übereinstimmt, was die ärztliche Indikation gebietet und als medizinisch **vernünftig** angesehen wird (BGHSt 35, 246, 249, 250 = JA 1988, 640; Deutsch Rn. 110; Kern NJW 1994, 753, 756; s. auch oben **A. I. 8. b, dd**); ab dem Zeitpunkt der Einwilligungsunfähigkeit der **Gebärenden** entscheidet hilfsweise deren **mutmaßlicher** Wille: bei der Ermittlung dieses Willens ist der anwesende Vater die wohl zuverlässigste Auskunftsperson (dazu Bender aaO, 2708);

- **lebensverlängernde** Maßnahmen in Ausschöpfung intensivmedizinischer Technologie können zu dem Anspruch des Schwerstkranken, unter Beachtung seines Selbstbestimmungsrechtes in Würde zu sterben, und damit zu dem anzunehmenden Patientenwillen in Widerspruch stehen (vgl. BGH MDR 1991, 656, 657): der Patient kann sein Selbstbestimmungsrecht **a priori** in grundsätzlich **rechtsverbindlicher** (aber stets widerruflicher) Weise auch dahin ausüben, dass er für den Fall der dauernden Bewusstlosigkeit oder einer unheilbaren, zum Tode führenden Erkrankung bestimmt, von einer Verlängerung des Leidens bzw. von einer Verzögerung des Sterbevorganges mittels des Einsatzes apparativer intensiv-medizinischer Methoden Abstand zu nehmen und es bei der Grundpflege sowie Maßnahmen im Sinne einer Linderung der Leidensfolgen sein Bewenden haben zu lassen (sog. **Patientenverfügung** - auch **Patiententestament** genannt, welches aber natürlich nicht etwa eine Verfügung von Todes wegen darstellt, sondern - als Ausdruck des Selbstbestimmungsrechtes des künftigen Patienten die bei Vorliegen bestimmter medizinischer Diagnosen antezipierte Verweigerung der Einwilligung in gewisse ärztliche Behandlungsformen dokumentiert, vgl. Information des Bayerischen Staatsministeriums der Justiz, Das neue Betreuungsrecht 1992, S. 14; Ziffer V. der Grundsätze der Bundesärztekammer zur ärztlichen Sterbebegleitung in NJW 1998, 3406, 3407; ferner Uhlenbruck NJW 1978, 566 ff; ders. NJW 1996, 1583; Sternberg/Lieben NJW 1985, 2734 ff; Fritsche MedR 1993, 126, 130; Kutzer NStZ 1994, 110, 114; Hennies aaO, 342; Lipp DRiZ 2000, 234); nach Laufs Rn. 293 und HandbuchArztR/Ulsenheimer, § 139 Rn. 54 soll der Arzt aber **nicht** an das Patiententestament gebunden sein: die antezipierte Erklärung stellt jedenfalls ein zentrales **Indiz** und eine wesentliche Hilfe für die Ermittlung des **mutmaßlich gegenwärtigen** Patientenwillens dar (Professor Dr. W. Eisenmenger, zit. nach den Mitteilungen in FR vom 13.03.1998 und in DRiZ 2000, 465, 466; Baumann/Hartmann DNotZ 2000, 594, 603 f); als **Indiz** wirken „Patiententestamente" umso mehr, je zeitnäher sie abgefasst wurden und je konkreter sie die Umstände der kritischen Situation vorweg nehmen (Laufs NJW 1999, 1758, 1762; s. auch Verrel MedR 1999, 547, 548); nach einer differenzierenden weiteren **Ansicht** ist die Patientenverfügung dann im Rechtssinne **bindend**, wenn der Verfügende nach erfolgter ärztlicher Grundaufklärung bei der Abfassung einsichts- und urteilsfähig war und die Verfügung - und sei es nur durch eine vorgenommene Bestätigung ihres

Inhaltes - in einem gewissen zeitlichen Zusammenhang mit der entscheidungsfordernden Krankheitssituation entstanden ist; liegt die Verfügung länger als ein halbes Jahr zurück, so soll ihr nur noch **Indiz**charakter bei der Erforschung des **mutmaßlichen** Willens zukommen (Hartmann DNotZ 2000, 113, 116 mn; ferner Baumann/Hartmann aaO, 606 ff); dafür Sorge zu tragen, dass der Arzt von der Existenz der Verfügung **Kenntnis** erlangt, ist allein Aufgabe des **Patienten** (Hartmann aaO, 116 mn);

- den Voraussetzungen der **berechtigten Geschäftsführung ohne Auftrag** nach §§ 677, 683 BGB (Laufs Rn. 226; Medicus Rn. 199; Weimar, S. 52; Deutsch NJW 1980, 1305, 1307); die berechtigte GoA legitimiert den Eingriff in den Rechts- und Interessenkreis (vgl. hierzu oben **B. II.**).

EXKURS
Sterbehilfe

Sterbehilfe ist Hilfestellung **beim** Sterben; von ihr kann deshalb nur dann gesprochen werden, wenn der Sterbevorgang bereits eingesetzt hat (vgl. BGHSt 40, 257, 260). Die Grundsätze der Bundesärztekammer zur ärztlichen **Sterbebegleitung** bestimmen in Ziffer I. Folgendes (NJW 1998, 3406 f): „Der Arzt ist verpflichtet, **Sterbenden**, d.h. Kranken oder Verletzten mit irreversiblem Versagen einer oder mehrerer vitaler Funktionen, bei denen der Eintritt des Todes in kurzer Zeit zu erwarten ist, so zu helfen, dass sie in Würde zu sterben vermögen. Die Hilfe besteht neben palliativer Behandlung in Beistand und Sorge für Basisbetreuung. Maßnahmen zur Verlängerung des Lebens dürfen in Übereinstimmung mit dem Willen des Patienten unterlassen oder nicht weitergeführt werden, wenn diese nur den Todeseintritt verzögern und die Krankheit in ihrem Verlauf nicht mehr aufgehalten werden kann. Bei Sterbenden kann die Linderung des Leidens so im Vordergrund stehen, dass eine möglicherweise unvermeidbare Lebensverkürzung hingenommen werden darf. Eine gezielte Lebensverkürzung durch Maßnahmen, die den Tod herbeiführen oder das Sterben beschleunigen sollen, ist unzulässig und mit Strafe bedroht." Diese Prinzipien knüpfen an die in der Sterbehilfe-Diskussion herausgebildeten **Unterscheidungen** an (hierzu etwa: Deutsch Rn. 396; Kutzer NStZ 1994, 110 ff; ders. ZRP 1997, 117 ff; Laufs NJW 1996, 763; Schmidt/Madea MedR 1998, 406). Danach ist die **aktive** Sterbehilfe (auf deren Leistung durch Dritte der Patient nicht etwa einen verfassungsrechtlich verbürgten Anspruch besitzt, BVerfGE 76, 248, 252) verboten und gemäß §§ 211, 212 StGB strafbar (selbst dann, wenn der Sterbende eine Tötung ausdrücklich verlangt, vgl. § 216 StGB; s. BGHSt 37, 376, 379; Tröndle/Fischer, vor § 211 Rn. 14): sie bedeutet die gezielte Verkürzung des menschlichen Lebens durch einen ärztlichen Eingriff. Erlaubt und straflos ist hingegen die **passive** Sterbehilfe: sie liegt vor, wenn bei einem tödlich Erkrankten, dessen Grundleiden mit aussichtsloser Prognose einen irreversiblen Verlauf genommen hat, die der an sich möglichen Lebensverlängerung dienenden medizinischen Behandlungsmaßnahmen unterlassen oder eingestellt werden. Unabhängig von den Erfolgsaussichten im Einzelnen **muss** der Arzt die Behandlung immer dann fortsetzen, **wenn** der Patient dies wünscht (ohne dass diesem insoweit aber die endgültige Entscheidung über die zu wählende Behandlungsmethode vorbehalten wäre, vgl. LG Karlsruhe NJW 1992, 756); denn **gegen** den Willen des Patienten sind auch Maßnahmen der passiven Sterbehilfe **nicht** zulässig (Rehborn, S. 347 f). Straflos (jedenfalls nach der Notstandsregelung gemäß § 34 StGB, BGH NStZ 1997, 182, 184) ist auch die **indirekte** Sterbehilfe: bei ihr werden unbeabsichtigte, aber unvermeidliche Nebenfolgen einer therapeutischen Maßnahme - bspw. einer schmerzlindernden Medikation - in Kauf genommen, die den Eintritt des Todes beschleunigen könnten.

b) Grenzen rechtfertigender Einwilligung

Der Einwilligung des Patienten kommt **nur** dann rechtfertigende Kraft zu, wenn sie **nicht** ihrerseits **gegen** ein gesetzliches Verbot verstößt (Tröndle/Fischer, § 228 Rn. 4) und wenn **nicht** die Körperverletzungstat als solche sittenanstößig ist (vgl. § 228 StGB). Trotz faktisch erteilter Zustimmung des Patienten sind daher bspw. **rechtswidrig**: Verstümmelungen zwecks Vorbereitung eines Betruges zum Nachteil einer Versicherung; Humanexperimente ohne vorgängige Erschöpfung aller anderen zur Verfügung stehenden medizinischen Möglichkeiten (vgl. OLG Düsseldorf NZV 1998, 76, 77; Bockelmann, S. 73; Jauernig/Teichmann, § 823 Rn. 54); die medizinisch nicht indizierte Verabfolgung von Dopingsubstanzen, die erhebliche gesundheitliche Schäden zur Folge haben können (vgl. Linck NJW 1987, 2545, 2550; Jung JuS 1992, 131, 133; Derleder/Deppe JZ 1992, 116, 117, 119; s. dazu oben **1. b**).

Die **Sterilisation** einwilligungsfähiger volljähriger Personen ist nicht gesetzlich geregelt (s. OLG Hamm BtPrax 2000, 168, 169).

Die wirksame Einwilligung der Frau oder des Mannes in die aus medizinischen, genetischen oder sozialen Gründen indizierte oder aus anderen achtenswerten Motiven gewünschte Sterilisation verletzt jedenfalls die Sittenordnung **nicht**, so dass sich auch der den Eingriff nach den Regeln der ärztlichen Kunst durchführende Arzt nicht dem Vorwurf sittenwidrigen Handelns aussetzt (vgl. BGHZ 67, 48, 52 ff zur Sterilisation einer 34-jährigen verheirateten Frau, die seit ihrem 27. Lebensjahr Mutter war und drei Kindern das Leben geschenkt hatte; nach Steffen/Dressler Rn. zu 61 ist der Sterilisationseingriff mit Einverständnis der Frau prinzipiell auch ohne besondere medizinische oder soziale Indikation rechtlich zulässig; die Einwilligung des jeweiligen Ehepartners ist für den Eingriff nicht erforderlich (BGHZ aaO, 54, 55; Nüßgens Rn. 232).

Die (aus kriminologischen oder medizinischen Gründen indizierte) **freiwillige Kastration** eines Mannes, der das 25. Lebensjahr bereits vollendet hat, ist unter den Voraussetzungen der §§ 1 ff, 6 des Gesetzes über die freiwillige Kastration und andere Behandlungsmethoden (vom 25.08.1969, BGBl. Teil I, S. 1143, 1145, zuletzt geändert durch Gesetz vom 01.07.1997, BGBl. Teil I, S. 1607) **nicht** als Körperverletzung strafbar (HandbuchArztR/Ulsenheimer/Uhlenbruck, § 127 Rn. 4, 7, 8; Rehborn, S. 322, 323 f); die Bestimmung des § 7 des bezeichneten Gesetzes bedroht jedoch denjenigen (den Eingriff vornehmenden) Arzt mit Strafe, der die erforderliche Bestätigung einer Gutachterstelle nicht eingeholt hat.

Transsexualismus (die vollständige psychische Identifikation mit dem dem eigenen Körperzustand widersprechenden anderen Geschlecht) stellt eine Krankheit dar (LSG Stuttgart NJW 1982, 718; HandbuchArztR/Uhlenbruck, § 128 Rn. 9). Geschlechtsumwandelnde Operationen sind daher bei Personen mit feststehender transsexueller Prägung als indizierte Eingriffe grundsätzlich **zulässig** (Deutsch Rn. 442; zu den Voraussetzungen der gerichtlichen Feststellung der anderweitigen geschlechtlichen Zugehörigkeit s. im Näheren die Regelungen in den §§ 1 ff, 8 und 9 des Transsexuellengesetzes - TSG - vom 10.09.1980, BGBl. Teil I, S. 1654; noch am 21.09.1971 hatte der BGH = NJW 1972, 330, 333 ausgesprochen, dass eine genitalkorrigierende Operation nur in ganz eindeutigen Ausnahmefällen, in denen der Eingriff zur Vermeidung schwerster seelischer und körperlicher Beeinträchtigungen unerlässlich erscheine, als nicht sittenwidrig bewertet werden könne: diese Entscheidung hob das Bundesverfassungsgericht mit Beschluss vom 11.10.1978 = MDR 1979, 200, 201 auf).

131

III. Materieller und immaterieller Schadensersatz

Deliktische Schadensersatzansprüche entstehen **ohne** Rücksicht auf die Gestaltung des Behandlungs- oder des Krankenhausaufnahmevertrages (Franzki, S. 2). Sie umfassen (gegebenenfalls nicht nur für den unmittelbar Verletzten, sondern auch für mittelbar Drittgeschädigte) den

- **Ersatz** aller verursachten **Vermögensschäden** (inklusive schadensbedingter Heilbehandlungskosten - zu diesen gehören auch die Fahrtkosten naher Angehöriger für Krankenbesuche -, eingetretener Erwerbsverluste, entzogenen gesetzlichen Unterhaltes, entgangener Dienste und der Aufwendungen für vermehrte Bedürfnisse, s. §§ 823, 842, 843 ff BGB, § 249 S. 2 BGB; dazu etwa Rehborn, S. 177 ff und Funke, S. 102 ff)

sowie darüber hinaus den

- billigen **Ausgleich** der erlittenen **immateriellen Nachteile** (§ 847 BGB - „Schmerzensgeld").

Beträge, die der öffentlich-rechtliche Dienstherr dem Geschädigten als **Beihilfe** für einen medizinischen Schadensfall gezahlt hat, sind auf den Schadensersatzanspruch gegen den Schädiger **nicht** anzurechnen (BGH MDR 1992, 1131).

Vor der Geburt bilden Mutter und Leibesfrucht eine **Einheit**; die Schädigung der Leibesfrucht bedingt daher **zugleich** eine Gesundheitsverletzung der Mutter (OLG Koblenz NJW 1988, 2959, 2960; OLG Oldenburg NJW 1991, 2355). Im Falle der Verletzung der Leibesfrucht im Mutterleib oder bei einer Verletzung des Geborenen während des Austrittes aus dem Mutterleib entsteht (sofern auch die weiteren Haftungsvoraussetzungen gegeben sind) dem **Kind** mit Vollendung der Geburt ein deliktischer Ersatzanspruch wegen Gesundheitsbeschädigung (BGH NJW 1972, 1126; BGH NJW 1989, 1539). Im Rahmen des Schadensersatzanspruches eines **Kindes** wegen Körper- oder Gesundheitsverletzung ist der (anlässlich der Betreuung bei Krankenhausbesuchen entstandene) elterliche Aufwand an Zeit, der sich nicht als geldwerter Verlustposten konkret in der Vermögenssphäre niederschlägt, auf deliktischer Grundlage **nicht** ersatzfähig (BGH MDR 1989, 343; krit. Schlund JR 1989, 238, 239).

Schmerzensgeldfähig sind **auch** nach Behandlungsfehlern zur Abwendung weiterer Schäden durchgeführte straflose Schwangerschafts**unterbrechungen** (OLG Braunschweig FamRZ 1980, 240, 241); ferner komplikationslos verlaufende (s. auch Tempel NJW 1980, 609, 616) ungewollte Schwangerschaften und Geburten **infolge** eines **fehl**geschlagenen Sterilisationseingriffes (BGH NJW 1980, 1452, 1454; BGH NJW 1995, 2407, 2408: die Herbeiführung einer Schwangerschaft gegen den Willen der betroffenen Frau stellt eine Körperverletzung dar, und zwar auch dann, wenn der Fehlschlag bei der Sterilisation des Ehemannes eintritt; s. ferner Franzki VersR 1990, 1162) und auch die Beschwerden bei einer natürlichen komplikationslosen Geburt **über**steigenden Schmerzmehrbelastungen, die auf die nur **wegen** einer (im entschiedenen Falle schuldhaft nicht erkannte) Rötelninfektion der Mutter verursachten) Schädigung des Kindes notwendig gewordene **Kaiserschnitt**entbindung zurückzuführen sind (BGHZ 86, 240, 248; OLG Zweibrücken MedR 2000, 233, 237: schadensbedingt die der natürlichen Geburt verbundenen Beschwerden übersteigende Schmerzbelastung); soweit der Fortbestand der Schwangerschaft schadensbedingt ist, können im Einzelfalle besondere (sich von einer „normalen" Schwangerschaft unterscheidende, einen schwerwiegenden Eingriff in ihre Befindlichkeit begründende) körperliche und seelische **Belastungen** der Schwangeren eine billige Entschädigung in Geld rechtfertigen (BGH NJW 1985, 671, 673, 674). **Nicht** schmerzensgeldfähig sind dagegen die psychischen und physischen Mehrbelastungen der Mutter, die darauf beruhen, dass sie einem behinderten Kind das Leben geschenkt hat (BGH NJW 1989, 1536, 1538).

Stützt die Patientin die Schmerzensgeldforderung nicht auf den zufolge ärztlichen Fehlverhaltens unterbliebenen Abbruch, **sondern** auf die krankheitswertigen psychischen **Belastungen,** die aus der verspäteten Feststellung der im 45. Lebensjahr bestehenden Schwangerschaft wegen befürchteter schwerer Schäden des Kindes resultieren, so kann diesem Anspruch **nicht** mit Grund entgegengehalten werden, dass der Klägerin ein Abtreibungseingriff erspart geblieben sei (BGH MDR 1995, 1015, 1016).

Aus dem mit der bloßen Venenpunktion/Blutentnahme verbundenen Eingriff in die körperliche Integrität für sich allein lässt sich angesichts der **Geringfügigkeit** der Verletzung ein Anspruch auf Schmerzensgeld **nicht** herleiten. Die Vornahme des HIV-Antikörpertestes **ohne** die erforderliche Einwilligung des Patienten stellt jedoch einen Verstoß gegen das Selbstbestimmungsrecht dar, der als schwere **Persönlichkeitsrechtsverletzung** analog § 847 BGB den Anspruch auf Geldentschädigung wegen des immateriellen Schadens auslösen kann (vgl. LG Köln NJW 1995, 1621, 1622; s. hierzu allgemein BVerfGE 34, 269 ff und BGH NJW 1971, 698 ff).

Nach Auffassung des OLG Jena (MDR 1998, 536, 537) kann selbst die für die Einwilligung des Patienten in den operativen Eingriff nicht kausal gewordene Verletzung der ärztlichen Aufklärungspflicht als Eingriff in die persönlichkeitsrechtliche Selbstbestimmung einen Schmerzensgeldanspruch begründen: indessen kann nach der Rechtsprechung des BGH (JZ 2000, 898) aus einem Eingriff dann **keine** Haftung hergeleitet werden, **wenn** der Patient in Kenntnis gerade desjenigen Risikos seine Einwilligung erteilt hatte, welches sich sodann verwirklicht hat; unerheblich ist hierbei, ob im Rahmen der Aufklärung auch noch andere Risiken der Erwähnung bedurft hätten (s. auch Rehborn MDR 2000, 1101, 1106 f).

EXKURS
Schmerzensgeld

Die Bestimmung des § 847 BGB gewährt für **immaterielle** Schäden („Nichtvermögensschäden") einen eigenständigen und (sofern nach dem 30.06.1990 entstanden) auch übertragbaren und vererblichen Anspruch auf billige Geldentschädigung (das sog. „**Schmerzensgeld**"); psychische Beeinträchtigungen sind schmerzensgeldfähige Nachteilsfolgen, sofern sie sich als objektiv vorhersehbare und auch sonst adäquate Folgen der Körperverletzung oder Gesundheitsbeschädigung darstellen (OLG Oldenburg MedR 1995, 326, 328; Palandt/Thomas, § 847 Rn. 8). Die Vorschrift gilt für alle haftungsbegründenden Normen, die das Gesetz den „unerlaubten Handlungen" zurechnet (BGH NJW 1977, 2158, 2159; eine Geldentschädigung wegen schwerwiegender Verletzung des - allgemeinen - in Erweiterung des § 823 Abs. 1 BGB anerkannten Persönlichkeitsrechtes spricht LG Köln NJW 1995, 1621, 1622 bei der Vornahme eines HIV-Antikörper-Testes ohne die Einwilligung des Patienten zu; nach einem **Referentenentwurf** des Bundesjustizministeriums soll künftig - unabhängig von der konkreten Rechtsgrundart der eingreifenden Schadensersatzhaftung - bei Verletzungen des Körpers, der Gesundheit, der Freiheit und der sexuellen Selbstbestimmung ein einheitlicher Anspruch auf Schmerzensgeld statuiert werden). **Bemessungsgrundlagen** sind das objektive Ausmaß und die Höhe der außerhalb der Vermögenssphäre liegenden Lebensbeeinträchtigungen (insbesondere natürliche Größe, Dauer und Heftigkeit der körperlichen Schmerzen bzw. des erlittenen seelischen Leides, eventuelle Entstellungen, die Dauer einer stationären Behandlung, die etwaige Unübersehbarkeit des weiteren Krankheitsverlaufes und die Ungewissheit über eine endgültig erreichbare Heilung; der Umstand, dass der Geschädigte die erlittene Verletzung gegebenenfalls nur kurze Zeit überlebt hat, wird selbst dann schmerzensgeldmindernd berücksichtigt, wenn der Tod gerade durch das Schadensereignis verursacht worden ist, hierzu BGH NZV 1998, 370, 371 mN); **daneben** („Doppelfunktion") soll auch dem Gedanken Rechnung getragen werden, dass der Schädiger dem Geschädigten **Genugtuung** (eine Rolle spielen hierbei der Grad des Verschuldens des Schädigers, der Anlass der Verletzungshandlung und die wirtschaftlichen Verhältnisse der Beteiligten) schuldet (zum Ganzen: BGHZ 18, 149 ff, 157 ff; Kötz Rn. 520, 521, 522; Jauernig/Teichmann, § 847 Rn. 1; Rehborn, S. 179, 180). Bei der Bemessung des Schmerzensgeldes sind auch die immateriellen Vorteile zu berücksichtigen, die gegebenenfalls auf den zum Ersatz verpflichtenden Umstand zurückgehen (der Gedanke der Vorteilsausgleichung gilt auch im Bereich der Nichtvermögensschäden, so Reiling in Anm. zu BGH LM Nr. 98 zu § 847 BGB; abl. Palandt/Thomas, § 847 Rn. 11 a.E.). Die **Rechtsprechung** betont neuerdings, dass bereits die körperliche Beeinträchtigung als solche und die darauf beruhende Einbuße an personalen Qualitäten für sich allein schon einen auszugleichenden immateriellen Schaden darstellten (zust. Kötz Rn. 521 a: die Schadensersatzsanktion muss den tatsächlichen Verlusten und Einbußen entsprechen); und zwar unabhängig davon, ob der Geschädigte die Beeinträchtigung empfinde und subjektiv das Bewusstsein einer Schädigung besitze (BGHZ 120, 1 ff = MDR 1993, 123, 124 zu dem Fall eines schwergeschädigt geborenen Kindes, das durch einen Behandlungsfehler des Geburtshelfers einen massiven Hirnschaden mit weitgehendem Verlust der Wahrnehmungs- und Empfindungsfähigkeit erlitten hatte; dieser Rechtsprechung folgend u.a. OLG Düsseldorf MDR 1998, 470, 471 für den Fall eines fünfeinhalbjährigen Kindes, das - nachdem ihm aufgrund eines ärztlichen Verwechslungsversehens ein tödlich wirkendes Mittel injiziert worden war - in ein Koma verfiel und einen Monat später verstorben ist; OLG Köln VersR 2000, 974, 975 f zu dem Fall eines durch Behandlungsfehler bedingten Entblutungsschocks mit konsekutivem Todeseintritt nach fünftägigem Koma. Regelmäßig ist das Schmerzensgeld als **Kapitalbetrag** zu erkennen; bei sich immer wieder erneuernden, in Zukunft fortwirkenden Lebensbeeinträchtigungen kann anstelle eines Kapitals oder neben einem Kapitalbetrag eine **Schmerzensgeldrente** zugesprochen werden (statt anderer OLG Frankfurt JZ 1978, 526); ohne einen entsprechenden Parteiantrag (§§ 308 Abs. 1, 536 ZPO) darf der Tatrichter eine Aufteilung des Schmerzensgeldes in einen Kapitalbetrag und in eine Rente aber nicht vornehmen: die Zuerkennung einer Schmerzensgeldrente setzt stets einen dahingehenden **Antrag** voraus (vgl. BGH VersR 1998, 1565, 1566; OLG Schleswig VersR 1992, 462, 463). Im Arzthaftungsrecht sind die Instanzrichter gehalten, ihr besonderes Augenmerk auch darauf zu lenken, dass die Höhe der zugesprochenen Schmerzensgelder nicht außer Kontrolle gerät, damit die Entschädigung für immaterielle Nachteile noch mit zumutbarem Aufwand versicherbar bleibt (s. Scheffen NZV 1994, 417, 420 und Bergmann, S. 241 ff; nach den Angaben eines namhaften Arzthaftpflichtversicherers haben sich die durchschnittlichen Schadensaufwendungen etwa im Bereiche der Gynäkologie zwischen 1981 und 1997 verzehnfacht, vgl. die Meldung in der SZ vom 17.08.1998; s. auch Bender NJW 1999, 2706). In ausnahmsweiser Abweichung von der Bestimmung des § 253 Abs. 2 Nr. 2 ZPO kann der **Klageantrag** auf Schmerzensgeld als unbezifferter Leistungsantrag gestellt werden (wodurch die Bemessung der Leistung dem Ermessen des Gerichtes überlassen bleiben soll); der Kläger muss aber (anders Gerlach VersR 2000, 525, 527: die Zulässigkeit der unbezifferten Schmerzensgeldklage hängt nicht von der Angabe eines Mindestbetrages oder einer Größenordnung ab) entweder verbindlich einen **Mindestbetrag** oder den **Größenbereich** der von ihm begehrten Geldentschädigung angeben (das ist jedenfalls von Bedeutung für die Festsetzung des Streitwertes und für die Frage nach einer Beschwer als Voraussetzung für ein etwaiges Rechtsmittel gegen die Entscheidung des Instanzgerichtes) sowie ferner die tatsächlichen **Grundlagen** für die Anwendung des richterlichen Ermessens dartun (vgl. etwa BGH VersR 1977, 761; BGH VersR 1979, 472; OLG Oldenburg VersR 1986, 926; A. Blomeyer, § 43 II. 2. b;

Jauernig/Teichmann, § 847 Rn. 7). Die Angabe eines Mindestbetrages oder einer Größenvorstellung bildet für das gerichtliche Festsetzungsermessen im Hinblick auf die Bestimmung des § 308 ZPO jedoch **keine** Grenze, so dass auch die Zuerkennung eines den Mindestbetrag oder die Größenvorstellung **über**steigenden Betrages von dem Antrage des Klägers gedeckt ist; nur wenn der Kläger eine **Ober**grenze seines Begehrens nennt, ist das Ermessen des Gerichtes hierdurch insoweit limitiert (BGH MDR 1996, 886, 887 m. Anm. Jaeger 888). Will sich der Kläger die Möglichkeit eines **Rechtsmittels** offen halten, so muss er denjenigen Betrag nennen, den er auf jeden Fall zugesprochen haben will und bei dessen Unterschreitung er sich als nicht befriedigt ansehen würde (BGH MDR 1999, 545).

IV. Amtshaftung

1. Ausübung öffentlicher Gewalt

Grundsätzlich und regelmäßig stellt ärztliche Behandlung **nicht** die Ausübung eines öffentlichen Amtes dar; ungeachtet dessen, dass der Arzt Beamter oder sonstiger Amtsträger sein mag (BGHZ 63, 265, 270; BGH NJW 1980, 1901, 1902). In den Fällen der sog. **Amtshaftung** haftet der öffentlich-rechtliche Anstellungs**träger** für Amtspflichtverletzungen seiner Amtswalter aber ausschließlich und unmittelbar (s. Art. 34 GG, 839 BGB; vgl. dazu Geiß/Greiner, A-Rn. 85).

a) Öffentliches Amt

Für die Frage der Ausübung eines **anvertrauten** öffentlichen Amtes (Art. 34 GG) kommt es immer auf ein Handeln aufgrund und im Rahmen einer zur selbständigen Wahrnehmung **verliehenen hoheitlichen** Kompetenz an (Model/Müller, Art. 34 Rn. 12 mN). Das ist bei einem gerichtlich bestellten **Gutachter nicht** der Fall; da er als Sachverständiger nicht die hoheitliche Aufgabe des Gerichtes übernimmt, haftet der mit der Erstellung eines Gutachtens über den Gesundheitszustand einer Prozesspartei beauftragte Krankenhaus-Chefarzt nur nach den allgemeinen Vorschriften der unerlaubten Handlung (§§ 823 ff - aber ohne die Bestimmung des § 839 - BGB), wenn er bei der vorbereitenden Untersuchung einen ärztlichen Kunstfehler begeht (BGH NJW 1973, 554, 555). Der niedergelassene Arzt, der dem Polizeiträger vereinbarungsgemäß zu bestimmten Zeiten (bspw. für die Entnahme von Blutproben bei Beschuldigten) zur Verfügung steht und für jeden Einzelfall nach der ärztlichen Gebührenordnung liquidiert, wird regelmäßig aufgrund eines **privatrechtlichen** Dienstvertrages tätig (BGH MedR 1991, 257, 258; Rieger Rn. 456). Auch die Heilbehandlung in einem **Krankenhaus** geschieht regelmäßig **nicht** in Ausübung eines öffentlichen Amtes (Laufs, Rn. 583).

b) Hoheitliche Tätigkeit

aa) Ambulanter Bereich

Hoheitlicher Rechtsnatur ist die gesamte Tätigkeit des **Amtsarztes** sowie der sonstigen Amtswalter des öffentlichen Gesundheitsdienstes (BGHZ 59, 310, 313; RGRK/Kreft, § 839 Rn. 87; Ossenbühl, S. 15).

Die Heilbehandlung des Bundeswehrsoldaten durch den **Truppenarzt** ist Ausübung einer hoheitlichen Tätigkeit (BGHZ 108, 230, 234; HandbuchArztR/Uhlenbruck, § 40 Rn. 34; Rieger Rn. 1782); überweist der Truppenarzt den Bundeswehrangehörigen zur Mitbehandlung und mit der Bitte um Befundbericht und Stellungnahme zur Weiterbehandlung an einen niedergelassenen Facharzt, so ist der Zivilarzt in das truppenärztliche Behandlungsverhältnis mit **einbezogen, wenn** eine Weiterüberweisung nur mit vorheriger Zustimmung des Bundeswehrarztes erfolgen sollte und diesem die Verordnung von Arznei-, Verband- und Heilmitteln vorbehalten blieb (OLG Brandenburg, zit. nach der Mitteilung b. Rehborn MDR 2000, 1101, 1102).

Hoheitlich werden auch die **Vertrauensärzte** der Sozialversicherungsträger tätig (BGH MDR 1978, 736; MünchKomm/Papier, § 839 Rn. 163).

Die Tätigkeit des durch den **Vertragsarzt** einer Justizvollzugsanstalt von Amts wegen zur Untersuchung eines Untersuchungshäftlings hinzugezogenen Facharztes ist Bestandteil der staatlichen Gesundheitsfürsorge mit der Folge, dass ärztliches Fehlverhalten dem Bundesland als **Träger** der Vollzugsanstalt anzulasten ist (BGH NJW 1982, 1328, 1329).

Der von der Berufsgenossenschaft (Träger der gesetzlichen Unfallversicherung) zur Entscheidung der Frage, ob wegen eines Arbeitsunfalles oder wegen einer Berufskrankheit eine berufsgenossenschaftliche Heilbehandlung einzuleiten sei, bestellte **Durchgangsarzt** erfüllt insoweit eine der Berufsgenossenschaft obliegende Pflicht; die Entscheidung und die sie vorbereitenden Maßnahmen sind Ausübung eines öffentlichen Amtes: schädigt der Durchgangsarzt den Betroffenen schuldhaft durch einen Fehler bei dieser Entscheidung oder bei der sie vorbereitenden Untersuchung, so hat dafür die **Berufsgenossenschaft** nach Art. 34 GG, § 839 BGB einzustehen (BGH NJW 1975, 589, 591; Rieger Rn. 578, 584).

Ist der **Rettungsdienst** aufgrund Landesgesetzes öffentlich-rechtlich organisiert (s. oben **EXKURS** nach **A. I. 7. a, bb**), so ist die Wahrnehmung der rettungsdienstlichen Aufgaben (notfallmedizinische Patientenversorgung durch den Notarzt am Unfall- oder sonstigen Einsatzort mit anschließendem sachgerecht betreuten Transport in das Krankenhaus, Rieger Rn. 1493) im Ganzen wie im Einzelfalle als **hoheitliche** Betätigung (Ausübung eines öffentlichen Amtes im Sinne des Art. 34 GG) zu behandeln (BGH MedR 1991, 257, 258; Ossenbühl, S. 16; Fehn/Lechleuth MedR 2000, 114, 116 ff, 122).

bb) Stationärer Bereich

Hoheitliches Handeln ist die truppenärztliche Versorgung des Soldaten durch das **Bundeswehrkrankenhaus** (BGHZ 108, 230, 232; Schlund/Richter-Handbuch, B. I. Rn. 11 mN); desgleichen ist die Behandlung eines Soldaten, die im **Auftrage** der Bundeswehr durch Ärzte eines Zivilkrankenhauses durchgeführt wird, Ausübung eines öffentlichen Amtes (BGH NJW 1996, 2431, 2432).

Beruht die Aufnahme eines Patienten in der Einrichtung auf öffentlich-rechtlichem **Zwang** (Verwahrung und Behandlung psychisch Kranker nach den Unterbringungsgesetzen der Länder; freiheitsentziehende Maßregeln nach den Bestimmungen der §§ 63, 64 StGB; Heileinweisungen nach dem Geschlechtskrankheitengesetz), so liegt ein öffentlich-rechtliches Betreuungsverhältnis mit der Konsequenz vor, dass im Schadensfalle die Grundsätze der Amtshaftung nach Art. 34 GG, §§ 839 BGB eingreifen (BGHZ 38, 49, 52; BGHZ 59, 310, 313; Ossenbühl, S. 39; Volckart, Maßregelvollzug, 4. Aufl., S. 150; Zimmermann, UnterbrG, Art. 13 Rn. 1). Die Schadensersatzpflicht beurteilt sich dagegen nach § 832 BGB, wenn der Patient nicht in einer geschlossenen Anstalt oder Abteilung untergebracht und das Verhältnis zu ihm auf **Heilbehandlung** ausgerichtet ist, selbst wenn die erfolgte Einweisung in das Krankenhaus auf Vorgängen des öffentlichen Rechtes beruht (BGH NJW 1985, 677, 678; OLG Koblenz MedR 2000, 136, 137; LG Bremen NJW-RR 1999, 969).

Dem Anstaltsträger obliegt es nicht nur, die dem Aufenthalt zugrunde liegende Krankheit des geistig/seelisch gestörten Patienten kunstgerecht zu behandeln; er hat vielmehr durch entsprechende **Überwachungs-** und **Sicherungs**maßnahmen auch diejenigen Gefahren abzuwehren, die anderen durch den Patienten oder die dem Patienten wegen seiner Erkrankung ihm selbst drohen (OLG Frankfurt VersR 1993, 751; Volckart, aaO).

2. Beamteter Arzt

Die Beamteneigenschaft des Arztes steht seiner persönlichen Haftung aus Vertrag **nicht** entgegen (BGH VersR 1989, 145, 146); unter dem Aspekte der unerlaubten Handlung kommt es für die Haftung darauf an, **ob** die Behandlung zu den Dienstaufgaben des beamteten Arztes zählt oder nicht (§§ 823, 839 BGB; dazu Deutsch Rn. 249).

a) Ambulante Versorgung

Die als Nebentätigkeit (wenn auch innerhalb des Krankenhauses) ausgeübte **ambulante** Behandlung von Privatpatienten gehört **nicht** zu dem mit seinem Hauptamt verbundenen Dienstpflichtenkreis des beamteten Ambulanzchefarztes, so dass eine Haftung aus § 839 BGB mitsamt dem hieran geknüpften Verweisungsprivileg **ausscheidet; das Gleiche gilt insoweit auch für den als Vertreter des Chefarztes eingesetzten Oberarzt (vgl. BGH MDR 1993, 426; E.-M. Schmid, S. 101; Schlund/Richter-Handbuch, B. I. Rn. 11; s. auch oben **A. II. 4. d)**.

Die von dem beamteten Leitenden Arzt zur Mitwirkung bei der ambulanten Behandlung herangezogenen **nachgeordneten** Ärzte werden dagegen nur im Rahmen ihrer Dienstaufgaben in Anspruch genommen; **sie** können sich gegenüber Forderungen aus Delikt gegebenenfalls auf das Verweisungsprivileg gemäß § 839 Abs. 1 S. 2 BGB berufen (BGH aaO).

Ist ausnahmsweise eine ärztlich geleitete **Einrichtung** des Krankenhauses zur ambulanten ärztlichen Versorgung der sozialversicherten Patienten ermächtigt (möglich nur bei poliklinischen Einrichtungen der Hochschulen, psychiatrischen Institutsambulanzen und sozialpädiatrischen Einrichtungen mit ärztlicher Leitung), so gehören die in einer solchen **Institutsambulanz** (vgl. oben **A. II. 4. d, aa (2)**) erbrachten Leistungen des beamteten Arztes zu seinen Amtspflichten mit der Folge der Anwendung des § 839 BGB (auch hierzu BGH aaO).

b) Stationäre Behandlung

Die im Zusammenhange mit Schäden aus **stationärer** Behandlung begründete deliktische **Eigen**haftung des beamteten Arztes (z.B. als in einer Universitätsklinik tätiger Landesbeamter) ist nach der Sonderbestimmung des **§ 839 BGB** zu beurteilen: der beamtete Arzt (gegebenenfalls der liquidationsberechtigte Chefarzt oder Abteilungsdirektor) haftet grundsätzlich nur **subsidiär**: er kann den Geschädigten nach § 839 Abs. 1 S. 2 BGB auf die Ansprüche gegen den Krankenhausträger (§§ 31, 89, 831 BGB) **verweisen** (für die Haftung aus Behandlungsvertrag gilt dieses Privileg freilich nicht, BGH MDR 1988, 949; Bergmann, S. 55).

Hinsichtlich des **Eigenliquidations**rechtes kommt es hierbei **nicht** darauf an, auf welcher Krankenhausvertragsgestaltung im Verhältnis zu dem Patienten dieses Recht beruht und ob die Behandlung dienstrechtlich als Nebentätigkeit im öffentlichen Dienst oder als Tätigkeit außerhalb desselben ausgestaltet ist (BGHZ 85, 393, 395, 397, 399: Narkosezwischenfall mit schwerer Hirnschädigung des Operierten - Ersatzanspruch gegen den Krankenhausträger wegen Unterversorgung des Krankenhauses mit Fachanästhesisten; BGHZ 89, 263, 274; BGH MDR 1987, 44: auch als Selbstliquidierender wird der Arzt aus einer beamtenrechtlichen Dienststellung heraus tätig; vgl. ferner Palandt/Thomas, § 839 Rn. 90 mN: das gilt selbst im Rahmen einer Wahlleistungsvereinbarung - s. dazu oben **A. II. 4. c** - gem. § 7 BPflV).

3. „Dritter"

„Dritter" im Sinne des § 839 Abs. 1 S. 1 BGB ist ein Geschädigter nur dann, wenn die in Frage stehende Amtspflicht (ausschließlich oder wenigstens auch) den Zweck verfolgt, gerade die **Interessen** dieses Geschädigten wahrzunehmen (so dass sozusagen eine „besondere Beziehung" zwischen der verletzten Amtspflicht und dem Geschädigten besteht); es kommt mithin stets auf den **Schutzzweck** der jeweiligen Amtspflicht an (vgl. BGHZ 110, 1, 9 mN).

Unerheblich ist es dagegen, ob die Ausübung der Amtspflicht als solche im Einzelfall mittelbar in die Interessen Dritter eingreift, indem sie sich für diese mehr oder weniger nachteilig auswirkt (Palandt/Thomas, § 839 Rn. 47 mN).

Vor der Durchführung einer **Schutzimpfung** bspw. obliegt es dem Amtsarzt im Interesse des Betroffenen, das Vorliegen der entsprechenden Impfindikation bei dem Impfling zu überprüfen (BGH NJW 1990, 2311, 2312 zu einem Fall der Keuchhustenimpfung); bei der Durchführung einer Schutzimpfung gegen Kinderlähmung unter Verwendung von Lebendviren trifft den Amtsarzt im Interesse des gefährdeten Personenkreises ferner die Amtspflicht, den Geimpften bzw. die für ihn Sorgeberechtigten auf das (zufolge der wochenlangen Virenausscheidung) erhöhte Ansteckungsrisiko für Kontaktpersonen hinzuweisen und über die zur Vermeidung einer Ansteckung gebotenen Schutzmaßnahmen zu belehren (BGH MDR 1995, 585, 587; s. oben **A. I. 8. b, dd (4)**).

V. Organhaftung

Als pflichtwidrig deliktisch handelnde „**Haftungsvertreter**" im Sinne der §§ 31, 89 BGB (dazu oben **A. II. 5. b, cc)**) kommen in den ihnen jeweils zugewiesenen **Funktionsbereichen** der mit umfassenden Befugnissen ausgestattete alleinige **Chefarzt** des Krankenhauses (BGH NJW 1972, 37, 38) sowie die **Leitenden Ärzte** (bei deren Abwesenheit die zuständigen Vertreter) in Betracht, die eine Fachabteilung des Krankenhauses in voller Eigenverantwortung führen (BGH VersR 1987, 1040, 1041; OLG München NJW 1977, 2123; Uhlenbruck NJW 1964, 2187, 2189; Daniels NJW 1972, 305, 308; Musielak JuS 1977, 87, 90; Giesen Jura 1981, 10, 13; **anders** KG MDR 1978, 929 für die Städtischen Krankenanstalten in Berlin: verfassungsmäßig berufene Vertreter sind nur die Ärztlichen Direktoren).

Neben dem Krankenhausträger haftet in solchen Fällen regelmäßig auch der Handelnde **persönlich** aus Delikt - und zwar gesamtschuldnerisch im Sinne des § 840 BGB mit diesem (StudK-BGB/Hadding, § 31 Anm. 3; Luig, S. 257; s. ferner OLG Köln VersR 1987, 188).

Im Rahmen des **aufgespaltenen** Arzt-Krankenhaus-Vertrages (s. oben **A. II. 4. c)**) handelt der selbstliquidierende Chefarzt grundsätzlich **nicht** als Organ des Krankenhausträgers (BGH NJW 1975, 1463, 1465; OLG Koblenz MedR 1990, 155, 156 für den Belegarzt, der sich in seinem Briefkopf als „Leitender Arzt/Chefarzt der Abteilung Mund-, Kiefer- und Gesichtschirurgie" bezeichnet hatte).

VI. Geschäftsherrnhaftung

Die deliktische Haftung des **Geschäftsherrn** für objektive und rechtswidrige Schadenszufügungen durch den/die Verrichtungsgehilfen (§ 831 Abs.1 S. 1 BGB) stellt eine Haftung für **eigenes** Verschulden dar.

Als **Verrichtungsgehilfen** in diesem Sinne fungieren die unter der Fremdverantwortung eines anderen **anlässlich** der Behandlung des Patienten tätig werdenden Ober-, Stations- und Assistenzärzte sowie die zum medizinischen oder technischen Hilfspersonal zählenden Bediensteten des Krankenhauses (Rehborn, S. 149 f; Musielak JuS 1977, 87, 90; Giesen Jura 1981, 10, 13; vgl. auch OLG Köln VersR 1987, 188). Der selbständige niedergelassene Arzt, der für ein Krankenhaus als **Konsiliar**arzt tätig wird, ist **nicht** Verrichtungsgehilfe des Krankenhausträgers (OLG Stuttgart VersR 1992, 55, 57; Giesen Rn. 15 Fn. 58).

Geschäftsherr ist derjenige, **dessen** Behandlungsaufgabe der Gehilfe wahrnimmt (s. Schlund/Richterhandbuch, B I. Rn. 8).

Wer als **Arzt** von einem anderen Arzt für die Dauer einer zeitweiligen Abwesenheit damit **beauftragt** ist, die Praxis zu verwalten, ist bei der Ausübung dieser Tätigkeit regelmäßig - auch (vgl. oben **A. I. 7. a, aa)**) - dessen **Verrichtungsgehilfe**; daran ändert es nichts, dass der Vertreter im Einzelfalle die Behandlung des Patienten nach eigener Entschließung und aus eigener ärztlicher Erkenntnis vornimmt (BGH NJW 1956, 1834, 1835).

Die deliktische Haftung des **nicht**ausführenden Arztgesellschafters einer **Gemeinschaftspraxis** (dazu oben **A. I. 7. d)**) gemäß § 831 BGB kommt **nur** in Betracht, wenn dieser allgemein sowie im konkreten Falle gegenüber dem als Verrichtungsgehilfen bestellten und tätig gewordenen Mitgesellschafter **weisungsbefugt** war und durch die Ausübung des Weisungsrechtes den eingetretenen Schaden hätte **abwenden** können (vgl. OLG Köln VersR 1991, 101, 102).

Im Hinblick auf die **Entlastungsmöglichkeit** nach § 831 Abs. 1 S. 2 BGB sind **strenge** Anforderungen an die Erfüllung der Organisations- und Überwachungspflichten des Krankenhausträgers zu stellen (MünchKomm/Mertens, § 823 Rn. 464; Deutsch VersR 1977, 101, 103: wo vertragliche und deliktische Haftung zusammenfallen, sollte die Entlastung auf seltene und besonders begründete Ausnahmefälle beschränkt sein).

Das Gelingen des **Entlastungsbeweises** ist davon abhängig, dass der Gehilfe nicht nur sorgfältig ausgewählt, sondern vor allem auch zutreffend **angeleitet** und aktuell oder wenigstens stichprobenartig **überwacht** worden ist (Franzki, S. 46): je nach Art, Schwierigkeitsgrad und Gefährlichkeit der konkreten Subfunktion unterliegen die Hilfskräfte in der Gesundheitspflege einer mehr oder weniger intensiven Anleitung und Beaufsichtigung durch den Arzt (BVerwG NJW 1970, 1987, 1988).

Von **seiner** Geschäftsherrnhaftung kann sich der **Krankenhausträger** etwa dann entlasten, wenn er nachweisl, dass bcpw. - der Mangel an entsprechenden Organisationsmaßnahmen auf den Einsatz des fehlerhaft operierenden Arztes keine Auswirkungen gehabt habe (BGH NJW 1986, 776, 777).

EXKURS
Haftung für den Verrichtungsgehilfen

Die Bestimmung des § 831 Abs. 1 S. 1 BGB stellt eine gegen den Geschäftsherrn gerichtete selbständige **Anspruchsgrundlage** zur Verfügung. Es handelt sich um einen Fall mittelbarer **Verschuldenshaftung**, und zwar bezogen auf einen vor dem konkreten Schadensereignis liegenden Umstand (H. Westermann JuS 1961, 333, 342). Der Geschäftsherr haftet aufgrund **eigenen** Verschuldens bei der Auswahl, der Anweisung oder der Aufsicht der Hilfsperson oder bei der Beschaffung der erforderlichen Vorrichtungen und Gerätschaften. Das Verschulden des Geschäftsherrn wird insoweit **vermutet**: die Vermutung bezieht sich sowohl darauf, dass ein Verschulden vorliegt, als auch darauf, dass das Verschulden für den Schaden ursächlich geworden ist. Bezüglich beider Umstände steht dem Geschäftsherrn der **Entlastungsbeweis** offen (§ 831 Abs. 1 S. 2 BGB; vgl. hierzu Enneccerus/Lehmann, S. 948). Zu einer Verrichtung bestellt ist, wem von einem anderen, von dessen Weisung er mehr oder weniger abhängig ist, die Tätigkeit **übertragen** wird. Diese kann tatsächlichen oder rechtlichen Charakter haben, entgeltlich oder unentgeltlich, dauernder oder vorübergehender, niederer oder höherer Art sein; die Bestellung kann sich auf einen ganzen Geschäftskreis oder auf einzelne Tätigkeiten beziehen; bei Geschäften rechtlicher Art kann sie mit einer Vertretungsmacht verbunden sein oder ohne eine solche ergehen (RGZ 92, 345, 346). **Verrichtungsgehilfe** ist daher nur, wer von den Weisungen des Geschäftsherrn abhängig ist: das Weisungsrecht braucht nicht bis ins Einzelne zu gehen; es genügt, dass der Geschäftsherr die Tätigkeit des Handelnden jederzeit beschränken, entziehen oder nach Art und Umfang bestimmen kann; Äquivalent für die Haftung aus § 831 BGB muss es nämlich sein, dass der Geschäftsherr seine Weisungsbefugnisse ausüben oder die Bestellung widerrufen kann, um die Haftung aus dieser Vorschrift von sich abzuwenden (BGHZ 45, 311, 313). Der Gehilfe muss den objektiven Tatbestand einer **unerlaubten Handlung** in rechtswidriger Weise erfüllt haben; dies wiederum muss in Ausführung der Verrichtung, nicht bloß bei Gelegenheit derselben geschehen sein, d.h.: die Handlung oder die Unterlassung muss in den Kreis derjenigen Tätigkeiten fallen, die die Ausführung der Verrichtung darstellen (Enneccerus/Lehmann, S. 949). Die Haftung aus § 831 BGB kann **neben** die über § 278 BGB begründete Vertragshaftung treten (vgl. StudK-BGB/Medicus, § 831 Anm. 6 a). Die Verpflichtung des Gehilfen selber zum Schadensersatze gemäß § 823 BGB wird im Übrigen durch die Bestimmung des § 831 BGB nicht berührt.

VII. „Alternative" Deliktshaftung des Krankenhausträgers

Steht fest, dass **irgendein** Bediensteter des Krankenhauses schadensstiftend schuldhaft fehlsam gehandelt haben muss, lässt sich jedoch **nicht** herausfinden, wer dies konkret gewesen ist, so haftet der **Krankenhausträger** dem Patienten deliktisch „alternativ": **entweder** aus § 831 Abs. 1 S. 1 BGB (mit der Möglichkeit der Entlastung gemäß § 831 Abs. 1 S. 2 BGB für sämtliche als Verrichtungsgehilfen in Betracht kommenden Bediensteten mit der Folge des Wegfalles der Haftung bei einem Gelingen dieser Exkulpation) **oder** aus §§ 31, 89, 823 BGB; erforderlich ist solchenfalls stets, dass **definitiv** die Voraussetzungen **entweder** der einen **oder** der anderen der beiden Anspruchsgrundlagen gegeben sind (vgl. Macke DRiZ 1991, 134, 135 unter Hinweis auf BGHZ 77, 74, 75).

Entweder nach § 823 BGB in Verbindung mit den Bestimmungen der §§ 31, 89 BGB **oder** gemäß § 831 BGB kann der Krankenhausträger Schadensersatz schulden, wenn seine Ärzte dem Patienten eine hauseigene gewonnene HIV-versuchte Blutkonserve transfundiert haben. Die deliktische Verantwortlichkeit des Krankenhausträgers ergibt sich aus einer Verletzung der allgemeinen Verkehrssicherungspflicht: diese gebietet es, bei der Gewinnung von Blutkonserven mit höchstmöglicher, äußerster Sorgfalt vorzugehen, damit die von unerkannt HIV-kontaminierten Blutkonserven ausgehenden existenzbedrohenden Gefahren für den Empfänger und seine Kontaktpartner auf ein allenfalls unvermeidbares Restrisiko beschränkt bleiben (was insbesondere bedeutet, dass Angehörige von Risikogruppen als Blutspender ausgeschlossen sein müssen; s. hierzu BGH VersR 1991, 816, 818, 819; ferner OLG Hamburg NJW 1990, 2322, wo der Senat die Verantwortlichkeit des Krankenhausträgers für das selbstgewonnene Produkt „Blut" nach den Grundsätzen der deliktischen Produkthaftung begründet). Die Untersuchung der Blutkonserven auf Krankheitserreger obliegt im Übrigen den Blutspendediensten und/oder den Blutbanken, in denen das Blut unter Beteiligung von darauf besonders spezialisierten Ärzten gewonnen und für den Einsatz in den Krankenhäusern zur Verfügung gehalten wird; die Krankenhausärzte dürfen sich regelmäßig darauf verlassen, dass die Blutspendedienste und Blutbanken in diesem ihrem Fachbereich lege artis gearbeitet und die an die Klinik ausgelieferten Konserven gehörig untersucht haben (KG VersR 1995, 300, 301).

Nach seiner Trennung vom Körper ist das menschliche Blut ein **Produkt** im Sinne des § 2 PHG; die verschuldensunabhängige **Produzentenhaftung** nach PHG trifft aber nicht den Blutspender (s. § 1 Absatz 2 Nr. 3 PHG), sondern den Hersteller von Blutkonserven oder von Blutplasma (MünchKomm/Cahn, § 2 PHG Rn. 12).

Ansprüche gegen Ärzte oder sonstige Personen, die die erforderliche Sorgfalt bei der Verwendung von Blutprodukten mit der Folge außer Acht gelassen haben, dass sich der Patient mit dem HIV-Virus infiziert hat, sind **nicht** durch die Vorschrift des § 20 HIVG ausgeschlossen (vgl. Deutsch NJW 1996, 755, 757).

EXKURS
Gesamthaftung der Alternativtäter

Haftungsgrund und Haftungsmaß desjenigen, der **neben** anderen Personen auch durch sein Verhalten fremde Rechtsgüter schuldhaft gefährdet hat, sind in **§ 830 Abs. 1 S. 2 BGB** geregelt (Esser, § 112 I 1. b). Die Vorschrift ist eine haftungsbegründende Norm für Fälle der sog. **alternativen Kausalität** (Henrich JA 1975, 70); sie stellt die alternativen Schadensverursacher den mittäterschaftlichen gleich (Deckert JuS 1998, L 18). Das tatbestandsmäßige Beteiligungsverhältnis setzt ein je selbständiges, rechtswidriges und schuldhaftes (nicht notwendig auch gleichzeitiges) anspruchsbegründendes Tun oder Unterlassen sämtlicher potentieller Schädiger voraus; abgesehen alleine von dem konkreten Kausalitätsnachweis müsste gegen jeden der Beteiligten ein Schadensersatzanspruch gegeben sein (BGHZ 101, 106, 108, 111; Deutsch, Haftungsrecht, § 21 V.). Die Regelung des § 830 Abs. 1 S. 2 BGB kommt **nicht** zur Anwendung, wenn (auch nur) einer der Beteiligten aus erwiesener Verursachung haftet (OLG Saarbrücken MedR 2000, 326, 328 mN zu einem Fall zeitlich aufeinander folgender zahnmedizinischer Behandlung bzw. Versorgung).

VIII. Anspruchsverjährung

EXKURS
Verjährung

Aus Gründen der Rechtssicherheit und des Rechtsfriedens (vgl. BGHZ 98, 174, 183) ist die **Durchsetzbarkeit** eines **Anspruches** (der Begriff ist in der Vorschrift des § 194 Abs. 1 BGB legaldefiniert) durch das Rechtsinstitut der sog. Verjährung **zeitlich beschränkt**. Die Verjährung hat zwar nicht den Untergang des Anspruches zur Folge; mit dem Ablauf (der Vollendung) der jeweiligen Verjährungsfrist (vgl. dazu die Bestimmungen der §§ 195 ff BGB) erwächst dem Verpflichteten jedoch die Befugnis, die an sich geschuldete Leistung zu verweigern (§ 222 Abs. 1 BGB - Einrede der Verjährung); das Gegenrecht wird nicht von Amts wegen beachtet, der Verpflichtete muss sich vielmehr darauf berufen. Die Verjährung beginnt grundsätzlich mit der **Entstehung** des Anspruches (§ 198 S. 1 BGB); entstanden ist der Anspruch, sobald er erstmalig geltend gemacht und notfalls im Wege der Klage realisiert werden kann (was seine Fälligkeit - s. § 271 Abs. 1 BGB - voraussetzt; BGH NJW 1974, 697; BGHZ 100, 228, 231). Der Lauf der kurzen Verjährungsfristen nach §§ 196, 197 BGB beginnt erst mit dem Ablauf desjenigen Jahres, in welchem die in diesen Vorschriften bezeichneten Ansprüche fällig geworden sind (§ 201

Bestimmungen der §§ 195 ff BGB) erwächst dem Verpflichteten jedoch die Befugnis, die an sich geschuldete Leistung zu verweigern (§ 222 Abs. 1 BGB - Einrede der Verjährung); das Gegenrecht wird nicht von Amts wegen beachtet, der Verpflichtete muss sich vielmehr darauf berufen. Die Verjährung beginnt grundsätzlich mit der **Entstehung** des Anspruches (§ 198 S. 1 BGB); entstanden ist der Anspruch, sobald er erstmalig geltend gemacht und notfalls im Wege der Klage realisiert werden kann (was seine Fälligkeit - s. § 271 Abs. 1 BGB - voraussetzt; BGH NJW 1974, 697; BGHZ 100, 228, 231). Der Lauf der kurzen Verjährungsfristen nach §§ 196, 197 BGB beginnt erst mit dem Ablauf desjenigen Jahres, in welchem die in diesen Vorschriften bezeichneten Ansprüche fällig geworden sind (§ 201 BGB). Die Verjährung wird bei Vorliegen bestimmter Umstände bzw. bei Eintritt bestimmter Tatbestände gehemmt bzw. unterbrochen (zu den Einzelheiten s. die Regelungen der §§ 202 ff bzw. der §§ 208 ff BGB). Der Diskussionsentwurf eines Schuldrechtsmodernisierungsgesetzes sieht für alle vertraglichen und gesetzlichen Ansprüche eine mit der Fälligkeit bzw. mit der Pflichtverletzung (s. oben **A. I. 8.** EXKURS Positive Vertragsverletzung) beginnende dreijährige Regelverjährung vor (§§ 195 S. 1, 198 Abs. 1 und 3); im Deliktsrecht hält der Entwurf an der mit der Kenntnis von Schaden und Schädiger beginnenden Verjährungsfrist von drei Jahren fest; der deliktische Anspruch soll aber spätestens zehn Jahre nach seiner Entstehung absolut verjähren (§ 200 Abs. 1 Diskussionsentwurf). Neugefasst werden sollen auch die Bestimmungen über die Hemmung und die Unterbrechung der Verjährung, wobei einige bisherige Unterbrechungstatbestände nur noch eine Hemmung der Verjährung bewirken sollen (§§ 200 Abs. 1, 210 **Diskussionsentwurf**).

1. Gesetzliche Regelung

Gemäß § 852 Abs. 1 BGB **beginnt** die **dreijährige** Verjährungsfrist (abweichend von § 198 BGB) mit dem Tage der **Kenntnis** (§§ 187 Abs. 1, 188 Abs. 2 BGB) des Geschädigten von Schaden und Person des Ersatzpflichtigen; Kenntnis von der Person des Ersatzpflichtigen hat der Geschädigte erst dann, wenn er dessen Namen und Anschrift kennt (BGH NJW 1998, 988, 989 mN); ist der Geschädigte geschäftsunfähig oder nur beschränkt geschäftsfähig, so kommt es entscheidend auf die **Kenntnis** des gesetzlichen Vertreters an (BGH VersR 1989, 914 mN).

Bei **Amtshaftungsansprüchen** aus § 839 BGB (s. oben **IV.**) kann die Verjährung **erst** beginnen, wenn der Geschädigte weiß, dass das in Rede stehende Amtshandeln rechtswidrig und schuldhaft war und deshalb eine zum Schadensersatz verpflichtende Amtspflichtverletzung darstellte (BGH MDR 1998, 777).

2. Kenntnisvoraussetzungen im Arzthaftungsrechtsstreit

Für den **Arzthaftungsprozess** bedeutet das Folgendes:

Der Patient muss - neben der eigenen Schadensbetroffenheit (BGH NJW 1996, 117, 118) - auch so viel an relevanten **Behandlungs**tatsachen und -vorgängen **positiv** wissen, dass der negative Ausgang einer ärztlichen Behandlung auf ein schadenskausales ärztliches Fehlverhalten hinweist und dieses als naheliegend erscheinen lässt (wozu bspw. die Kenntnis der wesentlichen Umstände des Behandlungsverlaufes, des Abweichens des ärztlichen Vorgehens vom Behandlungsstandard, des Eintrittes etwaiger Komplikationen und der zu ihrer Beherrschung ergriffenen Maßnahmen nötig ist; s. dazu BGH JR 1984, 195, 196 m. Anm. Schlund, S. 197 f; OLG München b. Schulte MedR 1993, 100; OLG Frankfurt NJW-RR 1996, 21, 22); **bevor nicht** der Patient als medizinischer Laie die Kenntnis von Tatsachen erlangt hat, aus welchen sich ergibt, dass der Arzt von dem

Die maßgebliche Kenntnis wird der Patient häufig **erst** durch ein fundiertes wissenschaftliches Gutachten der Gutachter- oder Schlichtungsstelle (s. unten **4.**) erlangen (Pelz DRiZ 1998, 473, 481).

Bei der Haftung des Arztes wegen Verletzung der **Aufklärungspflicht** setzt der Beginn der Verjährung voraus, dass der Patient diejenigen **Tatsachen** (etwa die dem vorgenommenen medizinischen Eingriff eigentümlichen Risiken) kennt, aus denen rechtlich die Notwendigkeit einer - weiteren - Aufklärung folgte (BGH MDR 1990, 810; OLG Köln VersR 1988, 744, 745; Palandt/Thomas, § 852 Rn. 10); dazu gehört wiederum das **Wissen**, dass die gegebenenfalls eingetretene Komplikation ein dem Eingriff eigentümliches Risiko und nicht lediglich ein unvorhersehbarer - unglücklicher - Zufall gewesen ist (OLG Oldenburg MDR 1998, 656 mN); ist die Risikoaufklärung überhaupt **versäumt** worden, so beginnt die Verjährungsfrist **nicht erst** mit der Widerlegung des zunächst vermuteten Behandlungsfehlers, sofern ein eingriffsursächlicher Gesundheitsschaden feststeht und dem Patienten darüber hinaus bewusst ist, dass präoperativ nicht über die aufgetretene Komplikation gesprochen worden war (OLG Düsseldorf NJW-RR 1999, 823, 824). **Weiß** der Patient um die objektiven Umstände eines Aufklärungsdefizites, so hindert es seine Kenntnis im Sinne des § 852 Abs. 1 BGB nicht, wenn er die Aufklärungspflichtverletzung als solche nicht als Haftungstatbestand angesehen hatte (Kern/Laufs, S. 169).

Die Kenntnis vom Eintritt des **Schadens** liegt solange nicht vor, als dem Patienten von dem behandelnden Arzt die Auffassung vermittelt wird, die aufgetretenen Beschwerden und Behinderungen würden sich noch legen (OLG Bremen VersR 1990, 385).

Die objektiv **erkennbaren** oder aus fachmedizinischer Sicht auch nur als **möglich** vorhersehbaren Folge- und Spätschäden gelten (der Schaden im Sinne von § 852 Abs. 1 BGB versteht sich als **Gesamtschadenseinheit**, OLG Hamm MDR 1999, 38 mN) dem Verletzten als mit dem Zeitpunkt der allgemeinen Kenntniserlangung von dem Schadenseintritt bekannt (die Ungewissheit über Schadensumfang und –höhe schließt den Beginn der Verjährung nicht aus); lediglich **solche** Schadensfolgen, die auch für medizinische Fachkreise **nicht** voraussehbar waren und sich später dennoch unerwartet einstellen, setzen eine eigene Verjährungsfrist in Gang: und zwar ab demjenigen Zeitpunkt, in dem der Geschädigte **selbst** positive Kenntnis von der Möglichkeit des konkreten Schadenseintrittes und des ursächlichen Zusammenhanges mit der Ausgangsschädigung erlangt (BGH VersR 1968, 1163, 1164; BGH NJW 1995, 1614; BGH MDR 1997, 837; Nüßgens Rn. 283); bei mehreren, zeitlich auseinander fallenden Spätfolgen gilt dies auch hinsichtlich der zuletzt eingetretenen, und zwar selbst dann, wenn diese Folgen aufgrund vorausgegangener Schäden für Fachkreise voraussehbar gewesen wären (denn eine „sekundäre Schadenseinheit" gibt es nicht, BGH MDR 2000, 270, 271).

Je nach dem bei dem Patienten vorliegenden Kenntnisstand kann die Verjährung **unterschiedlich** zu laufen beginnen, wenn der Anspruch einerseits auf Behandlungsfehler, andererseits aber auch auf die Verletzung der Aufklärungspflicht gestützt wird (BGH NJW 1976, 363, 365; Franzki, S. 3).

Fahrlässig verschuldete Unkenntnis steht positiver Kenntnis **nicht** etwa gleich (s. BGH NJW 1994, 3092, 3093). Anders liegt die Sache, wenn der Patient sich **missbräuchlich** einer sich aufdrängenden Kenntnis verschließt: dieser Fall ist gegeben, wenn der Geschädigte es verabsäumt, ohne weiteres auf der Hand liegende Erkenntnismöglichkeiten, deren Erlangung weder besondere Kosten noch nennenswerte Mühen verursacht, tatsächlich zu benützen (BGH NJW 1989, 2323, 2324 mN). Eine Informationspflicht trifft den Geschädigten im Rahmen des § 852 BGB jedoch im Allgemeinen **nicht**: von dem Patienten kann grundsätzlich nicht erwartet werden, dass er - bspw. - Krankenhausunterlagen auf ärztliche Behandlungsfehler hin überprüfe (BGH NJW 1995, 776, 778; Rehborn, S. 227).

Verfügt der Patient über das dargestellte **Faktenwissen**, dann ist ihm bei verständiger Würdigung der Umstände die Erhebung einer Schadensersatzklage (und sei es vorerst auch nur in Gestalt des Feststellungsbegehrens gemäß § 256 ZPO, s. OLG Frankfurt NJW-RR 1996, 21) zuzumuten (gänzlich ohne jedes Erfolgsrisiko braucht die Klage nicht zu sein, vgl. dazu BGH LM Nrn. 9, 11 und 13 zu § 852 BGB). Nicht selten muss im Zeitpunkt der Erhebung der Schadensersatzklage mit der Möglichkeit einer zukünftigen, weiteren Schadensentstehung gerechnet werden: in solchen Fällen ist es veranlasst, hinsichtlich des etwaigen zukünftigen Schadens zusätzlich die gerichtliche **Feststellung** zu beantragen, dass der Beklagte auch zum Ersatze dieser Schadensweiterungen verpflichtet sei (Geigel/Schlegelmilch, Kap. 11 Rn. 76). An die Darlegung der Wahrscheinlichkeit, dass spätere Schadensfolgen eintreten können, sind keine besonders strengen Anforderungen zu stellen: es genügt regelmäßig, dass der Kläger die aus seiner Sicht bei verständiger Würdigung nicht eben ferneliegende Möglichkeit einer künftigen Verwirklichung der Schadensersatzpflicht durch das Auftreten weiterer Folgeschäden aufzeigt (BGH VersR 1971, 779, 780 mN).

3. Verjährungsunterbrechung

Die **Reichweite** der Verjährungsunterbrechung bestimmt sich grundsätzlich nach der Identität des prozessualen Anspruches (vgl. Henckel JZ 1961, 335 ff).

Die (nicht ausdrücklich auf einen Teil des Anspruches beschränkte) unbezifferte, auf Feststellung des bestehenden Anspruches gerichtete Feststellungsklage unterbricht daher die Verjährung (§§ 209 Abs. 1, 211 BGB) des streitigen Anspruches im **Ganzen** (BGHZ 103, 298, 301; Soergel/Walter, § 209 Rn. 19; Erman/Hefermehl, § 209 Rn. 4); ist die begehrte Feststellung in rechtskräftiger Weise getroffen, so unterliegen die in Zukunft eintretenden Schäden nicht mehr der kurzen Verjährungsfrist des § 852 BGB, sondern der dreißigjährigen nach § 218 Abs. 1 BGB.

Eine Leistungsklage auf Schadensersatz bewirkt hingegen **keine** Unterbrechung der Verjährung eines Anspruches auf Feststellung der Ersatzpflicht von Zukunftsschäden (OLG Oldenburg VersR 2000, 976).

4. Fristhemmung

Für die Dauer von **Verhandlungen** über den Schadensersatzanspruch ist der Lauf der Verjährungsfrist **gehemmt** (§§ 205, 852 Abs. 2 BGB). Der Begriff der „Verhandlung" ist weit auszulegen: es genügt, dass sich der Deliktsschuldner auf Erörterungen über den geltend gemachten Einspruch einlässt (Matthies VersR 1981, 1099). Als Verhandlungen in diesem Sinne sind daher auch die Verfahren vor einer Gutachterstelle/Gutachterkommission bzw. vor einer Schlichtungsstelle zu betrachten, auf welche sich die **Beteiligten** zunächst verständigt haben (BGH MDR 1983, 1013); die Hemmung dauert bis zum Abschluss des Schlichtungsverfahrens durch Bekanntgabe des entsprechenden Bescheides (OLG Zweibrücken MedR 2000, 369 - LS).

Das wegen eines ärztlichen Behandlungsfehlers schwebende Verfahren vor der Gutachterkommission hemmt den Lauf der Verjährungsfrist **auch** hinsichtlich des Haftungsanspruches wegen Verletzung der Aufklärungspflicht (OLG Köln VersR 1988, 744, 745).

Führt ein für **alle** Beteiligten eintrittspflichtiger Haftpflichtversicherer mit einem Patienten Regulierungsverhandlungen, so ist der Lauf der Verjährungsfrist im Allgemeinen sowohl gegenüber dem Krankenhausträger als auch gegenüber dem verantwortlichen Arzt gehemmt (OLG Düsseldorf VersR 2000, 457 - LS).

Für Schadensersatzforderungen gegen Krankenhausträger tritt durch das Gutachter-/Schiedsverfahren eine Hemmung aber dann **nicht** ein, wenn der Träger an dem Verfahren nicht beteiligt ist (Bodenburg/Matthies VersR 1992, 729, 732; Nüßgens Rn. 339).

Solange der Hemmungsgrund besteht, **ruht** die Verjährung (vgl. § 205 BGB): die davor verstrichene Zeit wird auf die Verjährungsfrist angerechnet; mit Beendigung des Hemmungsgrundes läuft die Frist wieder weiter.

EXKURS
Gutachterkommissionen/-stellen-Schlichtungsstellen

Die seit dem Jahre 1975 bei den Landesärztekammern (zu den Anschriften s. Rehborn, S. 206, 207) für Fragen der ärztlichen Haftung eingerichteten Gutachterstellen/-kommissionen bzw. Schlichtungsstellen (Anschriftenverzeichnisse finden sich bei Funke, S. 138, 139 und bei Carstensen, in: Ehlers/Broglie, S. 281, 282) sollen zu einer **außergerichtlichen Erledigung** von Arzthaftungsansprüchen beitragen (Deutsch Rn. 330 ff). Sie haben die satzungsgemäße oder die geschäftsordnungsmäßige Aufgabe, auf **Antrag** des Patienten, des Arztes oder eines Haftpflichtversicherers behauptete ärztliche Behandlungsfehler oder Aufklärungspflichtverletzungen **objektiv** gutachtlich abzuklären und schriftlich zu verbescheiden sowie (im Falle der Schlichtungsstelle) darüber hinaus einen Schlichtungsvorschlag zur Streitbereinigung zu unterbreiten. Durch die Vorhaltung dieser - kostenfreien – Verfahren wird auch im vor- und außergerichtlichen Stadium die „Waffengleichheit" (s. oben **A. III. 1. a, bb)**) zwischen Patient und Arzt gefördert. Die Bescheide und Vorschläge der Gutachterkommission/Schlichtungsstelle sind für die Verfahrensbeteiligten **nicht** bindend: sie enthalten lediglich unverbindliche Feststellungen und/oder Empfehlungen (HandbuchArztR/Ulsenheimer, § 113 Rn. 7). Gutachter- und Schlichtungsstellen sind **keine** Schiedsgerichte im Sinne der §§ 1025 ff ZPO (seit dem 01.01.1998 umgestaltet durch das SchiedsVfG); sie üben **keine** Gerichtsbarkeit aus und haben auch keine Ersatzgerichtsfunktionen (vgl. Giesen Rn. 36; HandbuchArztR/Ulsenheimer aaO). Es steht den Beteiligten vielmehr jeweils **frei**, den ordentlichen Rechtsweg zu beschreiten (Giesen aaO; Rieger Rn. 748 ff, 1575 ff; Matthies NJW 1986, 792; Günter DRiZ 1992, 96, 98 f); der Tatrichter kann eine vorliegende Begutachtung durch die Gutachter- oder Schlichtungsstelle im Wege des **Urkundenbeweises** (die Urkunde, d.h. das Gutachten lässt keinen Beweis über Tatsachen außerhalb seiner selbst zu, Bürger MedR 1999, 100, 101 mN) verwerten (HandbuchArztR/Ulsenheimer aaO; Deutsch Rn. 341): das Gutachten kann sogar das einzige Beweismittel darstellen; sofern es alle im Prozess aufgeworfenen Fragen erschöpfend behandelt, ersetzt es unter Umständen jede weitere Begutachtung (die indessen wiederum notwendig wird, wenn die Begutachtung für das Beweisthema nicht aussagekräftig ist oder wenn durchgreifende Bedenken gegen die Sachkunde der Ärzte der Gutachter- und Schlichtungsstelle – wie etwa die Nichtverfügbarkeit des neuesten Standards der medizinischen Wissenschaft oder fehlende Ausbildung für das zu beurteilende Fachgebiet - vorgebracht werden, was voraussetzt, dass die Gutachter auch namentlich bekannt sind, s. dazu BGH VersR 1987, 1091, 1092; OVG Münster MedR 1998, 575, 577; OLG Oldenburg b. Röver MedR 1998, 417; Schmid NJW 1994, 764, 768). Gelangt der gerichtlich bestellte Sachverständige zu einem von dem Gutachten der Schlichtungsstelle abweichenden, das Gericht überzeugenden Ergebnis, so bedarf es nicht schon deswegen der Einholung eines weiteren Gutachtens (OLG Frankfurt AHRS Kza 7210/19 – LS; s. oben **A. III. 1. a, bb)**). Dem klagenden Patienten darf **Prozesskostenhilfe** (vgl. § 114 ZPO) nicht mit derBegründung versagt werden, er habe die Möglichkeit, das fragliche Behandlungsgeschehen in einem Verfahren vor der Gutachter- oder Schlichtungsstelle überprüfen und begutachten zu lassen, nicht in Anspruch genommen (OLG Düsseldorf NJW 1989, 2855; s. auch Matthies aaO, 793).

IX. Beweislast

Die Frage der Anwendbarkeit der Umkehrregel des § 282 BGB beschränkt sich im Allgemeinen auf die Fälle der Vertragsverletzung (s. oben A. III. 1. a, dd)). Der Rechtsgedanke des § 282 BGB (Vermutung zu Lasten des Arztes bzw. des Krankenhausträgers bei der Feststellung der Schadensursächlichkeit einschließlich des objektiven Verstoßes gegen Verhaltenspflichten) findet aber auch bei der **deliktischen** Haftung Anwendung, **wenn** es sich um Risiken handelt, die von dem Arzt bzw. dem Träger der Krankenanstalt und dem dort tätigen Personal voll beherrscht werden können (das gilt vor allem für die Bereiche Organisation und Koordination des Behandlungsgeschehens sowie für den Zustand der bei der Behandlung benötigten medizinischen Gerätschaften und Materialien, vgl. RGRK/Steffen, § 823 Rn. 533; Müller NJW 1997, 3049, 3050).

Im Übrigen gelten für die Beweislast und deren Verteilung im **deliktischen** Bereich die **gleichen** Grundsätze wie bei der vertraglichen Haftung (s. hierzu HandbuchArztR/Laufs, § 97 Rn. 13; Baumgärtel Rn. 466, 468; Baumgärtel/Handbuch, § 823 Anhang C II Rn. 2; Palandt/Thomas, § 823 Rn. 169; Baumgärtel/Wittmann JA 1979, 113, 114; Reiling MedR 1995, 443): die für Schadensersatzansprüche aus Vertragsverletzungen gültigen Darlegungs- und Beweislastgrundsätze sind unter oben **A. III.** dargestellt.

In der **Verjährungsfrage** trägt die Behandlungsseite die Beweislast für alle Umstände, aus denen der **Beginn** der Verjährungsfrist folgt; für den Eintritt der Verjährungshemmung oder -unterbrechung ist hingegen der Patient beweispflichtig; für das behauptete Ende der eingetretenen Hemmung trägt wiederum der Schädiger die Beweislast (hierzu Frahm/Nixdorf Rn. 221).

X. Selbständiges Beweisverfahren

Das Gesetz stellt die Möglichkeit zur Verfügung, schon **vor** Beginn eines Prozesses (unter anderem) den Sachverständigenbeweis zu erheben; sofern ein entsprechendes rechtliches Interesse anzuerkennen ist, kann die Partei bereits **vor** Anhängigkeit eines Rechtsstreites die schriftliche **Begutachtung** durch einen Sachverständigen beantragen (§ 485 Abs. 2 ZPO - selbständiges Beweisverfahren).

Dieses Verfahren ist **auch** im **Arzthaftungsrecht** zulässig: das erforderliche schutzwürdige Interesse ist regelmäßig anzunehmen, wenn die begehrten gutachterlichen Feststellungen der Vermeidung eines Rechtsstreites dienen können, wobei bereits die Möglichkeit der Streitvermeidung ausreichend ist (vgl. OLG Düsseldorf MedR 1996, 132; OLG Stuttgart MDR 1999, 482; OLG Karlsruhe VersR 1999, 887, 888; OLG Düsseldorf NJW 2000, 3438, 3439; OLG Saarbrücken NJW 2000, 3439-LS): durch die insoweit größtenteils vorweggenommene Beweisaufnahme kann eine außergerichtlich-gütliche Regelung leichter gefunden werden (vgl. Hohmann MedR 1996, 132).

Nach **abweichender** Auffassung ist in Arzthaftungssachen **nur** das Beweisverfahren gemäß § 485 Abs. 1 ZPO zulässig; das Verfahren nach § 485 Abs. 2 ZPO soll regelmäßig deswegen ausscheiden müssen, weil die Verschuldensfrage nicht geklärt und damit auch die Prozessvermeidung nicht gefördert werde (OLG Köln MDR 1998, 224, 225 m. zust. Anm. Rehborn; ders. MDR 1998, 16, 18; Schlund/Richter-Handbuch, B I. Rn. 72).

ANHANG

A. HEILPRAKTIK UND HEILPRAKTIKERHAFTUNG

I. Heilkundeausübung

1. Heilpraktikergesetz

a) Keine allgemeine Kurierfreiheit

Das die allgemeine Kurierfreiheit aufhebende (BayObLG NStZ 1982, 474: im Recht der Heilkundeausübung geht es nicht um die Methodenfreiheit, sondern nur um die Kurierberechtigung; s. ferner Rieger Rn. 1128 und Homburg MDR 1994, 339) **Heilpraktikergesetz** (HPG) vom 17.02.1939 (zuletzt geändert durch Gesetz vom 02.03.1974) und die hierzu ergangene Erste Durchführungsverordnung (1. DVO) vom 18.02.1939 (RGBl. Teil I, S.251, 259; BGBl. 1974 Teil I, S. 550) gelten, soweit sie Zulassung und Berufszulassungsvoraussetzungen regeln, gemäß Artt. 74 Nr. 19, 125 GG als Bundesrecht fort (nichtig ist allerdings das Verbot gemäß § 2 Abs. 1b der 1. DVO, Ausländern eine Heilpraktikererlaubnis zu erteilen; vgl. hiezu BVerfG NJW 1988, 2290; BayObLG JR 1953, 150; Arndt, S. 47 ff).

b) Kein Berufsrecht

Im Unterschied zu Ärzten, Apothekern und anderen im Gesundheitswesen Tätigen gibt es für Heilpraktiker **keine** umfassenden berufsrechtlichen Regelungen (s. hierzu Link, in: Heilpraktiker-Jahrbuch 1992, S. 101 ff).

2. Unterschied zum Arztberuf

Der Beruf des Arztes und die Profession des Heilpraktikers **unterscheiden** sich in grundlegender Weise voneinander. Der Arzt, dessen Status durch die staatliche Approbation (die „Bestallung") begründet wird, übt einen akademischen Heilberuf aus. Dem Heilpraktiker hingegen fehlt eine gesetzlich vorgeschriebene Qualifikation (HandbuchArztR/Laufs, § 10 Rn. 7); für ihn gibt es kein allgemein verbindliches Standesrecht und keinen Zusammenschluss in einer öffentlich-rechtlichen Personalkörperschaft; die Mitgliedschaft in der Deutschen Heilpraktikerschaft e.V. ist eine privat-freiwillige (LG Tübingen NJW 1983, 2093); der Heilpraktiker ist nicht gemäß § 53 Abs. 1 Nr. 3 StPO (wohl aber nach § 383 Abs. 1 Nr. 1 ZPO, vgl. Stein/Jonas/Berger, § 381 Rn. 79) zur Verweigerung des Zeugnisses berechtigt.

Wenngleich indessen die ärztliche Bestallung als solche auch jede Heilpraktiker**tätigkeit** mit umfasst (weshalb diesbezüglich eine besondere Erlaubnis rechtlich sogar ausgeschlossen sein soll, BVerwGE 26, 254, 256; HandbuchArztR/Laufs, § 10 Rn. 8, 9), ermächtigt die ärztliche Approbation dennoch **nicht** dazu, die Heilkunde unter der Berufsbezeichnung „Heilpraktiker" auszuüben (Taupitz MedR 1996, 234 in Anm. zu VG München MedR 1996, 229 ff).

3. Heilbehandlung ohne Approbation

a) Erlaubniszwang

Der Heilpraktiker ist nichtärztlicher, von der Kassenzulassung ausgeschlossener (BVerfGE 78, 155, 163; BVerfG NJW 1998, 1775, 1776; BSG NJW 1979, 2363) Heilbehandler **ohne** Approbation (Hahn NJW 1984, 1827: nicht „Mini-Arzt" mit reduzierten Kenntnissen, sondern Nichtarzt), der für die Ausübung seines Berufes der förmlichen behördlichen **Erlaubnis** bedarf (vgl. §§ 1 Abs. 1, 5 HPG); der Erlaubnisnehmer ist verpflichtet, im Geschäftsverkehr die **Berufsbezeichnung** „Heilpraktiker" zu führen und nach außen hin zu deklarieren (vgl. VG Schleswig-Holstein MedR 1995, 85, 86; Rehborn, S. 375). Entbehrt der nichtärztliche Heilkundler der erforderlichen Erlaubnis, so ist der mit ihm abgeschlossene Behandlungsvertrag gem. § 134 BGB **nichtig** (OLG München NJW 1984, 1826, 1827; LG Saarbrücken VersR 1981, 585; Ehlers, S. 203).

Der Erlaubniszwang für Heilbehandler ohne Bestallung soll die Gesundheit der Bevölkerung schützen (vgl. BVerfG NJW 1988, 2290). Die Heilpraktikererlaubnis (auf deren Erteilung bei Nichtvorliegen eines Versagungsgrundes gemäß § 2 Abs. 1 1. DVO ein Rechtsanspruch besteht, BVerwG NJW 1993, 2395, 2396) stellt **nicht** etwa die positive staatliche Anerkennung im Sinne eines Befähigungsnachweises, sondern lediglich eine (aus gesundheitspolizeilichen Gründen der Gefahrenabwehr für erforderlich erachtete und auf die Grenzen der Heilbefugnis ausgerichtete, Müller MedR 1991, 72; Taupitz MedR 1998, 184/Fn. 2 mN) **Unbedenklichkeitsbescheinigung** dar (BVerfG NJW 1988, 2292, 2293; BVerfG NJW 1998, 1775, 1776; ferner OVG Münster MedR 1991, 151, 155 f und MedR 2000, 46, 47). Wegen der an die natürliche Person gebundenen Qualifikationsvorausetzungen (vgl. § 2 1. DVO) kommt die Erlaubniserteilung nach § 1 Abs. 1 HPG für eine juristische Person als solche **nicht** in Betracht (s. auch Taupitz JZ 1994, 1105); jedoch kann eine juristische Person Partnerin des Behandlungsvertrages sein: der Abschluss eines solchen Geschäftes schafft (erst) den rechtlichen Rahmen für die Heilkunde **ausübende** Tätigkeit (Feststellung und Heilung oder Linderung des Patienten-Leidens) der **natürlichen** Personen (vgl. BGH NJW-RR 1992, 430).

b) Heilkundeausübung

Heilpraktik ist keine gesundheitspflegerische Hilfstätigkeit (vgl. Guntz, in: Creifelds, S. 637); ihre **Ausübung** ist vielmehr Heilbehandlung. Die Ausübung der **Heilkunde** ist in § 1 Abs. 2 HPG **legaldefiniert**: die durch ein relevantes Beschwerdebild ausgelöste Verfolgung diagnostischer und/oder therapeutischer - auf Heilung bzw. Linderung von (auch seelischen) Krankheiten und Leiden oder von Körperschäden gerichteter - Zwecke (statt anderer OLG München NJW 1996, 2434). Der Zweck des Gesetzes, die Volksgesundheit zu schützen, verlangt eine **weite** Auslegung des Begriffes der „Krankheit": es zählen hierzu **alle** erheblichen Störungen der normalen Beschaffenheit oder der normalen Funktiontätigkeit des Körpers sowie die sich in bestimmten Symptomen (Phobien, Zwängen, Depressionen) niederschlagenden Störungen der Seele, die beseitigt oder gelindert und also in diesem Sinne „geheilt" werden können (vgl. BayObLG NStZ 1982, 474).

Das Gebiet der **Heilkunde** darf einerseits nicht als schlechthin identisch mit den Bereichen des ärztlichen Fachwissens begriffen werden (Bockelmann NJW 1966, 1145, 1146 f, 1150; ders., Strafrecht, S. 10); andererseits ist **Heilbehandlung** jedoch nur das objektiv heilfachkundliche Erkennen und Einschreiten (Wegener MedR 1990, 250, 252).

Heilkundeausübung im Sinne des Heilpraktikergesetzes liegt sonach vor, **wenn** die Tätigkeit nach allgemeiner Auffassung ärztliche bzw. medizinische Fachkenntnisse voraussetzt (sei es im Hinblick auf das Ziel, die Art oder die Methode der Tätigkeit selbst, die - ohne diese Kenntnisse durchgeführt - den Patienten zu schädigen geeignet ist; sei es im Hinblick auf die differentialdiagnostisches Fachwissen erfordernde Entscheidung, ob im Einzelfalle eine konkrete Behandlung angewendet werden dürfe) **und wenn** die Behandlung bei abstrakt-generalisierender Betrachtung für den Patienten wenigstens mittelbar dadurch, dass das frühzeitige Erkennen eines realen Leidens verzögert werden kann, nicht ausschließbar die nicht unerhebliche Gefahr gesundheitlicher Schädigung mit sich bringt (vgl. OVG Münster MedR 1998, 571, 572 m. Anm. Taupitz zu einem Fall der Tätigkeit eines sog. „Wunderheilers", der durch Ausstrahlung seiner Hände Kranke „heilen" wollte). Unter den Begriff der Heilkundeausübung können daher auch im Grunde kosmetische Eingriffe fallen wie **bspw.** die kaustische Entfernung von Leberflecken und Warzen (BVerwG NJW 1973, 579, 580) oder die üblich gewordene Form des Piercens, und zwar gleichviel ob es mit oder ohne Verwendung eines Lokalanästhetikums vorgenommen wird (s. VG Gießen NJW 1999, 1800, 1801).

Die in § 1 Abs. 2 HPG vorausgesetzte **Berufsmäßigkeit** umschreibt eine Tätigkeit, die in der Absicht geschieht, sie in gleicher Weise zu wiederholen und dadurch zu einer wenn auch nicht dauernden, so doch wiederkehrenden Beschäftigung zu machen (vgl. BayObLG MDR 1995, 190); das Erstreben eines Entgeltes und eines Gewinnes ist für das Merkmal der Berufsmäßigkeit nicht erforderlich (OVG Münster MedR 2000, 46, 49).

Das Leistungsangebot des Heilpraktikers gilt von vornherein **nur** dem **selbst**zahlenden Patienten: die gesetzlichen Krankenkassen sind nicht verpflichtet, ihren Mitgliedern die Kosten einer Heilpraktikerbehandlung zu erstatten (BVerfG NJW 1988, 2292, 2293; BVerfG b. Röver MedR 1998, 175). Nach § 15 Abs. 1 SGB V darf im Rahmen der gesetzlichen Krankenversicherung die ärztliche Behandlung **nur** durch approbierte Ärzte geleistet werden (vgl. auch Rehborn, S. 31).

II. Umfang und rechtliche Grundlagen

1. Erlaubte und nichterlaubte Heilkundepraktik

Dem **Prinzip** nach darf der Heilpraktiker in gleichem Umfange diagnostizieren und therapieren wie der Arzt (auch die Behandlung krebskranker Patienten ist ihm nicht etwa generell verwehrt); einzelgesetzlich **untersagt** sind dem Praktiker (unter anderem) jedoch die Untersuchung und Behandlung von Geschlechtskrankheiten oder Leiden der Geschlechtsorgane, die Behandlung meldepflichtiger übertragbarer Krankheiten im Sinne des Bundesseuchengesetzes, die Ausübung der Geburtshilfe, die Ausübung der Zahnheilkunde, die Verordnung von verschreibungspflichtigen Medikamenten sowie die Durchführung von Impfungen mit Schutzpocken (vgl. Narr/Rehborn, Anm. 16.2.13; Franzki, S. 7,8; Eberhardt VersR 1986, 110, 111; nach OLG München NJW 1996, 2434 ist die heilpraktische Behandlung eines an AIDS Erkrankten als eine im Sinne der privaten Krankenversicherungsbedingungen medizinisch notwendige Heilbehandlung anzusehen, **wenn** sie auf allgemein anerkannten biologischen Therapiemaßnahmen aufbaut und eine Heilung oder Linderung anstrebendes - nicht von vorneherein aussichtslos erscheinendes – Gesamtkonzept erkennen lässt; zur Frage eines Arztvorbehaltes bei der Immunschwächekrankheit AIDS s. Müller MedR 1991, 71 ff).

2. Heilpraktikervertrag

Ein **Kontrakt** mit dem Heilpraktiker besitzt nur dann den Charakter eines **Heilbehandlungsvertrages,** wenn er die Voraussetzungen des § 1 Abs. 2 HPG (s. oben I. 2. b) erfüllt: es muss sich um die Behandlung eines konkreten Krankheitsbildes oder Leidensgeschehens dergestalt handeln, dass der Heiltätige auf die vorhandene Situation eingeht und somit eine individualisierende Beziehung zu der ihm vorgestellten gesundheitlichen Störung des Behandelten herstellt (BGH NJW 1987, 2928, 2929).

a) Vertragscharakter

Der zwischen dem Heilpraktiker und seinem Patienten abgeschlossene **Behandlungsvertrag** („Heilpraktikervertrag") stellt sich rechtstypisch als **Dienstvertrag** im Sinne der Bestimmungen der §§ 611 ff BGB dar (Ehlers, S. 203; Weimar, S. 164); auf ihn und auf die Haftung des Heilpraktikers für seine Behandlungstätigkeit finden im Wesentlichen die für den Arztvertrag und die Arzthaftung entwickelten Grundsätze und Regeln **entsprechende** Anwendung (OLG Stuttgart VersR 1999, 1027, 1029: Schadensersatzanspruch wegen positiver Verletzung des Behandlungsvertrages; Rieger, Rn. 840, 841; Rehborn, S. 373; Eberhardt aaO, 115).

Der Heilpraktiker unterliegt **nicht** der Schweigepflicht nach § 203 StGB; **vertragsrechtlich** ist eine Verschwiegenheitsverpflichtung jedoch gegeben, so dass der Verstoß hiergegen Schadensersatzansprüche des Behandelten begründen kann (hierzu Weimar, S. 165).

b) Heilpraktiker-Qualifikation

Der Heilpraktiker darf **nur** Behandlungen übernehmen, für welche er die erforderliche **Heilkundequalifikation** besitzt (Müller aaO, 74). Der Heilpraktiker muss in dem jeweiligen Einzelfalle selbstkritisch prüfen, **ob** seine Fähigkeiten und Kenntnisse hinreichen, die richtige Diagnose stellen sowie eine sachgemäße Heilbehandlung einleiten und durchführen zu können (BGH VersR 1991, 469, 470).

c) Aufklärungspflicht

Wie der Arzt ist auch der Heilpraktiker behandlungsvertraglich verpflichtet, den Patienten über Art und Schwere, Bedeutung und Tragweite, Erfolgsaussichten und Gefahren etc. der beabsichtigten diagnostischen und therapeutischen Maßnahmen **aufzuklären** (vgl. OLG Hamm VersR 1987, 1019-LS 1.; OLG Braunschweig VersR 1990, 57, 58; Ehlers, S. 228 f; Scholz, S. 42).

Da der Heilpraktiker überwiegend sog. medizinische Außenseiter- oder Grenzgebietsmethoden (vgl. Ehlers, S. 65 ff, 74 ff und Wölk MedR 1995, 492, 493) anwendet (**diagnostisch**: Iris-, Zungen- und Fußreflexdiagnostik; **therapeutisch**: Homöopathie, Sauerstoff-, Neural- und Zelltherapie, Akupunktur, Chiropraktik), muss er grundsätzlich den Patienten über eine etwaige fehlende wissenschaftliche Erklärbarkeit und über eventuelle typische Risiken dieser Verfahren **informieren** (Eberhardt aaO, 112 f, 116).

Gegebenenfalls hat der Heilpraktiker dem Patienten **auch** bekanntzugeben, dass er selbst keine Kenntnisse über die zu behandelnde Krankheit und/oder keine Erfahrung mit deren Behandlung besitze (OLG München VersR 1991, 471, 472, Scholz, S. 70).

d) Anzuwendende Sorgfalt

Allgemeinverbindliche Fach- und Qualitätsstandards haben sich auf dem Gebiete der Heilpraktik noch **nicht** herausgebildet (HandbuchArztR/Laufs, § 10 Rn. 16; Rehborn, S. 374). Da die Strukturen des Heilbehandler-Patienten-Verhältnisses in beiden Fällen aber die gleichen sind, ist das System der **Arzt**haftung im Prinzip auch auf die Haftung des Heilpraktikers **übertragbar** (vgl. Franz, S. 358, 359; Erman/Schiemann, § 823 Rn. 145).

In Hinsicht auf die real bestehende Verkehrserwartung **entspricht** das von dem Heilpraktiker zu beachtende **Sorgfaltsmaß** (vgl. § 276 Abs. 1 BGB) demjenigen, das für den **Allgemeinmediziner** gültig ist (Staudinger/Hagen, § 823 Rn. I 13; Rehborn, S. 374; ausführlich zu Fragen der gebotenen Sorgfalt s. Ehlers, S. 209 ff).

In Anlehnung an die Anforderungen bei dem Arzt **gilt** daher Folgendes: Der Heilpraktiker muss die jeweiligen Voraussetzungen fachgemäßer Behandlung kennen und beachten (Rehborn, S. 374; s. schon RGSt 59, 355, 357); damit ist er gehalten, sich eine ausreichende Sachkunde über die von ihm angewendeten Behandlungsweisen einschließlich ihrer Risiken sowie über die richtigen Techniken für eine gefahrlose Anwendung anzueignen; Methoden, deren Indikationsstellung oder Risiken die medizinwissenschaftliche Ausbildung und Erfahrung eines approbierten Arztes verlangen, darf der Heilpraktiker so lange **nicht** anwenden, als er nicht ein entsprechendes Fachwissen und -können erworben hat (vgl. auch Frahm/Nixdorf, Rn. 71); der Heilpraktiker ist weiters verpflichtet, sich über die Fortschritte der Heilkunde sowie über anderweitig gewonnene Erkenntnisse hinsichtlich des Nutzens und der Gefahren der von ihm praktizierten Heilmethoden zu unterrichten; erforderlich ist jedenfalls die regelmäßige Lektüre der behandlungseinschlägigen Fachliteratur (BGHZ 113, 297, 302 ff zu einem Fall des Einsatzes der sog. Ozon-Sauerstofftherapie, bei welcher in die oberflächliche Beinvene Gas appliziert wird). Wenn der Heilpraktiker an die **Grenzen** seiner therapeutischen Möglichkeiten stößt, muss er sich einer Weiterbehandlung enthalten und dafür Sorge tragen, dass die Behandlung von einem fachlich dazu geeigneten Arzt oder Krankenhausträger übernommen wird (s. auch Franzki, S. 7 mN); jedoch ist der Heilpraktiker **nicht** verpflichtet, einen (z.b. krebskranken) Patienten, der sich bewusst von der schulmedizinisch-ärztlichen Therapisierung abgewendet hat, noch eigens auf die überlegenen Diagnose- und Therapiemöglichkeiten der Fachmedizin hinzuweisen (OLG München VersR 1991, 471, 472; OLG Stuttgart VersR 1999, 1027, 1028; Laufs, Rn. 45). Der Heilpraktiker darf indessen eine Behandlungsmethode dann **nicht** anwenden, wenn er keinerlei konkrete Anhaltspunkte für deren Wirksamkeit besitzt; auch darf er **nicht** wissentlich völlig wirkungslose „Heilmittel" verabreichen (OLG München aaO; OLG Stuttgart aaO; Laufs aaO).

Eine **vollständige Gleich**setzung der Sorgfaltsmaßstäbe bei Ärzten und Heilpraktikern (so jedoch Eberhardt VersR 1986, 110, 114 f) erscheint trotz der grundsätzlichen Anlehnung an die Anforderungen der Arztsorgfalt aber **nicht** gerechtfertigt; unter dem Gesichtspunkte der Gruppenfahrlässigkeit und aufgrund der Verkehrserwartung sind gewisse **Differenzierungen** geboten: Die Berufsausübung des Heilpraktikers ist hauptsächlich durch die Anwendung von Verfahren der Naturheilkunde oder von ausgesprochen paraärztlichen Behandlungen geprägt. Ärzte und Heilpraktiker sind daher Angehörige unterschiedlicher Berufskreise. Das bedeutet für die Herausbildung des Begriffes der objektiven Fahrlässigkeit, dass Ärzte und Heilpraktiker jeweils **eigenständigen** Verkehrskreisen zugehören; **Haftungsmaßstab** für den Heilpraktiker ist die gewissenhafte Ausübung der **nicht**ärztlichen Heilkunde (vgl. BGHZ 113, 297, 301: innerhalb der durch die §§ 138 BGB, 228 StGB gezogenen Grenzen entscheidet der Patient, welcher von der Schulmedizin nicht oder noch nicht anerkannten Behandlung er sich unterziehen will; s. ferner Taupitz NJW 1991, 1505, 1508 f; Franz, S. 364, 365); andererseits ist auf den Leitsatz in BGHZ 113, 297 hinzuweisen, der lautet: wendet der Heilpraktiker bei seinem Patienten eine **invasive** Behandlungsmethode an, so hat er insoweit die**selben** Sorgfaltspflichten zu erfüllen wie ein Arzt für Allgemeinmedizin, der sich einer solchen Methode bedient.

3. Arztrezeptierte Arzneien

Dem Heilpraktiker ist es **nicht** untersagt, ein über ein ärztliches Rezept besorgtes Medikament bei **seinem** Patienten in Anwendung zu bringen (vgl. OLG München VersR 1991, 471, 473 - Interferontherapie bei Lungenkrebs).

4. Honorar

Dienstleistungen werden regelmäßig zwar nur gegen Vergütung erbracht; die altruistisch-unentgeltliche Heilbehandlung ist dem Heilpraktiker jedoch nicht versagt (Rasehorn DRiZ 2000, 442, 446).

Ist die Höhe des Heilpraktikerhonorares im Einzelfall **nicht** konkret vereinbart, so gelten hilfsweise die Sätze des von der Deutschen Heilpraktikerschaft e.V. herausgegebenen (privatrechtlichen, nicht im Sinne einer normativen Vergütungsordnung verbindlichen, s. dazu VG München MedR 1996, 229, 230) „Gebührenverzeichnisses für Heilpraktiker (GebüH)" als übliche Vergütung im Sinne des § 612 Abs. 2 BGB (Rieger Rn. 840).

Obwohl die Sätze des Gebührenverzeichnisses grundsätzlich unverbindlich sind, muss der Heilpraktiker den Patienten konkret darauf hinweisen, dass und in welchem Umfange er gegebenenfalls über diese Sätze hinauszugehen pflege (OLG Köln VersR 1999, 194, 195). Im Übrigen ist es dem Heilpraktiker gestattet, mit dem Patienten die Anwendung der GoÄ zu verabreden: wirksam ist eine solche Vereinbarung aber nur dann, wenn sie ausdrücklich getroffen worden ist (Rehborn, S. 373).

Der Vergütungsanspruch des Heilpraktikers unterliegt der zweijährigen Verjährungsfrist nach § 196 Abs. 1 Nr. 7 BGB (MünchKomm/v. Feldmann, § 196 Rn. 25 mN).

5. Haftungsstreit

Die für den Arzthaftungsprozess geltenden **verfahrensrechtlichen** Grundsätze (s. oben **A. III.**) sind **auch** bei der gerichtlichen Inanspruchnahme des Heilpraktikers zu beachten (OLG Düsseldorf NJW 1994, 3016-LS).

B. APOTHEKERBERUF UND APOTHEKERHAFTUNG

I. Apothekerberuf

Nach dem in Deutschland überlieferten Berufsleitbild vereinigt der selbständige **Apotheker** in seiner Person die Verantwortung für die Erfüllung der öffentlichen Aufgabe der Arzneimittelversorgung der Bevölkerung mit der privatwirtschaftlichen Funktion des Inhabers eines Apothekenbetriebes (BVerfGE 17, 232. 238). In der Arzneimittelversorgung hat der Apotheker eine **Monopolstellung** inne: für den Verkehr außerhalb der Apotheke sind nur Nichtheilmittel, also nur solche Stoffe und Zubereitungen freigegeben, die ausschließlich anderen Zwecken als der Beseitigung oder Linderung von Krankheiten, Leiden, Körperschäden und krankhaften Beschwerden zu dienen bestimmt sind (vgl. § 44 Abs. 1 AMG).

1. Pharmazeutische Tätigkeit

Der **Apothekerberuf** ist die approbierte Ausübung einer pharmazeutischen Tätigkeit (Entwicklung, Herstellung, Prüfung und Abgabe von Arzneimitteln) unter der Berufsbezeichnung „Apotheker" (vgl. §§ 2, 3 Bundes-Apothekerordnung - BApO - vom 05.06.1968, BGBl. Teil I, S. 601); die Erlaubnis zum Betriebe einer Apotheke ist **personenbezogen** (§ 2 des Gesetzes über das Apothekenwesen - ApoG - vom 20.08.1960, BGBl. Teil I, S. 697).

Als Abgabestelle für Arzneimittel ist die Apotheke ein auf Anschaffung und Weiterveräußerung von Waren angelegter Betrieb (BGH NJW 1983, 2085, 2086; die Errichtung eines Arzneimittel-Versandsystems ist den Apotheken aus berufsrechtlichen Gründen aber prinzipiell untersagt, OVG Münster b. Röver MedR 2000, 26). Der Apothekenbesitzer und -betreiber ist Warenhändler und damit nicht nichtgewerblicher Freiberufler, sondern **Kaufmann** im Sinne von § 1 HGB (vgl. K. Schmidt, Handelsrecht, § 9 IV. 2. a, cc, § 10 IV. 2.; zum Kaufmannsbegriff nach dem HRefG s. Bülow/Artz JuS 1998, 680 f). Gemäß § 8 ApoG sind als Kooperationsformen **nur** die Gesellschaft des bürgerlichen Rechts und die oHG zugelassen (Mayr Mitt.BayNot 1996, 61, 62).

2. Mehr- und Fremdbetriebsverbot

Da den Apotheker die Pflicht zur **persönlichen** Leitung der Apotheke in eigener Verantwortung trifft (s. § 7 S. 1 ApoG), kann er nur **eine** einzige Apotheke als Erlaubnisinhaber betreiben (sog. „Mehrbetriebsverbot"; vgl. dazu Taupitz/Schelling NJW 1999, 1751); die Erteilung einer Prokura gemäß §§ 48 ff HGB ist nicht zulässig; eine Verpachtung ist nur in bestimmten Ausnahmefällen - § 9 Abs. 1 Nrn. 1 bis 3 ApoG - gestattet. Allein ein approbierter Apotheker darf betreibender Inhaber einer Apotheke sein (sog. „Fremdbetriebsverbot"; s. Deutsch, in: LdR, S. 21; Rotta NJW 1995, 755, 756).

Das Gesetz zur Anpassung des Apothekenrechts vom 23.08.1994 (BGBl. Teil I, S. 2189) hat das Verbot des Mehr- und Fremdbetriebes unter europarechtlichen Gesichtspunkten modifiziert: seit dem 01.09.1994 ist es dem Inhaber einer deutschen Apothekenbetriebserlaubnis möglich, in einem Mitgliedsstaat oder in mehreren Mitgliedsstaaten der Europäischen Union nach Maßgabe des dort geltenden Apothekenrechtes eine oder mehrere weitere Apotheken zu betreiben; umgekehrt dürfen Apotheker aus einem anderen Mitgliedsstaat eine Apotheke in Deutschland unter Beibehaltung ihrer Heimatapotheke betreiben, soweit sie dort keiner Anwesenheitsverpflichtung in ihrer Apotheke unterliegen (Rotta, aaO).

3. Medikamenten-Abgabe

Auch die kassenärztlich verschriebene Arznei verabfolgt der Apotheker dem Patienten in Erfüllung eines Kauf- oder eines Lieferungs**kaufgeschäftes** (§§ 433, 651 BGB; s. hierzu KG OLGE 25, 32; OLG Karlsruhe VersR 1989, 805, 806; LG Itzehoe VersR 1969, 265; Weimar, S. 150).

Zwischen den Landesverbänden der Krankenkassen und den Apothekervereinen bestehen Arzneilieferungsrahmenverträge bürgerlichrechtlicher Natur zugunsten der Versicherten (BGHZ 36, 91, 93; BGHZ 54, 115, 120; Pieck NJW 1970, 1219, 1222; s. aber auch Bley/Kreikebohm Rn. 655, 656).

Mit der Verschreibung gibt der behandelnde Arzt kraft Ermächtigung durch das Vertragsarztrecht in Vertretung der Krankenkasse das Vertragsangebot ab, welches der Apotheker, dem es der Versicherte als Bote überbringt, durch Entgegennahme des Rezeptes und Aushändigung der Arznei annimmt (s. hierzu die Nachweise bei Baltzer JuS 1982, 653 Fn. 18). Der Kaufpreisanspruch des Apothekers richtet sich in diesem Falle allerdings nicht gegen den Versicherten, sondern gegen die auf der ärztlichen Verschreibung angegebene Krankenkasse; die eine Aufwandsbeteiligung beinhaltende sog. Zuzahlung der Krankenversicherten (dazu Schell, S. 222, 263) bei der Abnahme der verordneten Arzneimittel stellt sich im Verhältnis zum Apotheker als eine Vorleistung auf den Kaufpreis dar (Pieck, aaO).

II. Apothekerhaftung

Die den Apotheken im öffentlichen Interesse übertragene Sicherstellung einer ordnungsgemäßen **Arzneimittelversorgung** (vgl. § 1 Abs. 1 ApoG) bedingt für den Apotheker mittelbar einen Kontrahierungszwang; zugleich hat der Apotheker insoweit eine **Garantenstellung** inne, so dass bei der Entstehung von Schäden zufolge einer Nichtbelieferung mit Medikamenten die strafrechtliche Haftung nach §§ 222, 229, 323 c StGB eintreten kann (Rieger Rn. 68).

Lässt der Apotheker die für seinen Berufsstand erforderliche **Sorgfalt** schuldhaft außer Acht, so kann er aus **Vertragsverletzung oder** aus **Delikt** dem Patienten (Kunden) schadensersatzpflichtig sein: er haftet dann für den durch seine schuldhafte Pflichtverletzung adäquat-kausal verursachten Schaden (Deutsch Rn. 79, 796).

Die Verabfolgung von Arzneimitteln durch den Apotheker kann über die Einnahme durch den Patienten ursächlich zu einer Gesundheitsbeschädigung führen und damit den Tatbestand der Körperverletzung erfüllen (vgl. RGSt 35, 332, 333 f zu einem Fall der stetigen Abgabe einer opiumhaltigen Arznei in maßlosen Mengen, die eine fortschreitende Krankheitsverschlimmerung bei der konsumierenden Patientin zur Folge hatte).

Die von dem Apotheker als Berufsträger zu erfüllenden Sorgfaltsanforderungen decken sich praktisch weitgehend mit den Anforderungen an die **Verkehrssicherungspflicht** (Staudinger/Schäfer, § 823 Rn. 357, 358; Palandt/Thomas, § 823 Rn. 64). Grundsätzlich darf der Apotheker aber darauf vertrauen, dass der Kunde die Medikamente bestimmungsgemäß anwende sowie sich und andere selbst vor Verwechslungsgefahren schütze (ein solcher Vertrauensgrundsatz gilt hingegen nicht bei der Abgabe von Giften und Säuren an Jugendliche, s. RGRK/Steffen, § 823 Rn. 236).

1. Ärztliche Verschreibungen

Die Ausübung der Heilkunde ist dem Apotheker berufs- und standesrechtlich **verwehrt** (sog. „Kurierverbot"); die Abgabe der Arzneimittel als solche stellt jedoch keine Ausübung der Heilkunde dar (Pieck, in: Festschrift für Günther Küchenhoff zum 65. Geburtstag, 1972, S. 617, 626, 627).

Eine ordnungsgemäße Verschreibung liegt **nur** dann vor, wenn der Arzt oder Zahnarzt in demjenigen medizin-wissenschaftlichen Zweigbereich verschreibt, in welchem er ausgebildet worden ist und für den seine Approbation gilt (BGH NJW 1955, 679, 680). Der früher mögliche Wiederholungsvermerk auf einer ärztlichen Verordnung („Rp.") ist seit 01.07.1984 nicht mehr zulässig; die Abgabe auf einen unzulässigen Wiederholungsvermerk stellt eine Abgabe ohne gültige Verschreibung dar (und ist gemäß §§ 95 Abs. 1 Nr. 4 f, 96 Nr. 11 AMG mit Strafe bedroht). Die Verschreibung einer größeren Arzneimittelmenge kann entweder durch Verordnung auf einem Rezept oder durch die Ausstellung von mehreren Teilrezepten erreicht werden (vgl. Pelchen, in: Erbs-Kohlhaas, Strafrechtliche Nebengesetze, § 3 AMVO Rn. 1-3). Die ärztliche Verschreibung muss den Anforderungen des § 2 AMVO genügen und die konkrete Abgabe durch den Apotheker muss der ärztlichen Verschreibung entsprechen; lautet die Verschreibung auf einzelne Teilmengen (etwa in Gestalt von Tagesdosen), so darf der Apotheker konkret jeweils keine höhere als die verordnete Menge abgeben (BayObLG, Urteil 4 St RR 218/98 vom 12.01.1999).

Ein **verschreibungspflichtiges** Arzneimittel darf der Apotheker nur dann **ohne** Vorlage der ärztlichen Verordnung abgeben, wenn die Voraussetzungen der **Ausnahme**bestimmung des § 4 AMVO gegeben sind: dringender Fall, fernmündliche Unterrichtung des Apothekers durch den Arzt über die Rechtmäßigkeit der Abgabe und

Vergewisserung des Apothekers über die Person des anrufenden Arztes (BayObLG MedR 1996, 321, 322 zu einem Fall der Abgabe von Codeinsaft).

An einen **Heilpraktiker** darf der Apotheker rezeptpflichtige Medikamente **nicht** abgeben (§§ 48 Abs. 1, 96 Nr. 11, 97 Abs. 5 AMG; vgl. AG Solingen NJW 1996, 1607, 1608).

Dem Apotheker obliegt die **kunstgerechte** Ausführung der ärztlichen Verschreibung und die **sorgsame** Abgabe des verordneten Arzneimittels; er ist aber **nicht** Erfüllungsgehilfe des Arztes für die diesem seinem Patienten gegenüber obliegenden Vertragspflichten (RGZ 125, 374, 377).

Soweit der Apotheker ein ärztlich rezeptiertes Medikament abgibt, ist es **nicht** seine Aufgabe, die medizinische Opportunität der Verordnung zu beurteilen; er darf dem Kunden weder davon abraten, das verschriebene Arzneimittel entgegenzunehmen, noch darf er ihm zuraten, anstelle des verschriebenen ein anderes Medikament zu erwerben (s. § 7 Abs. 5 der Verordnung über den Betrieb von Apotheken - ApoBetrO - vom 07.08.1978, BGBl. Teil I, S. 939). Weist die Verschreibung aber **erkennbar** auf einen ärztlichen Irrtum hin oder hat der Apotheker sonst (eventuell im Hinblick auf sein Wissen um die Person und um die Symptome des Patienten) **Bedenken** gegen die Richtigkeit der Rezeptierung, so darf er das Medikament **nicht** abgeben, **bevor** die Unklarheit beseitigt ist (§ 17 Abs. 4 ApoBetrO); das Abgabeverbot wegen Unklarheit der Rezeptierung ist ein **Schutzgesetz** sowohl zugunsten des Apothekenkunden als auch zugunsten des Arztes (Rieger Rn. 76; Deutsch Rn. 974).

Der Apotheker, der sich weigert, im Sinne von § 5 AMG bedenkliche Arzneimittel (bei denen nach dem jeweiligen Stand der wissenschaftlichen Erkenntnis der begründete Verdacht besteht, dass sie bei bestimmungsgemäßem Gebrauch über ein vertretbares Maß hinausgehende schädliche Wirkungen zeigen) an den Patienten abzugeben, greift nicht in die Therapiefreiheit des behandelnden Arztes ein (HandbuchArztR/Uhlenbruck, § 135 Rn. 17 mN).

Der Apotheker haftet aus **positiver Vertragsverletzung** (des Kauf- oder Werklieferungsvertrages) und aus **Delikt** für die dadurch entstandene Gesundheitsbeschädigung des Patienten, **wenn** er eine von der Rezeptur des Arztes oder des Heilpraktikers abweichende (giftige) Mischung des Arzneitees herstellt, weil er schuldhaft Blütenblätter und Wurzeln einer Giftpflanze verwechselt (OLG Karlsruhe VersR 1989, 805, 806); er haftet aus **positiver Vertragsverletzung** (des Kaufvertrages) auf Schadensersatz, **wenn** er schuldhaft ein Magenpräparat („Enzynorm") anstelle des verordneten Kontrazeptivums („Eugynom") abgibt (LG Itzehoe VersR 1969, 265).

Der über das Medikament für das mitversicherte Kind mit dem Apotheker abgeschlossene Kaufvertrag ist ein Vertrag mit **Schutzwirkung** für das Kind: er bezieht das Kind in den Bereich der Schutzpflichten des Apothekers mit ein (OLG München VersR 1984, 1095 zu einem Fall der sorgfaltswidrigen Wiedergabe der ärztlichen Verordnung durch missverständliche Schriftzeichen auf der Medikamentenverpackung, so dass die Mutter des Kindes anstatt „Tr" = Tropfen „Tl" = Teelöffel gelesen und verabreicht hatte).

2. Rezeptfreie Verabfolgungen

Bei der Abgabe von Arzneimitteln, die **nicht** ärztlich verschrieben worden sind, treffen den Apotheker gegenüber dem gesprächs- und aufnahmebereiten Kunden besondere Informations- und Beratungs**pflichten** hinsichtlich der Wirkungen des Medikamentes, seiner Kontraindikationen sowie eventueller Nebenerscheinungen (§ 20 ApoBetrO; vgl. Deutsch Rn. 975; einschränkend Rieger Rn. 77: Verpflichtung nur, sofern der Kunde eine entsprechende Unterrichtung ausdrücklich wünscht).

Der Apotheker ist durchaus dazu berufen, den Kunden bei dem Erwerb von verschreibungsfreien Arzneimitteln zu **beraten**: der Kunde darf von der Beratung aber nicht mehr als die Verwertung der allgemeinen Fachkenntnisse des Apothekers über die Wirkungen der Bestandteile des Präparates und deren Verträglichkeit erwarten (BGH NJW 1972, 342, 343). Beratende Funktionen in diesem Sinne gehören zu dem typischen Berufsbild des Apothekers; diagnostizierender Bemühungen aller Art muss sich der Apotheker indessen enthalten (OLG Karlsruhe vom 09.10.1969 zit. nach der Mitteilung B. Pieck aaO, S. 635).

Der Apotheker hat sein **Augenmerk** auch darauf zu richten, dass Pharmaka nicht unter solchen besonderen Umständen abgegeben werden, welche die Befürchtung nahelegen, dass sie nicht zur Heilung, sondern zur Schädigung der Gesundheit verwendet werden (RGSt 35, 332, 335); im Einzelfalle kommt die Verweigerung der Abgabe eines nicht verschreibungspflichtigen Arzneimittels dann in Betracht, wenn ein Erfahrungswissen dahin existiert, dass das Präparat nicht bestimmungsgemäß benutzt, sondern als Rausch- oder Aufputschmittel missbraucht werde (Pieck, aaO, S. 634 mit Fn. 70 dort).

3. Darlegung und Beweisführung

Die haftungsbegründende Pflichtverletzung des Apothekers, den adäquat-ursächlichen Schadenseintritt sowie dessen Umfang hat im Streitfalle der **Apothekenkunde** darzutun und zu beweisen; bei Gegebensein der erforderlichen Typizität des Geschehensablaufes (bspw. lassen unter Umständen typische Reaktionen nach der Einnahme eines Medikamentes auf dessen Zusammensetzung und Stärke schließen) können die Grundsätze des Anscheinsbeweises dem Kläger die Beweisaufgabe erleichtern (Deutsch Rn. 976); ist dem Apotheker ein **schwerer** Fehler unterlaufen, indem er etwa Rezepte miteinander verwechselt hat, und liegt der eingetretene Schaden in dem Bereich, der durch die Verwechslung erst ermöglicht worden ist, so sprechen gute Gründe dafür, **analog** der Regelung im Arzthaftungsrecht bezüglich der Kausalfrage die Beweislast zu Ungunsten des Apothekers **umzukehren** (Deutsch aaO).

ABKÜRZUNGS- UND LITERATURVERZEICHNIS

a.A.	andere(r) Ansicht
aaO	am (zuletzt) angegebenen Orte
abl.	ablehnend
abw	abweichend
a.E.	am Ende
ÄAppO	Ärzteapprobationsordnung
ähnl.	ähnlich(es)
aF	alte Fassung
AG	Amtsgericht
AGB	Allgemeine Geschäftsbedingungen
AGBG	Gesetz zur Regelung des Rechts der Allgemeinen Geschäftsbedingungen
AHRS	Ankermann/Kullmann (Hrsg.), Arzthaftpflichtrecht-Rechtsprechung (sofern nicht anders angegeben: Teil I)
AIDS	Acquired Immuno Deficiency Sydrome
AMG	Arzneimittelgesetz
AMVO	Verordnung über verschreibungspflichtige Arzneimittel
Anm.	Anmerkung
AnwBl.	Anwaltsblatt
Arndt	Heilpraktikerrecht, 1985
Art.	Artikel
Artt.	Artikel (Mehrzahl)
Arzt us Recht	Der Arzt und sein Recht
Aufl.	Auflage
Az.	Aktenzeichen
b.	bei
BÄO	Bundesärzteordnung
Bamm	„Ex Ovo" – Essays über die Medizin, 1948
Baumgärtel	Beweislastpraxis im Privatrecht, 1996
Baumgärtel/Handbuch	Handbuch der Beweislast im Privatrecht, Band 1, 2. Aufl., 1991
Bayerlein	in: Praxishandbuch Sachverständigenrecht, 2. Aufl., 1996
BayHebBO	Bayerische Berufsordnung für Hebammen und Entbildungspfleger
BayObLGSt	Entscheidungen des Bayerischen Obersten Landesgerichts in Strafsachen
BayObLGZ	Entscheidungen des Bayerischen Obersten Landesgerichts in Zivilsachen
BayVerfGH	Bayerischer Verfassungsgerichtshof
BB	Betriebsberater
Bd.	Band
BDSG	Bundesdatenschutzgesetz

Bearb.	Bearbeitung
Bergmann	Die Arzthaftung, 1999
Bespr.	Besprechung
betr.	betreffend
BGB	Bürgerliches Gesetzbuch
BGBl.	Bundesgesetzblatt
BGH	Bundesgerichtshof
BGHR	BGH-Rechtsprechung in Strafsachen
BGHSt	Entscheidungen des Bundesgerichtshofes in Strafsachen
BGHZ	Entscheidungen des Bundesgerichtshofes in Zivilsachen
Bl.	Blatt
Bley/Kreikebohm	Sozialrecht, 7. Aufl., 1993
Blomeyer, A.	Zivilprozess, 2. Aufl., 1985
BMV-Ä	Bundesmantelvertrag-Ärzte
Bockelmann, Strafrecht	Strafrecht des Arztes, 1968
BPflV	Bundespflegesatzverordnung
BRAK-Mitt.	Mitteilungen der Bundesrechtsanwaltskammer
BSeuchG	Bundesseuchengesetz
BSG	Bundessozialgericht
BSGE	Entscheidungen des Bundessozialgerichtes
bspw.	beispielsweise
BtMG	Betäubungsmittelgesetz
BtMVV	Betäubungsmittelverschreibungsverordnung
BtPrax	Betreuungsrechtliche Praxis
BVerfG	Bundesverfassungsgericht
BVerfGE	Entscheidungen des Bundesverfassungsgerichtes
BVerfGG	Bundesverfassungsgerichtsgesetz
BVerwG	Bundesverwaltungsgericht
Creifelds	Rechtswörterbuch, 15. Aufl., 1999
CTG	Computer-Tomo-Gramm
DB	Der Betrieb
ders.	derselbe
Deutsch	Medizinrecht, 4. Aufl., 1999
Deutsch, Haftungsrecht	Haftungsrecht, Erster Band, 1976
Deutsch/Matthies	Arzthaftungsrecht, 2. Aufl., 1987
d.h.	das heißt
Diss.	Dissertation
DNotZ	Deutsche Notar-Zeitschrift
DRiZ	Deutsche Richterzeitung
DVO	Durchführungsverordnung
Eberhard-Metzger/Ries	Stichwort: Viren, 1995
EEG	Elektroenzephalogramm
EGBGB	Einführungsgesetz zum Bürgerlichen Gesetzbuch
Ehlers	Medizin in den Händen von Heilpraktikern - „Nicht-Heilkundigen", 1995
Ehlers/Broglie	Praxis des Arzthaftungsrechts, 1994
EKG	Elektrokardiogramm
Emmerich	BGB-Schuldrecht, Besonderer Teil, 8. Aufl., 1996

Hs.	Halbsatz
IfSG	Infektionsschutzgesetz
iVm	in Verbindung mit
JA	Juristische Arbeitsblätter
Jauernig	Zivilprozessrecht, 26. Aufl., 2000
Jauernig/Bearbeiter	BGB, 9. Aufl., 1999
Jescheck/Weigend	Lehrbuch des Strafrechts, Allgemeiner Teil, 5. Aufl., 1996
Jörg	Das neue Kassenarztrecht, 1993
JR	Juristische Rundschau
Juchli	Pflege-Praxis und Theorie der Gesundheits- und Krankenpflege, 8. Aufl., 1997
Jura	Juristische Ausbildung
JuS	Juristische Schulung
JuS-L	Jus-Lernbogen
JZ	Juristenzeitung
Kap.	Kapitel
Kern/Laufs	Die ärztliche Aufklärungspflicht, 1983
KG	Kammergericht
KG	Kommanditgesellschaft
KHG	Krankenhausfinanzierungsgesez
Kötz	Deliktsrecht, 8. Aufl., 1998
Kress	Lehrbuch des Allgemeinen Schuldrechts, 1929/1974
krit.	kritisch
KrpflG	Krankenpflegegesetz
KV	Kassenärztliche Vereinigung
Kza	Kennzahl
Lackner/Kühl	Strafgesetzbuch, 23. Aufl., 1999 (sofern nicht anders angegeben)
Larenz	Lehrbuch des Schuldrechts, Band II, Halbbd. 1, Besonderer Teil, 13. Aufl., 1986
Laufs	Arztrecht, 5. Aufl., 1993 (sofern nicht anders angegeben)
LdR	Ulsamer (Hrsg.), Lexikon des Rechts - Strafrecht, Strafverfahrensrecht, 2. Aufl., 1996
LG	Landgericht
LM	Lindemaier-Möhring, Nachschlagewerk des Bundesgerichtshofs
Löwisch	Das Schuldverhältnis, 1975
LS	Leitsatz
Luig	Der Arztvertrag, in: Vertragsschuldverhältnisse, 1974
m	mit
MBKK	Musterbedingungen des Verbandes der privaten Krankenversicherung
MBO	Musterberufsordnung
MDR	Monatsschrift für Deutsches Recht
MedGV	Medizingeräteverordnung
MEDSACH	Der Medizinische Sachverständige
Medicus	Allgemeiner Teil des BGB, 7. Aufl., 1997
MedR	Medizinrecht

162

VERZEICHNIS der EXKURSE

(in der Reihenfolge ihres textlichen Einschubes)

164

SACHREGISTER

(Die Ziffern verweisen auf die Textseiten.)

168

www.ingramcontent.com/pod-product-compliance
Lightning Source LLC
Chambersburg PA
CBHW020836210326
41598CB00019B/1921